脱贫攻坚

——中国反贫困行动

国家出版基金项目
NATIONAL PUBLICATION FOUNDATION

国家出版基金资助项目
全国高校出版社主题出版项目
重庆市出版专项资金资助项目

孙久文　闫昊生　张静　著

张琦　审稿

TUOPIN GONGJIAN

ZHONGGUO FAN PINKUN

XINGDONG

重庆大学出版社

内容提要

在人类发展的历史长河中,贫困问题始终是世界各国孜孜探索的古典难题。在世界范围内消除贫困的长期实践中,中国的反贫困行动取得了举世瞩目的成就。在此背景下,本书聚焦于中共十八大以来中国精准扶贫、精准脱贫的伟大实践。在梳理中国贫困问题演变历程,总结国内外反贫困举措和经验的基础上,重点对精准扶贫战略进行了分析,并对中国扶贫战略的成效进行了评价。在此基础上,本书进一步讨论了区域协调发展与脱贫攻坚、城乡统筹与脱贫攻坚以及相对贫困等重点问题,并对中国未来扶贫战略的调整与完善进行了展望。本书可以为贫困问题研究人员和参与扶贫工作的政府部门提供参考,也可以作为区域经济学高年级研究生的参考书。

图书在版编目(CIP)数据

脱贫攻坚:中国反贫困行动 / 孙久文,闫昊生,张静著. --重庆:重庆大学出版社,2022.3
(改革开放新实践丛书)
ISBN 978-7-5689- 3030-7

Ⅰ.①脱… Ⅱ.①孙…②闫…③张… Ⅲ.①扶贫—工作经验—中国
Ⅳ.①F126

中国版本图书馆 CIP 数据核字(2021)第 264359 号

改革开放新实践丛书

脱贫攻坚

——中国反贫困行动

孙久文 闫昊生 张 静 著

张 琦 审稿

策划编辑:马 宁 尚东亮 史 骥
责任编辑:刘茂林 版式设计:尚东亮
责任校对:邹 忌 责任印制:张 策

*

重庆大学出版社出版发行
出版人:饶帮华
社址:重庆市沙坪坝区大学城西路 21 号
邮编:401331
电话:(023) 88617190 88617185(中小学)
传真:(023) 88617186 88617166
网址:http://www.cqup.com.cn
邮箱:fxk@ cqup.com.cn(营销中心)
全国新华书店经销
重庆升光电力印务有限公司印刷

*

开本:720mm×1020mm 1/16 印张:19.5 字数:282 千
2022 年 3 月第 1 版 2022 年 3 月第 1 次印刷
ISBN 978-7-5689-3030-7 定价:99.00 元

丛书编委会

主　任：

王东京　中央党校（国家行政学院）原副校（院）长、教授

张宗益　重庆大学校长、教授

副主任：

王佳宁　大运河智库暨重庆智库创始人兼总裁、首席研究员

饶帮华　重庆大学出版社社长、编审

委　员（以姓氏笔画为序）：

车文辉　中央党校（国家行政学院）经济学教研部教授

孔祥智　中国人民大学农业与农村发展学院教授、中国合作社研究院院长

孙久文　中国人民大学应用经济学院教授

李　青　广东外语外贸大学教授、广东国际战略研究院秘书长

李　娜　中国国际工程咨询有限公司副处长

肖金成　国家发展和改革委员会国土开发与地区经济研究所原所长、教授

张志强　中国科学院成都文献情报中心原主任、研究员

张学良　上海财经大学长三角与长江经济带发展研究院执行院长、教授

陈伟光　广东外语外贸大学教授、广东国际战略研究院高级研究员

胡金焱　青岛大学党委书记、教授

以历史视角认识改革开放的时代价值

——《改革开放新实践丛书》总序

改革开放是决定当代中国命运的关键一招。在中国共产党迎来百年华诞、党的二十大将要召开的重要历史时刻,我们以历史的视角审视改革开放在中国共产党领导人民开创具有中国特色的国家现代化道路中的历史地位和深远影响,能够更深刻地感悟改革开放是我们党的一个伟大历史抉择,是我们党的一次伟大历史觉醒。

改革开放是中国共产党人的革命气质和精神品格的时代呈现。纵观一部中国共产党历史,实际上也是一部革命史。为了实现人类美好社会的目标,一百年来,中国共产党带领人民坚定理想信念,艰苦卓绝,砥砺前行,实现了中华民族有史以来最为广泛深刻的社会变革。这一壮美的历史画卷,展示的是中国共产党不断推进伟大社会革命同时又勇于进行自我革命的非凡过程。

邓小平同志讲改革开放是中国的"第二次革命",习近平总书记指出,"改革开放是中国人民和中华民族发展史上一次伟大革命"。改革开放就其任务、性质、前途而言,贯穿于党领导人民进行伟大社会革命的全过程,既是对具有深远历史渊源、深厚文化根基的中华民族充满变革和开放精神的自然传承,更是中国共产党人内在的革命气质和精神品格的时代呈现,因为中国共产党能始终保持这种革命精神,不断激发改革开放精神,在持续革命中担起执政使命,在长期执政中实现革命伟业,引领中华民族以改革开放的姿态继续走向未来。

改革开放是实现中国现代化发展愿景的必然选择和强大动力。一百年来,我们党团结带领人民实现中国从几千年封建专制向人民民主的伟大飞跃,实现中华民族由近代不断衰落到根本扭转命运、持续走向繁荣富强的伟大飞跃,实现中国大踏步赶上时代、开辟中国特色思想道路的伟大飞跃,都是致力于探索中国的现代化道路。

改革开放,坚决破除阻碍国家和民族发展的一切思想和体制障碍,让党和人民事业始终充满奋勇前进的强大动力,孕育了我们党从理论到实践的伟大创造，走出了全面建成小康社会的中国式现代化道路，拓展了发展中国家走向现代化的途径，为解决人类现代化发展进程中的各种问题贡献了中国实践和中国智慧。党的十九大形成了从全面建成小康社会到基本实现现代化，再到全面建成社会主义现代化强国的战略安排，改革开放依然是实现中国现代化发展愿景的必然选择和前行动力，是实现中华民族伟大复兴中国梦的时代强音。

改革开放是顺应变革大势集中力量办好自己的事的有效路径。习近平总书记指出，"今天，我们比历史上任何时期都更接近、更有信心和能力实现中华民族伟大复兴的目标。中华民族伟大复兴，绝不是轻轻松松、敲锣打鼓就能实现的。"当前，我们面对世界百年未有之大变局和中华民族伟大复兴战略全局，正处于"两个一百年"奋斗目标的历史交汇点。

改革开放已走过千山万水，但仍需跋山涉水。我们绝不能有半点骄傲自满，故步自封，也绝不能有丝毫犹豫不决、徘徊彷徨。进入新发展阶段、贯彻新发展理念、构建新发展格局，是我国经济社会发展的新逻辑，站在新的历史方位的改革开放面临着更加紧迫的新形势新任务。新发展阶段是一个动态、积极有为、始终洋溢着蓬勃生机活力的过程，改革呈现全面发力、多点突破、蹄疾步稳、纵深推进的新局面，要着力增强改革的系统性、整体性、协同性，着力重大制度创新，不断完善和发展中国特色社会主义制度，推进国家治理体系和治理能力现代化；开放呈现全方位、多层次、宽领域，要着力更高水平的对外开放，不断推动共建人类命运共同体。我们要从根本宗旨、问题导向、忧患意识，完整、准确、全面贯彻新发展理念，以正确的发展观、现代化观，不断增强人民群众的获得感、幸福感、安全感。要从全局高度积极推进构建以国内大循环为主体、国际国内双循环相互促进的新发展格局，集中力量办好自己的事，通过深化改革打通经济循环过程中的堵点、断点、瘀点，畅通国民经济循环，实现经济在高水平上的动态平衡，提升国民经济整体效能；通过深化开放以国际循环提升国内大循环效率和水平，重塑我国参与国际合作和竞争的新优势。

由上观之，改革开放首先体现的是一种精神，始终保持改革开放的革命精神，我们才会有清醒的历史自觉和开辟前进道路的勇气；其次体现的是一种方略,蕴藏其中的就是鲜明的马克思主义立场观点方法,始终坚持辩证唯物主义和历史唯物主义,才会不断解放思想、实事求是,依靠人民、服务人民;再次体现的是着眼现实,必须始终从实际出发着力解决好自己的问题。概而言之,改革开放既是方法论,更是实践论,这正是其时代价值所在,也是其永恒魅力所在。

重庆大学出版社多年来坚持高质量主题出版,以服务国家经济社会发展大局为选题重点,尤其是改革开放伟大实践。2008 年联合《改革》杂志社共同策划出版"中国经济改革 30 年丛书"(13 卷),2018 年联合重庆智库共同策划出版国家出版基金项目"改革开放 40 周年丛书"(8 卷),在 2021 年中国共产党成立 100 周年、2022 年党的二十大召开之际,重庆大学出版社在重庆市委宣传部、重庆大学的领导和支持下,联合大运河智库暨重庆智库,立足新发展阶段、贯彻新发展理念、构建新发展格局,以"改革开放史"为策划轴线,持续聚焦新时代改革开放新的伟大实践,紧盯中国稳步发展的改革点,点面结合,创新性策划组织了这套"改革开放新实践丛书"(11 卷)。丛书编委会邀请组织一批学有所长、思想敏锐的中青年专家学者,围绕长三角一体化、粤港澳大湾区、黄河流域生态保护和高质量发展、海南自由贸易港、成渝地区双城经济圈、新时代西部大开发、脱贫攻坚、乡村振兴、创新驱动发展、中国城市群、国家级新区 11 个选题,贯穿历史和现实,兼具理论与实际,较好阐释了新时代改革开放的时代价值、丰硕成果和实践路径,更是习近平新时代中国特色社会主义思想在当代中国现代化进程中新实践新图景的生动展示,是基于百年党史背景下对改革开放时代价值的新叙事新表达。这是难能可贵的,也是学者和出版人献给中国共产党百年华诞、党的二十大的最好礼物。

中央党校(国家行政学院)原副校(院)长、教授   重庆大学校长、教授

2021 年 7 月   2021 年 7 月

自 序

2021 年 2 月 25 日,习近平总书记在人民大会堂庄严宣告:经过全党全国各族人民共同努力,在迎来中国共产党成立一百周年的重要时刻,我国脱贫攻坚战取得了全面胜利,现行标准下 9 899 万农村贫困人口全部脱贫,832 个贫困县全部摘帽,12.8 万个贫困村全部出列,区域性整体贫困得到解决,完成了消除绝对贫困的艰巨任务。

反贫困是人类发展历史长河中的一个永恒主题。中华民族有五千年的文明史,同时这个民族也走过了差不多 5 000 年的反贫困历程。千百年来,实现小康社会一直是中国人的崇高理想,而让更多的人摆脱贫困更是中国人憧憬的目标:这就是孟子所讲的"七十者衣帛食肉,黎民不饥不寒"。改革开放以来,中国的反贫困事业取得了举世公认的成就。到 2020 年底,"两不愁三保障"①扶贫目标的实现,绝对贫困人口的清零,标志着一个阶段性扶贫事业的完成。当今的中国,是 5 000 年来唯一消灭了绝对贫困的时代。

本书聚焦于中共十八大以来中国精准扶贫、精准脱贫的伟大实践。在梳理中国贫困问题演变历程,总结国内外反贫困举措和经验的基础上,重点对精准扶贫战略进行了分析,并对中国脱贫攻坚的成效进行了评价。在此基础上,进一步讨论了脱贫攻坚与乡村振兴相衔接、区域协调发展与脱贫攻坚相促进、城乡统筹与脱贫攻坚相结合等重点问题,并对未来的反贫困战略的调整与完善进行了展望。

中国对贫困的定义及反贫困的目标,经历了长期修订。改革开放初期,我们对贫困的定义强调"食不果腹、衣不蔽体、住不避风雨",反贫困的目标是解决

---

① 指不愁吃、不愁穿,义务教育、基本医疗、住房安全有保障。

以"吃、穿、住"为特征的维持生存基本需要的绝对贫困。到 2011 年,反贫困的目标修订为"两不愁三保障",兼顾了满足维持生存的基本需要和提供促进发展的基本服务。在这个过程中,实现了由收入贫困单一标准向多维贫困标准的转变。

千百年来,只有今天才真正做到了"黎民不饥不寒"。"精准扶贫"战略的圆满收官,是解决绝对贫困目标的完成,也标志着一个新阶段的开始。中央在十九届五中全会上提出,用 5 年的时间巩固拓展脱贫成果,实现乡村振兴。作为研究者,我们认为未来时期,以下三个方面是十分重要的方向:

首先,关于城乡统筹的反贫困问题。多年来,本地化的扶贫政策一直是中国扶贫政策的主导方向,直接分配到户的转移支付,以村为单位的整村推进项目,贫困县摘帽等,都具备了相同性质。然而,本地化脱贫之后,农民如果进入城市务工,由于城乡经济差距等门槛的阻碍,可能成为潜在的城市贫困人口。如果仿照农村扶贫标准划定城市贫困线,就需要解决农民进入城市后的城市社保等一系列问题。伴随"十四五"时期的到来,城乡统筹反贫困将提到日程上来,避免绝对贫困在城市反弹是一个重要任务。

其次,关于利贫性经济增长问题。研究经济增长与反贫困的关系,离不开经济增长与收入分配的关系。宏观经济增长惠及全体低收入人口的路径需要进行深入的探索。因此,新一轮的反贫困战略要关注产业结构升级、城镇化和劳动力流动等经济现象,利贫性经济增长就是要将传统扶贫开发方式与高质量经济发展结合起来。产业结构升级的减贫效应,要求把产业结构调整的视野放宽到低收入人口的就业与收入上;城镇化的减贫效应,要求探讨人口城镇化过程中的人口转移模式对反贫困的效应,包括新型社区建设对低收入人口的生活保障等;劳动力流动需要从保障经济社会发展新格局的形成去看反贫困效应。

再次,关于相对贫困的研究。在任何一个社会形态下,全体人民当中总会有一部分人的收入处在平均收入以下。对这部分人的扶持需要视经济发展与国家的财政能力而定。所以,用低收入人口来反映相对贫困的人口比例是合适的。与绝对贫困不同的是,相对贫困是一种次生贫困。缓解相对贫困需要建立多维化的贫困衡量指标,从区域发展和城乡差距等宏观层面提出反贫困的路径。影响低收入人口的因素有经济发展水平、财政支出结构、劳动力迁移和低收入人口的比例等。

衣食足而知礼仪。解决大多数人的收入增长是实现社会主义现代化的基础。从这点出发,"精准扶贫"战略已经圆满收官,但是反贫困事业仍然任重而道远。作为本书作者,我们与各位读者共勉!

是为序。

孙久文

2021 年 3 月 28 日

目　录

第一章

我国贫困状况的演变和现状

1

在人类发展的历史长河中,贫困问题始终是世界各国孜孜探索的古典难题。得益于工业化浪潮、大规模战争停息以及全球贸易一体化等因素的推动,近代以来世界经济的增长规模获得了前所未有的持续性扩张,贫困人口也随之大幅减少。而在世界范围内消除贫困的长期实践中,中国的贫困问题获得了广泛关注。中国过去40余年整体经济的腾轩飞跃,为缓解整体贫困状况提供了坚实有力的经济基础。我国人民经过艰苦的努力消除了绝对贫困,但是,这并不意味着贫困问题就彻底消失了。在全世界的反贫困事业中,搬除人类减贫事业中的绊脚石,需要更加清晰地认识贫困问题的复杂性和长期性,从而把我国和全人类的减贫事业推向新阶段。

一、贫困概念、指标及减贫理论概述

贫困问题的研究绝不仅仅是理论或技术上的难题,更是关系到社会公平与经济效率平衡的长期化、动态性探究。因而,贫困概念的界定、贫困测度指标的选择以及相应贫困线的划定都具有深刻的历史性与多维性,同时在一定程度上反映了社会文明发展的进程,体现出社会经济发展的短期目标与长期方针均衡的博弈过程。

(一)贫困概念界定

近百年以来,各国学者从不同的角度对贫困概念不断做出更深入、全面的诠释与理解,相关学术研究取得了较为长足的进步与发展。贫困概念的科学解释也由最初的收入或物质贫困,逐渐扩延至能力贫困,并在此基础上提出"广义福利贫困"等多维度贫困概念。同时,随着贫困研究的不断深入,贫困状况的界定也不仅仅局限于客观的统计数据,它还关注并评估个人经历、感情及自由度等感知因素,因而出现了客观贫困与主观贫困之间的概念区分。不过,从主观度量来研究贫困具有较大的局限性,它无法比较不同地区之间的贫困状况,进而不能为相关的公共政策措施提供较客观的决策依据。因而,本章将主要介绍以下几个贫困概念的界定:

1.绝对贫困与相对贫困

绝对贫困的概念最早是由 19 世纪末英国学者 S.朗特里(S.Rrowntree)在其著作《贫困:城镇生活的研究》(*Poverty:A Study of Town Life*)中提出的。其定义的核心是最低生理上的生存需要:食物、衣着、住房与医疗。而随着对贫困研究的不断深入,逐渐将最低生理需要扩展为人的基本需要。此时,除了生理上的基本需要,还包括其他的基本需要等,例如接受教育、参与娱乐等方面的需求。

尽管绝对贫困的界定是以基本的生理需求作为其基础,但在不同的时空下却并不是一成不变的,基本需求的确定往往会具有显著的时空特性。而且,不同时期或不同民族的人群对它的理解程度和定义也会产生很大的差别。因此,这是一种相对的绝对贫困。

直到 20 世纪 60—70 年代,开始有学者关注相对贫困。其中,最早明确提出相对贫困概念的是来自美国斯坦福大学的学者维克托·法克斯(Victor Fuchs)。法克斯认为相对贫困是通过社会的平均生活状况来衡量的,如果一个人或者一个家庭以收入或消费衡量的生活状况低于社会平均水平并达到某个程度,则可认定其为贫困。因此,由相对贫困的定义可知,它与实际生活水平并无联系,它只是不同个体之间相对收入或生活水平的相对比较而已。相对贫困与社会经济发展水平无关,而仅仅与收入差距有关,只要存在着收入差距,就存在低收入的阶层,贫困就无法消除。因而,绝对贫困是可以随着经济增长以及社会发展水平的提高而削减的;相对贫困却只能随收入不平等现象的减少而随之缓解,并最终依据人们收入的完全均等化而根除。目前,发展中国家一般使用绝对贫困概念进行贫困测度,而欧美等发达国家则大多采用相对贫困概念。

2.能力贫困

诺贝尔经济学奖获得者阿玛蒂亚·森（Amartya Sen）首次提出以能力视角来认识贫困这一概念。他认为，收入或消费水平低只是贫困的一种结果，而并不成为贫困的真实状态，贫困本质的解释不能以经济资源占有的多寡为标准，而是要以人们取得收入、社会地位及其他生活条件的能力为出发点。阿玛蒂亚·森坚持认为，衡量贫困的标准就应该是个人的福祉高低，它表现在能力的剥夺以及机会的缺失方面。根据此定义，能力由一系列的个体功能所构成，那么功能的丧失既是贫困的表现，也成为贫困产生的根本原因。因而，界定一个人或一个家庭是否贫困可直接观测这一系列功能是否有缺失，又在多大程度上存在缺失。由于该种判断具有一定的主观性，同时如何在个人及家庭之间进行贫困的比较也存在较大困难，因此，该定义往往出现于定性式贫困解释，而无法用作定量标杆。

3.本书对贫困概念的界定

综上所述，贫困的定义是从最初的基本生存需要扩展到基本生活需求，再进一步发展到社会生活层面及精神领域的贫困描述。因此，人们对贫困的概念认识是动态的、历史的，随着时间的推移人们将对其产生更新、更深刻的理解。

本书对贫困概念的定义主要专注于考察物质方面的贫困状态，而不多涉及精神领域的方面。因为中国作为世界最大的发展中国家，物质收入或消费层面的贫困依然是中国贫困问题的主要难题。针对人群收入状况进行贫困线划定从而剥离出贫困考察对象，是本书研究贫困的主要界定方式。同时，这一界定方式也属于相对贫困的范畴，它提供了较全面地把握中国各地区人群收入状况的客观视角。

（二）贫困指标测度

1.一维贫困测度法

一维贫困测度法立足于绝对贫困和相对贫困的概念界定,主要通过划定一条既定贫困线来衡量个人或者家庭是否处于贫困状态。该测量方法主要有如下几种:

（1）收入比例法

该方法的提出以相对贫困为理论基础,将贫困线标准设定在一定时期社会平均收入水平的一定程度下调比例上。根据各国的实践经验,一般将比例区间设定为 50%~60%。该方法的贫困标准设定较为简单易得,只需知晓某一地区居民平均收入水平就能通过比例下调得到该地区的贫困线。

（2）恩格尔系数法

该方法是基于恩格尔定律(Engel's Law),从而对恩格尔系数进行界定:恩格尔系数=饮食消费支出/收入。假定利用某一恩格尔系数值设定某一地区的贫困水平,根据营养协会的营养标准及营养报告数据,计算出最低的食品消费支出水平,通过对恩格尔系数计算公式的变换,计算出最低收入的保障水平,就得到所求的贫困线。

（3）ELES 法

第三种测度一维贫困的方法是 ELES 法。

$$p_i q_i = r_i p_i + \beta_i \left(I - \sum_{i=1}^{n} r_i p_i \right) \tag{1.1}$$

其中,p_i,q_i 分别表示第 i 种物品的价格和需求,包括基本和非基本需求,r_i 表示第 i 种物品的基本需求量,I 表示收入,β_i 表示第 i 种物品在消费支出中所占的比重。用 PL 表示以货币形式表示的最低收入保障,则贫困线为

$$PL = \sum_{i=1}^{n} r_i p_i \tag{1.2}$$

令 $y_i = p_i q_i, \alpha_i = r_i p_i - \beta_i \sum_{i=1}^{n} r_i p_i$，则可以得到：

$$y_i = \alpha_i + \beta_i I + \mu_i \qquad (1.3)$$

根据统计数据分组收入和消费支出数据，运用 OLS 方法，求出参数 α_i, β_i，进而求出贫困线。

2.多维贫困测度法

在多维贫困测度法中，基于对维度选择、权重确定以及综合指数合成等关键理解的差异，现已形成一系列多维贫困测度方法。本节仅对影响深远、应用广泛的几类方法进行阐述。

（1）Watts 方法

该方法的测算公式为：

$$P_W(X, Z) = H \left[\rho \sum_{i=1}^{k} w_i (P_{W, GAP_i} + L_{gi}) \right] \qquad (1.4)$$

其中，$P_W(X, Z)$ 代表贫困强度，H 代表贫困人口占总人口的比重，P_{W, GAP_i} 代表相对贫困标准线而言，贫困人口在维度 i 上的平均相对福利的短缺，L_{gi} 代表维度 i 上贫困人口的 Bourguignon-Theil 不平等指数，ρ 代表不同贫困维度间的相关系数，w_i 代表贫困维度 i 相应的权重。

（2）A-F 贫困"双重识别"法

A-F 方法可分为识别、加总和分解三个步骤。在贫困识别阶段，假定 $Z_i = (z_1, z_2, \cdots, z_i)^\tau$ 为特定维度能力剥夺的临界值，对于每个个体当其福利水平 $x_{ij} < z_i$ 时，意味着个体福祉在 i 维度上丧失。贫困加总建立在 FGT 方法之上，在该阶段产生三个参数，分别为：$M_0 = HA, M_1 = HAG, M_2 = HAS$，其中，$H$ 为贫困发生率；A 表示贫困个体受剥夺的平均份额，即贫困平均强度；G 为贫困平均距；S 为贫困平均距的平方，强调最大贫困平均距的影响作用。第三阶段，基于多维贫困可分解性，上述三组参数可作如下分解：

$$M_\sigma = \sum_{1}^{n} \frac{m(a_i)}{m} M_\sigma(a_i, z), \sigma = 0, 1, 2 \qquad (1.5)$$

其中,a_1,a_2,$\cdots$,a_n 表示不同的维度,$\dfrac{m(a_i)}{m}$ 表示维度 a_i 的人口占总人口的比重。

(3) HPI 法

$$HPI(l_1, l_2, l_3) = \left(w_1 l_1^{\beta} + w_2 l_2^{\beta} + w_3 l_3^{\beta}\right)^{\frac{1}{\beta}} \tag{1.6}$$

其中,l_1,l_2,l_3 分别对应三个维度,w_1,w_2,w_3 是相应的权重系数,β 则是三个维度相互关系的调节系数。

这三种方法的归纳如表 1.1 所示。

表 1.1 多维贫困主要测量方法之间的区别

测量方法	维度选择	权重确定	识别与加总	公理性条件
Watts 法	基于过去经验自由选择	$\delta_i = \dfrac{n_{pi}}{\sum\limits_{i=1}^{k} n_{pi}}$	交集、并集;加权求和	满足
A-F 法	基于过去经验自由选择	相同权重	双临界值	满足
HPI 法	寿命、读写能力、生活水平	相同权重	加权求和	不完全满足

综上所述,根据测算出的贫困线标准,能够得到以下常用的贫困指标:贫困发生率(Incidence of Poverty)、贫困缺口(Poverty Gap)等。

第一,贫困发生率。贫困发生率是指根据贫困线划定的贫困人口占总人口的比重,它是世界上衡量贫困程度的最基本指标。其公式为:$H = q/n$。其中,q 是指贫困人口的总数,n 是指总人口的数量,H 就是贫困发生率。这一指标较为直接地体现了贫困现象存在的广泛程度。

第二,贫困缺口。贫困缺口是指贫困人口收入与贫困线标准的差距,它衡量了贫困人口收入低于贫困线标准的程度。其公式为:$I = \dfrac{1}{q} \sum\limits_{i=0}^{q} \left(\dfrac{z - y_i}{z}\right)$。其中,$z$ 是指贫困线标准,q 是指贫困人口的总数,y_i 是指其中第 i 个贫困者的收入值。由上式可知,I 处于 $[0,1]$ 这一区间中,且其值越大,贫困现象越严重。这一指标主要体现了贫困现象存在的强度,但对于贫困人群内部的收入分布状况不敏感。

（三）贫困理论概述

马克思较早从制度分析的角度对贫困与反贫困问题进行了研究。马克思认为："工人人口本身在生产出资本积累的同时,也以日益扩大的规模生产出使他们自身成为相对过剩人口的手段。也就是资本主义生产方式特有的人口规律。"因此,失业和贫困是资本主义制度的产物。后来瑞典经济学家卡尔·冈纳·缪尔达尔（Karl Gunnar Myrdal）也持这一观点,缪尔达尔在 1968 年出版的著作《亚洲的戏剧:对一些国家贫困的研究》一书中认为,贫困的根本原因在于社会结构上或制度上的差异,正是由于这种差异的存在,滞后、短缺、过剩成为不发达国家经济的普遍现象。因此,应当对不发达国家的经济问题进行结构性或制度性的改革。

另外一些经济学家从经济学的角度对贫困问题进行了经济制度的解释。他们认为,贫困产生的根本原因主要在于经济制度,特别是资本制度,如罗格纳·纳克斯（Ragnar Nurkse）的"贫困恶性循环"理论、R.R.纳尔逊（R.R.Nelson）的"低水平均衡陷阱"理论、冈纳·缪尔达尔的"循环积累因果关系"理论、保罗·罗森斯坦·罗丹（Paul. Rosenstein-Rodan）的"大推进的平衡增长"理论、阿尔伯特·奥图·赫希曼（Albert Otto Hirschman）的"不平衡增长"理论等。相关理论认为,发展中国家之所以贫困,是因为其经济中存在着若干个互相联系、互相作用的"恶性循环系列",其中主要是"贫困恶性循环"起重要作用。因此,反贫困制度创新的具体路径在于如何打破恶性循环,使生产效率提高,从而增加贫困人口的收入,使他们走出贫困的困境。

我国不同学科的学者也从不同角度对贫困根源进行了广泛的解释,形成了不同的贫困解释范式。吴忠从人口学、经济学、社会学、政治学和发展经济学的角度对贫困根源进行了概括,认为贫困的根源是多方面的,综合因素分析相对于单因素分析,解释能力可能更强些,其中,个人素质低下是贫困内在的本质的根源。李含琳则对贫困根源做了详细评述,即主要包括资本短缺论、资源贫乏论、自然环境论、人口素质论、劳动挤压论、科技落后论和阶级划分论等七类,并对每一种根源做了深入剖析。陈端计把贫困根源概括为三大类,即主体不发育论、供体不平等论和载体不完善论,并认为贫困根源是一个综合体,内因是人的素质差,即主体的不发育,外因是贫困地区内部环境的不完善和外部环境的不平等,即载体不完善和供体不平等。贫困的真正根源在于主体不发育、供体不平等、载体不完善所构成的一个低质态的"三位一体"。康晓光对制度性贫困、区域性贫困和阶层性贫困的成因进行了分析,他认为自然条件、发展起点、经济结构、积累能力、科技力量、人口素质、社会服务、制度创新、市场机制和政治结构等都是影响贫困的重要因素,这些因素的相互作用最终会导致一种区域性贫困。蔡昉从历史的角度对我国贫困的性质和根源进行了富有启发力的解释,提出了"整体性贫困""边缘化贫困"和"冲击型贫困"等新概念。他认为,在改革开放前,中国处于"整体性贫困"状态。改革开放以后,由于实行大规模的扶贫政策,贫困范围减小,但一些老少边穷地区,出于自然、历史、经济和社会政策等方面的原因,仍处于贫困状态,他将这种贫困定义为"边缘化贫困"。20 世纪 90 年代以来,城市地区一些改革发展中的弱势群体,由于在竞争中处于不利地位,又因未得到及时的社会救助而被边缘化,从而出现了"第三类贫困",即"冲击型贫困"。

二、贫困问题的时间演进

必须认识到贫困本身就是一个历史的、动态的和多层次的概念,发展中国家尤其是中国的减贫理论模式急需与日益多维化的贫困认识相适应。自改革开放以来,中国每隔一段时期就要调整国内的贫困衡量标准,从改革发展、基础设施建设、特殊减贫政策措施这三大要素来看,中国的减贫业绩是卓有成效的。如图 1.1 所示,中国自改革开放以来已进行了三次国家贫困线标准调整,分别为1986 年、2000 年和 2010 年。相应地,因贫困线标准提高,每次调整后贫困人口会增加。

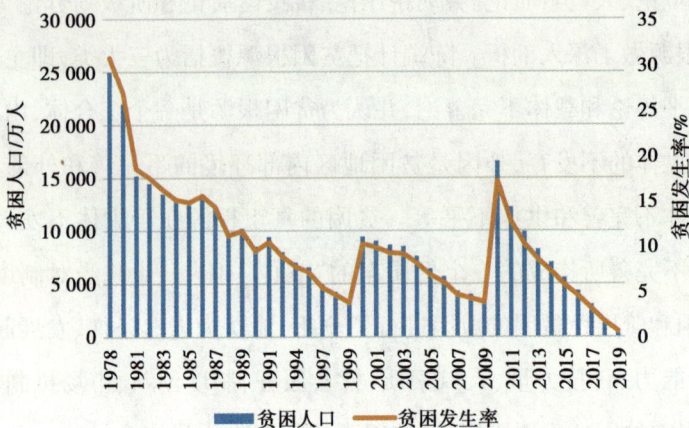

图 1.1　1978—2019 年中国贫困状况统计图

资料来源:《中国统计年鉴 2019》。

改革开放以来,我国的扶贫工作扎实向前推进,取得了巨大的成果。1978年改革开放初期,贫困发生率显著下降,由 1978 年的 30.7% 迅速下降到 1981 年的 18.5%,改革开放的政策激发了我国的经济活力,经济的发展对我国贫困状况的改善起了巨大作用。从 20 世纪 80 年代起至 21 世纪,我国贫困状况平稳改善,1988 年贫困发生率降至 10% 以下,至 1999 年贫困发生率降至 3.5%,虽然在个别年份贫困情况出现了反复,但是并没有出现连续年份贫困发生率增加的情况。

21 世纪以来,我国贫困情况持续改善,2000—2007 年贫困发生率下降速度较快,而 2008 年后贫困发生率降低的速率减缓。同时,根据实际情况,我国在 2008 年将原绝对贫困标准和低收入标准合二为一,以 2000 年贫困线标准,2008 年贫困发生率降到了 5% 以下。2010 年我国再一次调整了贫困标准线,按照 2010 年贫困标准,2010 年以来贫困发生率持续下降,至 2019 年已趋于 0%。

由此可以看出,改革开放以来,我国贫困发生率不断下降,贫困人口不断减少,扶贫攻坚工作取得了巨大成功。根据 1978 年的标准,贫困人口从改革开放初期的 2.5 亿人,到 21 世纪初降至 9 422 万人,截至 2019 年我国存在的贫困人口不足千万。尽管在部分年份贫困发生率存在升高的现象,但是整体上改革开放40多年来,我国的贫困情形呈下降趋势。然而,随着贫困发生率持续下降,扶贫攻坚工作的难度将不断提升,贫困人口脱贫的困难将不断增大,扶贫脱贫工作急需新方法、新思路,更加有效地推进。

我国的扶贫脱贫是伴随着全球的整体脱贫进程演进的,改革开放40多年来我国的经济发展取得了举世瞩目的成绩,同样我国的减贫成果也在世界上引人注目,并且我国的贫困人口脱贫也为全球范围内贫困问题的解决做出了巨大贡献。全球GDP总值从1960年的91 886.53亿美元,一路增长到2020年的84.538万亿美元,增长幅度达到了820%,尽管其中曾出现过几次较大幅度的经济波折,但基本经济趋势始终保持着增长上升的态势。与此同时,世界贫困人口的发展状况也获得了长足的进步和改善,根据世界银行(World Bank)制定的国际贫困标准线(按照2011年购买力平价原理计算,以每人每天1.9美元作为国际贫困线标准,相当于我国2011年的每人每天7.02元,每人每年则为2 563元),由1981年的19.82亿人,快速减少为2012年的8.96亿人,2016年减至7.6亿人。

而在世界范围内消除贫困的长期实践过程中,中国得到了广泛的认可与称赞。Shaohua Chen和Martin Ravallion(2010)的大量研究发现,自20世纪80年代早期以来,发展中国家在减少绝对贫困方面的工作卓有成效。其中,由于中国在减贫工作方面成效显著,全球贫困减少的预测率显示为1%,这比之前的估测值还略高。而当使用贝叶斯混合方法时,这一趋势值甚至会更高。在1981年,三分之二的中国人生活在每天1美元的贫困标准线(按照1993年的国际物价计算)以下,而到2004年,在同样的标准下只有不到十分之一的中国人存在如此的贫困现象①。值得肯定的是,在20世纪末的20年里,全世界贫困人口的大幅度下降绝大多数发生在中国②。因此,在如何从一代人的时期内摆脱贫困

---

① CHEN S, RAVALLION M. China is poorer than we thought, but no less successful in the fight against poverty[DB/OL].2008-5-28.
② 林毅夫.贫困、增长与平等:中国的经验与挑战[J].中国国情国力,2004(8):4-5.

并成为全球舞台主角的方面,中国成为最闪耀的典型案例①。这一点,从图1.2中也可以看出。

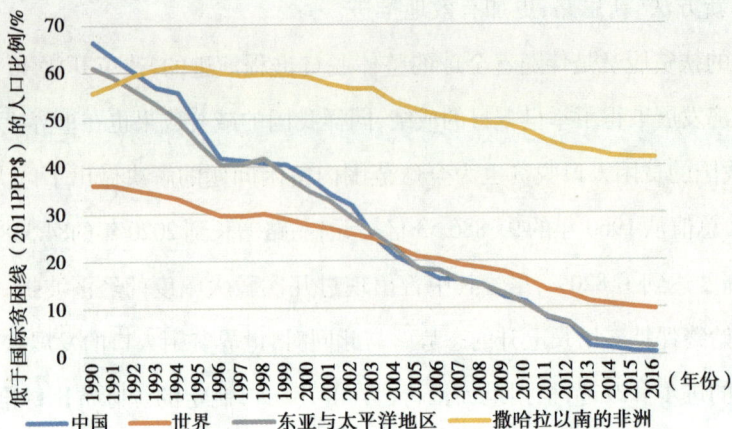

图1.2　1990—2016世界贫困人口发展状况趋势统计图

注:本次统计图中国际贫困线采用的是每人每天1.9美元的标准(2011PPP$),使用家庭个人消费支出(Individual Consumption Expenditure by Households)的PPP值转换为本国的价格水平。

数据来源:World Bank,Poverty & Equity Data。

　　按照2011年购买力平价原理计算,以每人每天1.9美元的国际贫困线标准,中国和世界其他地区的贫困人口发展趋势如图1.2所示。在1990—2016年的20多年时间内,除撒哈拉沙漠以南的非洲地区以外(该地区的贫困状况在2002年后才开始发生略为明显的好转),世界各地贫困人口的发展状况持续好转,始终保持着稳定下降的趋势。其中,中国的贫困减少状况尤为清晰明显。在20世纪末,中国的贫困状况甚至比撒哈拉沙漠以南的非洲地区还要恶劣,但自中国政府致力于扶贫工作并加入国际扶贫组织以来,中国贫困人口减少的速度显著高于全世界的整体水平,并于2005年中国贫困人口比例首次低于世界平均水平,在此后的时间里进一步推动其扶贫工作,为世界各国的贫困发展态

───────────────

① RAVALLION M, LOKSHIN M. Are There Lessons for Africa from China's Success against Poverty? Policy Research Working Paper No 4463, The World Bank[J]. Blackwell Publishing ltd, 2006, 52(3):399-421.

势作出示范性贡献。2005 年以来,我国贫困发生率的降低与东亚及太平洋地区高度吻合,说明我国对该地区的减贫工作做出了巨大的贡献,我国贫困减少幅度始终引领着东亚及太平洋地区的减贫趋势。正是鉴于自 20 世纪 80 年代以来贫困状况改变的悬殊分化,有学者甚至提议中国或许可以成为非洲国家的"经济发展模板"[①]。

与我国贫困人口减少的趋势相似,按照 2011 年购买力平价原理计算,以每人每天 1.9 美元的国际贫困线标准,我国贫困缺口在 1981—2012 年也出现了明显下降。1981 年,我国贫困缺口高达 50%,远远高于世界平均水平和东亚及太平洋地区的整体水平,经过 40 多年来中国政府在扶贫脱贫方面的努力,我国的贫困缺口迅速减小,尽管在个别年份出现了较大的波动,但是在 2010 年中国的贫困缺口首次低于发展中国家和世界的整体水平,于 2012 年逼近东亚和太平洋地区的整体水平。贫困缺口是反映贫困程度的指标之一,它衡量了贫困人口收入低于贫困线标准的程度,中国贫困缺口的迅速下降反映出我国的扶贫工作不仅在量上取得了巨大进展,也在质上获得了重大的提升。

三、贫困问题的空间分布

过去 40 多年,在扶贫攻坚工作的有序推进下,我国的贫困问题得到了很大程度的改善,减贫工作取得了丰硕成果,无论是贫困人口的数量还是贫困的程度都大幅度降低,在世界上取得了令人瞩目的成就。但是,随着扶贫攻坚工作的推进,现存贫困人口的脱贫难度不断加大,解决贫困问题的压力不断提升,同时,贫困现象从全国范围内的普遍贫困,转变为在部分地区集中的状态。因此,考察贫困问题在空间上的分布,明确贫困在国土空间上的分布状态和聚集情况对判断我国贫困现状具有重要意义。

---

① RAVALLION M, LOKSHIN M. Are there lessons for africa from China's success against poverty? Policy Research Working Paper No 4463, The World Bank[J]. Blackwell Publishing ltd, 2006, 52(3):399-421.

（一）我国农村贫困的总体空间分布

1.我国农村贫困情况

《中国农村贫困监测报告 2019》显示，2013 年，全国农村贫困发生率为 8.5%，贫困人口规模为 8 249 万人。2018 年，全国农村贫困发生率为 1.7%，贫困人口规模为 1 660 万人。2013—2018 年，全国农村贫困人口共减少 6 589 万人，年均减贫人口规模 1 317.8 万人；贫困发生率下降 6.8%，年均下降 1.3%。

现行国家农村贫困标准测算，2018 年，一半以上的农村贫困人口仍集中在西部地区。具体来看，西部地区农村贫困人口 917 万人，贫困发生率为 3.2%；中部地区农村贫困人口 597 万人，贫困发生率为 1.8%；东部地区农村贫困人口 147 万人，贫困发生率为 0.4%。西部、中部、东部地区农村贫困人口占全国农村贫困人口的比例分别为 55.2%、36% 和 8.8%。

2018 年西部地区农村贫困人口减少数量最多，但东部地区农村贫困人口下降速度最快。西部、中部、东部地区农村贫困人口分别同比减少 51.2%、46.3% 和 43.9%。从贫困人口规模看，2018 年，按照现行国家农村贫困标准测算，农村贫困人口仍在 100 万以上的省份有 6 个，包括河南、湖南、广西、贵州、云南、甘肃；在 50 万~100 万的有 8 个，包括河北、山西、安徽、江西、湖北、四川、陕西、新疆；在 50 万以下的有 17 个，余下省份均在内。

从贫困发生率看，贫困发生率在 5% 以上的省份有 4 个，包括贵州、西藏、甘肃和新疆；在 2%~5% 的有 7 个，包括山西、河南、广西、云南、陕西、青海、宁夏；在 2% 以下的有 20 个，余下省份均在内。

2.我国贫困地区农村贫困情况

《中国农村扶贫开发纲要（2011—2020 年）》实施以来，中央和地方各级政府不断加大扶贫开发工作力度，创新扶贫机制，实施精准扶贫战略，加强财政投入保障。贫困地区（包括 14 个集中连片特殊困难地区和 592 个国家扶贫开发工作重点县)扶贫开发事业取得显著成就,农村居民收入增速高于全国农村平均水平,贫困人口稳步下降,基本公共服务与较发达地区的差距不断缩小。

根据《中国农村贫困监测报告 2019》,按国家现行贫困标准(每人每年2 300元,2010 年不变价)测算,2018 年贫困地区农村贫困人口 1 115 万人,比上年减少 785 万人,下降 41.3%;贫困发生率 4.2%,比上年下降 3%;占全国农村贫困人口的比重为 67.2%;贫困发生率比全国农村平均水平高 2.5%。

2018 年贫困地区农村贫困人口在 100 万人以上的省份有 3 个,分别是贵州 155 万人、云南 166 万人、甘肃 106 万人;贫困人口在 50 万~100 万人的省份有 6 个,分别是河北 56 万人、安徽 57 万人、河南 96 万人、湖南 82 万人、四川 56 万人、陕西 56 万人;贫困人口在 20 万~50 万人的省份有 6 个,分别是山西 28 万人、黑龙江 22 万人、江西 38 万人、湖北 48 万人、广西 46 万人、新疆 43 万人;贫困人口在 20 万人以下的省份有 16 个,余下省份均在内。

2018 年贫困地区农村贫困发生率在 5% 以上的省份有 6 个,分别是山西 5%、贵州 5.4%、云南 6.4%、西藏 5.1%、甘肃 6.5%、新疆 5.8%;贫困发生率在 2%~5% 的省份有 14 个,分别是河北 4%、吉林 4.1%、黑龙江 4.1%、安徽 2.9%、江西 3.1%、河南 3.2%、湖北 4.0%、湖南 4.1%、广西 4.4%、海南 3.7%、四川 3.3%、陕西 4.2%、青海 2.6%、宁夏 3.4%;贫困发生率在 2% 以下的省份有 11 个,余下省份均在内。

3.我国扶贫重点县农村贫困情况

按照《中国农村扶贫开发纲要(2011—2020 年)》的安排,新的 592 个扶贫重点县连续享受各项支持政策。国家统计局自 2012 年起将贫困监测调查范围覆盖新的 592 个扶贫重点县。

根据《中国农村贫困监测报告 2019》,按国家现行农村贫困标准(每人每年 2 300 元,2010 不变价)测算,2018 年扶贫重点县农村贫困人口 915 万人,贫困发生率 4.3%。其中,扶贫重点县中农村贫困人口数量在 100 万人以上的省份有 2 个,分别是云南 136 万人、贵州 124 万人;农村贫困人口数量在 50 万~100 万人的省份有 4 个,分别是安徽 57 万人、河南 78 万人、湖南 51 万人、甘肃 96 万人;农村贫困人口数量在 50 万人以下的省份有 25 个,余下省份均在内。

2018 年扶贫重点县农村贫困人口比上年减少 688 万人,下降 42.9%;贫困发生率比上年下降 3.3%。其中,扶贫重点县中农村贫困人口较上年减少 50 万人以上的省份有 5 个,分别是安徽减少 52 万人,河南减少 60 万人,贵州减少 76 万人,云南减少 96 万人,甘肃减少 68 万人。

(二)集中连片贫困区现状及变化趋势分析

我国贫困人口分布具有区域性特征,解决区域性贫困问题是 2020 年完成精准扶贫任务的目标之一。从 1982 年启动"三西地区农业建设",到 1986 年启动国家大规模减贫计划,当时就划定了 18 个集中连片贫困地区。"八七扶贫攻坚计划"把全国重点扶持区域集中在中西部的深山区、石山区、荒漠区、高寒山区、黄土高原区、地方病高发区以及水库库区,而且多为革命老区和少数民族地区,并划定 592 个国家级贫困县,旨在突出解决区域性贫困的问题。

《中国农村扶贫开发纲要(2011—2020 年)》,又进一步把 14 个集中连片特困地区作为主战场,集中力量开展扶贫攻坚。

《中共中央 国务院关于打赢脱贫攻坚战的决定》提出,到 2020 年,现行标准下贫困人口要实现脱贫、贫困县全部摘帽、解决区域性整体贫困;《中共中央 国务院关于打赢脱贫攻坚战三年行动的指导意见》进一步明确,要确保现行标准下贫困人口实现脱贫,解决绝对贫困;确保贫困县全部摘帽,解决区域性整体贫困。《意见》明确将"解决区域性整体贫困"的目标定位在解决绝对贫困,并再三强调要坚持现行目标标准,准确阐明了全面建成小康社会的底线目标,完全符合当前经济社会发展的阶段性要求和客观实际。

精准扶贫精准脱贫方略从提出到 2020 年已经有 8 年时间。经历 8 年"精准扶贫"战略之后,14 个集中连片特困地区的区域性贫困的变化趋势研判如下。

1.片区经济发展状况

如表 1.2 所示,从增长速度上来看,我国集中连片特困地区人均 GDP 的增速高于全国的平均水平[①]。片区总体上的人均 GDP 的增速在 2013—2018 年为年均 8.57%,同期全国年人均 GDP 增速为 8.15%,片区整体上的人均 GDP 高于全国水平 0.42%。其中西藏区和滇桂黔石漠化区较高,分别高于全国水平 5.98 和 4.27 个百分点;大兴安岭南麓山区、燕山-太行山区、大别山区、吕梁山区、六盘山区、新疆南疆四地州片区的人均 GDP 增速低于同期全国水平。

表 1.2　2013—2025 年我国 14 个连片贫困区人均 GDP 情况

单位:元/人

排名	片区	2013 年	2014 年	2015 年	2016 年	2017 年	2018 年	2025 年 (e)	年均增长率 /%	
									值	比较
1	四省藏区	30 690	30 037	30 447	33 067	34 394	38 367	52 445	4.57	-3.58
2	西藏区	18 317	20 517	23 167	26 729	31 738	35 469	89 463	14.13	5.98
3	罗霄山区	16 928	18 612	20 120	22 246	24 448	26 725	42 213	9.56	1.41
4	秦巴山区	16 514	18 169	19 415	21 227	23 841	25 961	78 093	9.47	1.32
5	滇西边境山区	16 082	17 432	19 126	20 988	23 306	24 642	45 489	8.91	0.76
6	滇黔桂石漠化区	12 971	14 874	16 735	18 947	21 543	23 288	56 571	12.42	4.27
7	吕梁山区	15 329	16 543	15 536	16 672	20 099	23 250	25 655	8.69	0.54
8	武陵山区	14 248	15 882	17 427	19 170	21 087	22 417	59 288	9.49	1.34
9	燕山-太行山区	17 573	18 249	18 686	19 841	21 441	22 344	27 950	4.92	-3.23
10	大兴安岭南麓山区	18 923	20 028	21 274	21 981	22 182	22 241	34 136	3.28	-4.87

[①]　2016 年 7 月国务院扶贫开发领导小组同意新疆阿克苏地区享受片区政策(国开办函〔2016〕41 号)。本节分析的"新疆四地州"包括了阿克苏地区。

续表

排名	片区	2013年	2014年	2015年	2016年	2017年	2018年	2025年(e)	年均增长率/% 值	年均增长率/% 比较
11	大别山区	13 408	14 647	15 415	16 700	18 206	19 713	64 946	8.01	-0.14
12	南疆四地州	14 287	15 650	17 391	16 649	18 454	19 471	22 761	6.39	-1.76
13	六盘山区	13 689	15 237	15 359	16 377	16 880	18 029	33 722	5.66	-2.49
14	乌蒙山区	11 601	12 805	13 895	15 240	16 882	17 849	47 845	9.00	0.85
	总体情况	14 930	16 354	17 514	18 945	20 967	22 525	50 114	8.57	0.42

注:1.排序标准:2018年人均GDP;

2.数据来源:根据中经网数据库整理;

3.比较列数值=片区年均增长率-全国2013—2018年平均增速(8.15%),其中全国年均增长率根据《中国统计年鉴2019》数据计算得到。

从人均GDP的量上来看,片区整体上从2013年的14 930元,提高到2018年的22 525元,增加了7 595元,增长了50.9%。西藏区和罗霄山区人均GDP增加量相对较大,分别为17 152元和10 317元,增长量最少的大兴安岭南麓山区,人均GDP增加了3 318元,增长了17.5%。虽然如此,但是连片贫困区人均GDP仍远低于全国的平均水平。2018年,14个片区中人均GDP最高的四省藏区仅为全国的59.35%。同时,各片区之间的发展差距也较大,见表1.2,人均GDP最低的乌蒙山区在2018年是17 849元,仅为最高片区四省藏区的46.5%。

片区内部呈分化态势。2018年,人均GDP最高的贫困县主要分布于四省藏区、罗霄山区、西藏区、六盘山区,前20名中有9个来自西藏区,8个来自四省藏区,其他3个片区分别有2个和1个。人均GDP末20名中,六盘山区8个、乌蒙山区3个、新疆南疆四地州1个、吕梁山区1个、秦巴山区4个。可见,片区内部存在分化现象,尤其是秦巴山区、六盘山区分化较为严重。

2.农村人均可支配收入情况

2018 年,连片特困地区农村居民人均消费 8 854 元(表 1.3),比上年增长 11.9%,去除价格因素,实际增长 9.0%。2018 年,连片特困地区农村居民人均可支配收入为 10 260 元[①],人均收入相当于全国农村平均水平的 70.2%(图 1.3)。人均消费支出相当于全国农村平均水平的 73.0%(图 1.4)。两项指标均大幅落后于全国农村平均水平。连片特困地区农村居民人均消费支出占人均可支配收入的比重为 86.3%(图 1.4),比全国农村平均水平高 3.3%。因此可以预见,在 2020 年我国全面解决绝对贫困问题时,集中连片特困地区的生活水平仍然会显著低于全国平均水平,在未来的相对贫困的认定以及扶贫地区的区域瞄准与识别上,集中连片特困地区应当是重点关注的地区。

表 1.3 2018 年连片特困地区与全国农村消费水平和结构对比

指标	连片特困地区人均消费支出/元	全国农村人均消费支出/元	连片特困地区相当于全国农村平均水平/%	连片特困地区消费构成/%	全国农村居民消费构成/%
人均消费支出	8 854	12 124	73.0	100.0	100.0
食品烟酒	2 790	3 646	76.5	31.5	30.1
衣着	476	648	73.5	5.4	5.3
居住	1 985	2 661	74.6	22.4	21.9
生活用品及服务	530	720	73.6	6.0	5.9
交通通信	1 033	1 690	61.1	11.7	13.9
教育文化娱乐	1 013	1 302	77.8	11.4	10.7
医疗保健	879	1 240	70.9	9.9	10.2
其他用品和服务	146	218	67.0	1.6	1.8

数据来源:国家统计局农村贫困统计调查。

---

① 数据来自《中国农村贫困监测报告 2019》。

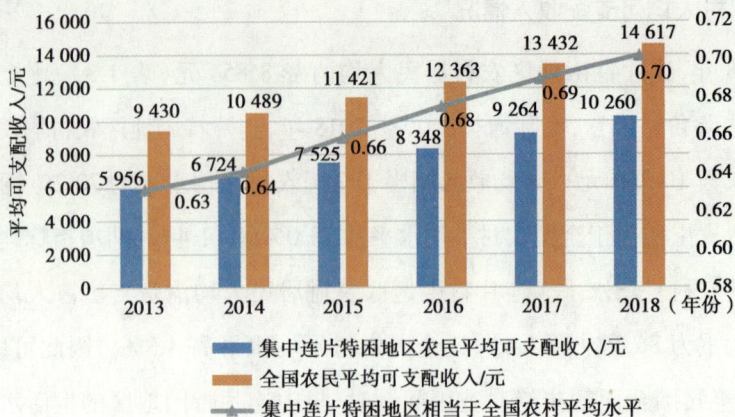

图 1.3　14 个集中连片特区地区农民收入的总体变化趋势

数据来源:《中国农村贫困监测报告 2019》。

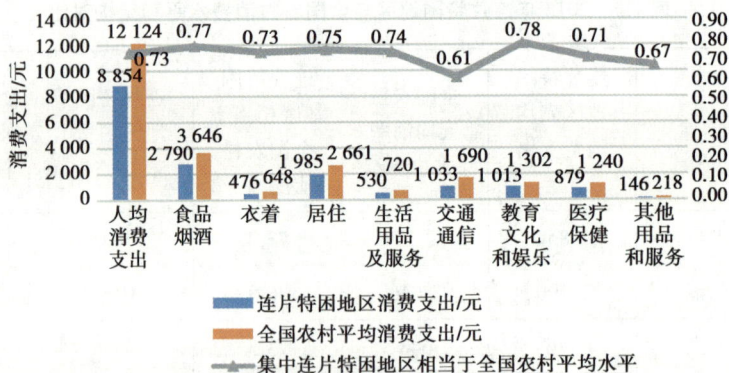

图 1.4　2018 年连片特困地区与全国农村消费水平对比

数据来源:《中国农村贫困监测报告 2019》。

2013 年以来,贫困地区的农民平均收入稳步上升,年平均增长 11.5%;表明随着我国经济发展水平的逐步提升,集中连片贫困地区的农民收入在不断增加。从相对差距来看,2013 年集中连片贫困地区农民收入与全国平均水平的比值为 0.63,到 2018 年二者的比值为 0.70,二者的差距从整个时间演变趋势来看呈现出相对平稳的下降趋势,这也表明二者之间的相对差异在缩小。

四、经济增长与贫困减少的关系研究

尽管经济发展并未消除全球范围内的贫困难题,但长期以来,关于经济增长与贫困减少之间关系的探讨研究始终受到国内外学者的广泛关注。

目前,大多数的实证研究基本认可了长期经济增长有助于贫困减少这一事实,两者之间的相互作用则大体可拆分为直接效应与间接效应两个部分:前者是指经济增长为所有人群包括贫困人口创造了更多的就业机会和收入来源,后者则表明经济发展使政府部门获得了更多的财政收入,从而提高了政府制定政策去补贴贫困人口的能力[①]。此类实证研究一般从不同角度展开多方位解析,例如采用跨国界分析[②③④⑤]、跨时间序列比较分析[⑥⑦]以及使用家庭居民调查数据来估算贫困演化状况[⑧⑨⑩]等。长期的实证研究与扶贫经验表明,经济增长确实具有一定的减贫效应,但值得注意的是,由于经济增长过程中政策偏好、增长质量、经济结构以及市场效率等多重主客观因素均会对这一过程产生不同程度

① 张伟宾,汪三贵.扶贫政策、收入分配与中国农村减贫[J].农业经济问题,2013(2):66-75.

② BESLEY T, BURGESS R. Halving global poverty[J]. The Journal of Economic Perspectives, 2003,17(3): 3-22.

③ DOLLAR D, KLEINEBERG T, KRAAY A. Growth still is good for the poor[J]. European Economic Review, 2016(81): 68-85.

④ KRAAY A. When is growth pro-poor? Evidence from a panel of countries[J]. Journal of Development Economics, 2006, 80 (1): 198-227.

⑤ LOPEZ J H. Pro-growth, pro-poor: Is there a trade-off? [C]. Brent R J. Handbook of Research on Cost-Benefit Analysis. Northampton: Edward Elgar Publishing, 2009: 482-512.

⑥ RAVALLION M, DATT G. Why has economic growth been more pro-poor in some states of India than others? [J]. Journal of Development Economics, 2002, 68(2): 381-400.

⑦ CHEN S H. The developing world is poorer than we thought, but no less successful in the fight against poverty[J]. Quarterly Journal of Economics, 2008, 125(4): 1577-1625.

⑧ BIBI S. When is economic growth pro-poor? Evidence from Tunisia[EB/OL]. 2005-07-01.

⑨ CONTRERAS D. Economic growth and poverty reduction by region: Chile 1990—1996[J]. Development Policy Review, 2001, 19(3): 291-302.

⑩ MENEZES-FILHO N, Vasconcellos L. Has economic growth been pro-poor in Brazil? Why [R]. Operationalizing Pro-Poor Growth Work Program co-funded by AFD, BMZ, DFID and The World Bank, 2004.

的干扰或影响,因而经济增长只作为贫困减少的必要条件,并不具备充分性①。

(一)减贫理论概述

国外学者在研究贫困问题的同时,也对减贫的对策进行研究:一是"贫困恶性循环"理论的提出者 R.纳克斯(1953)指出发展中国家要解决贫困问题,必须由国家出面进行大规模的资本投资,是摆脱贫困现象的有效解决途径。二是提出"低水平均衡陷阱理论"的经济学家 R.R.纳尔逊通过对不发达国家的人均资本以及人均增长等之间的关系进行考察研究,并结合纳克斯的"贫困恶性循环"理论,进一步强调资本形成对摆脱"低水平均衡陷阱"的决定性作用。三是世界著名的"循环积累因果关系"理论的提出者冈纳·缪尔达尔结合其对一些具有代表性的亚洲贫困国家的考察,认为发展中国家的反贫困斗争要从权力、教育与土地之间的关系来进行改革。四是经济学家西奥多·W.舒尔茨(Theodore W.Schultz)针对穷人问题提出了人类资本理论和传统农业改造理论,奠定了穷人经济学理论。在《论人力资本投资》中指出造成贫困的原因不是物质方面的缺少,而主要在于国家对人力资源的忽视,以及社会人力资源无法进行充分运用。五是保罗·罗森斯坦·罗丹指出贫困国家要致富须通过国家主导,竭尽全力支持各部门的生产和发展,进行全面投资,冲破市场狭小的负面影响,促进国家经济的发展。六是阿玛蒂亚·森认为要摆脱贫困,就必须发展生产力。他在生产方式对贫困的影响方面进行了深入的研究,认为贫困是缺少生产力造成的。

具有代表性的理论如下:

1.经济集聚减贫理论

经济集聚是通过分享(sharing)、匹配(matching)、实践中学习(learning by doing)这三种机制来对劳动生产率产生影响的。

---

① 林伯强. 中国经济增长、贫困减少与政策选择[J]. 经济研究, 2003(12): 15-25.

$$Y = L^{\alpha}K^{1-\alpha}S^{\beta}\left(\frac{R}{A}\right)^{\lambda-\frac{1}{\lambda}} \tag{1.7}$$

其中，Y 是地区的总产出水平，L 则代表了劳动投入数量，K 代表了资本投入数量，S 代表经济结构状况，R 代表区域内的 GDP 总值，A 代表地区的总面积大小，$\left(\frac{R}{A}\right)^{\lambda-\frac{1}{\lambda}}$ 衡量经济集聚对产出的作用。

$$\frac{Y}{L} = \left(\frac{K}{L}\right)^{1-\alpha}S^{\beta}\left(\frac{R}{A}\right)^{\lambda-\frac{1}{\lambda}} \tag{1.8}$$

$$\ln\frac{Y}{L} = (1-\alpha)\ln\left(\frac{K}{L}\right) + \beta\ln S + \left(\frac{\lambda-1}{\lambda}\right)\ln\left(\frac{R}{A}\right) \tag{1.9}$$

$$\ln I = \alpha_0 + \alpha_1\ln\frac{R}{A} + \alpha_2\ln S + \alpha_3\ln\frac{K}{L} + \varepsilon \tag{1.10}$$

其中，I 代表农民人均收入，$\frac{K}{L}$ 代表资本密集度。

基于研究成果发现，在经济密度高的区域范围内聚集了更高收入的集体，经济集聚发生规模效应就是通过"经济集聚—劳动生产率上升—经济持续增长—收入获得提振"机制对减贫起到有效作用。

2.经济发展、收入不平等分配的减贫理论

地区贫困发生率变动由各地区经济增长水平、收入分配水平、政府公共财政投入、工业化发展、城镇化水平以及其他变量的作用而改变。

$$P = f(Y, G, N, F, U, \varepsilon) \tag{1.11}$$

其中，P 为区域贫困发生状况，Y、G、N 为主要解释变量，分别表示地方经济发展水平、区域内收入分配差距和产业结构水平等情况；F、U 为与地方贫困发生相关的一组控制变量，分别表示公共财政投入能力、产业结构水平和城镇化发展水平；ε 代表不可观测的地域特征。

$$P_{it} = \lambda_0 + \lambda_1 Y_{it} + \lambda_2 G_{it} + \lambda_3 X_{it} + \varepsilon_{it} \tag{1.12}$$

为了减弱数据的不稳定性和异方差性，对 P_{it}、Y_{it}、G_{it}、X_{it} 取自然对数，则经济增长和收入不平等状况的减贫机制可以表示为如下回归方程：

$$\ln P_{it} = \lambda_0 + \lambda_1 \ln Y_{it} + \lambda_2 \ln G_{it} + \lambda_3 \ln X_{it} + \varepsilon_{it} \tag{1.13}$$

其中，P_{it} 为区域贫困发生率，Y_{it} 为区域经济发展水平，G_{it} 为区域收入分配不平等水平，X_{it} 为一组控制变量，λ 为变量系数；ε_{it} 为误差项。

3.产业经济增长减贫理论

大量实证研究已经发现，长期经济增长有利于贫困缓解，但经济增长内部的不同产业增长所带来的减贫效果却并不完全一致。为进一步考察三大产业部门经济增长的减贫效果，将经济增长分解为三大产业的增长，综合分析不同产业的经济增长减贫效应，构造如下产业减贫模型：

$$\ln P_{it} = \lambda_0 + \lambda_1 R_{1it} \ln I_{1it} + \lambda_2 R_{2it} \ln I_{2it} + \lambda_3 R_{3it} \ln I_{3it} + \varepsilon_{it} \tag{1.14}$$

式中，I_{1it}、I_{2it}、I_{3it} 分别表示第一、第二、第三产业的人均产值，R_{1it}、R_{2it}、R_{3it} 则分别表示各个产业产值占 GDP 的比重。

减贫的对策方面，我国学者也提出了很多不同的观点。具体来说，包括以下几个方面：一是制度创新论。反贫困是世界各国的共同行动，也是我国政府的一贯方针。为了适应经济全球化和世贸组织的要求，中国必须加大反贫困的力度，不断创新和完善反贫困制度体系。在反贫困实践中，有效的制度体系必须以观念创新为先导，以反贫方式和手段创新为核心，以法制完善和创新为保证，整合各种创新要素，充分发挥反贫困制度体系的整体效应。二是因地制宜论。有学者认为，农业资源丰富的贫困地区应该大力发展大农业及农副产品加工业；在矿产资源丰富的地区要主攻第二产业；在人口多资源不丰富的地区应组织劳务输出。三是素质提高论。经济社会发展的核心环节是不断提高劳动者的素质，为此要开发贫困地区人力资源，不仅要重视教育投资，培育贫困地区紧缺的技术人才、技术骨干，还要通过各种优惠政策，吸引外地优秀人才投入本地的扶贫工作。四是科技扶贫论。重视依靠科技脱贫。贫困地区要发展，必须立足当地资源，而当地资源长期未能得到很好开发利用的根本原因就在于科技的落后。

（二）世界范围内经济增长与贫困减少的关系研究

由于经济增长所带来的减贫效应具有重要的政策效益与实践价值，因此针对经济增长与贫困减少关系的研究始终成为世界范围内学者争论与探讨的焦点。

Tangri 和 Jagdish[1]认为一个国家或地区的经济增长（Economic Growth）对当地贫困率的削减具有最主要的决定性影响。进一步地，如果想要有效地缓解贫困现状，则必须创造出有利于整体经济快速增长的大环境。Dollar 与 Kraay[2]也同意这一观点，认为经济快速增长是减少贫困的关键所在。同时，研究还表明，经济的增长会给所有人群包括贫困人口带来发展的好处，并且政府实施的任何经济干预政策都不会对贫困人口的收入上升有任何倾向性，因而经济增长政策或是扶贫政策只要专注于经济增长本身就已足够。但他们在政策方面的结论受到了其他学者的批判和质疑。因为越来越多的学者认为，关于经济增长与减少贫困之间的联系还受到更深层次因素的影响。比如，Ferreira 和 Barros[3]，Bourguignon[4]，Ravallion[5]，Ravallion 和 Chen[6]均明确指出，经济增长与贫困之间存在错综复杂的联系，经济增长性质不仅只是经济增长速度影响减贫进程，也可能是地区内部经济增长质量的原因，即地区内经济增长结构、收入分配状况变化等相关方面的关系。

---

[1]　TANGRI S S, JAGDISH B. The economics of underdeveloped countries[J]. The Jounrnal of Asian Studies, 1968, 27(2):369-370.

[2]　DOLLAR D, KLEINEBERG T, KRAAY A. Growth still is good for the poor[J]. European Economic Review, 2016(81): 68-85.

[3]　FERREIRA F, BARROS R. The slippery slope: explaining the increase in extreme poverty in urban Brazil, 1976—1996[J]. Word Bank Policy Research Working Paper No.2210, 1999.

[4]　BOURGUIGNON F. The poverty-growth-inequality triangle[A]. Indian Concil for Research on International Economic Relations New Dechi Working Papers, 2004.

[5]　RAVALLION M. Growth, Inequality and poverty: looking beyond averages[J]. World development 2001.

[6]　RAVALLION M, CHEN S. China's (uneven) progress against poverty[J]. Journal of Development Economics, 2007, 82(1):1-42.

1.收入分配状况的减贫差异性研究

Kakwani 和 Pernia[1] 通过研究发现，伴随经济增长过程的收入分配状况对贫困减少有着非常重要的作用。正如 World Bank[2] 曾指出，贫困人口究竟能从经济增长的"涓滴机制"（trickle-down mechanism）中共享到多少发展成果却往往要依赖于许多条件，包括收入分配的平等化状况、私人财产归属权利以及具有特殊倾向性的政策补贴等。而在经济领域研究中，经济增长和收入分配之间的关系本身就是一个重大课题[3]。如果经济增长的过程伴随着收入分配的贫富两极分化，那么国家或地区的贫困现状就无法得到缓解，甚至反而可能产生进一步的恶化[4]。

2.城市化水平的减贫差异性研究

目前关于城市化对于贫困状况的作用仍存在较多争议。较早的是 Lewis[5] 和 Kuznets[6] 认为，城市化促进经济增长、改善收入分配方式，从而达到良好的减贫效应。而与之相反的是，Myrdal[7] 在《经济理论和不发达地区》专著中指出，城乡的诸多差异性并不是通过要素的流动而逐步弱化，相反由于城乡差距进而引起"累积性因果循环"，导致马太效应，即城市区域发展更为迅猛，广大农村地区则陷入"贫困的恶性循环"。

Ravallion[8] 根据 39 个国家的跨国数据以及针对印度人口的时间序列数据研究发现，发展中国家在城市化过程中，贫困人口向城市集中的速度要快于城市化速度，从而造成发展中国家的农村贫困迅速蔓延至城市。Ravallion[9] 又指

① KAKWANI N, PERNIA E M. What is pro-poor growth[J]. Asian Development Review, 2000, 18(1)：1-22.
② WORLD BANK. 2001 World Development Report：Attacking Poverty[R]. Oxford：Oxford University Press,2001.
③ 尹恒,龚六堂,邹恒甫. 收入不平等与经济增长：回到库兹涅茨假说[J]. 经济研究,2005,4(4)：17-22.
④ 林伯强. 中国经济增长、贫困减少与政策选择[J]. 经济研究, 2003(12)：15-25.
⑤ LEWIS WA. Economic Development with Unlimited Supplies of Labour[J]. The Manchester School, 1954, 22(2)：139-191.
⑥ KUZNETS S. Economic Growth and Income Inequality[J]. American Economic Review, 1995(1)：1-28.
⑦ MYRDAL G. Economic theory and underdeveloped regions[M]. New York：Harper & Row, 1957.
⑧ RAVALLION M. On the urbanization of poverty[J]. Journal of Development Economics, 2002,68(2)：435-442.
⑨ RAVALLION M. Urban poverty[J]. Finance and Development, 2007, 44(3)：15-17.

出,目前四分之一的贫困人口居住在城市,且这一比例仍在继续上升。城市化减少贫困人口总数的效果确实比较显著,但对减少城市贫困的效果则不显著。Mahmood 和 Rana[1] 也指出,孟加拉国已经步入了快速城市化阶段,农村贫困问题也随之转向了城市——基础设施服务和基本生活福利的不足、环境恶化、社会暴力等已经成为快速城市化进程中的主要挑战。

3.贫困者状况的减贫差异性研究

由于贫困是多因素所呈现出的现象,只使用单一指标实施扶贫工作并不恰当[2]。即使是相同的经济增长率,也会在贫困减少方面产生很大的差别,这就意味着一些国家的经济发展更具有偏向于贫困人口的发展特征[3]。例如在对巴西的研究案例中,Menezes-Filho 与 Vasconcellos[4] 就强调了益贫式经济增长中教育的重要性;而 Grosse 等人[5]则采用 1989—1998 年玻利维亚的统计数据,研究了贫困者的教育背景、死亡率、疫苗接种、发育状况以及多方面福利措施等非收入性指标的改善是否更有利于贫困状况的缓解。

4.时间动态效应的减贫差异性研究

在时间动态效应方面,相关研究发现:经济增长对贫困的长期效应与短期效应是十分不同的[6]。依靠市场机制形成的经济增长在短期内往往扩大了贫富差距,增大了贫困人口的生活压力,而在长期中根据库兹涅茨假说,贫困人口获

① BHUIYA A, MAHMOOD S S, RANA A M, et al. A multidimensional approach to measure poverty in rural bangladesh[J]. Journal of Health Population & Nutrition, 2007, 25(2):134-145.

② KAKWANI N, KHANDKER H H. Pro-poor growth: concepts and measurement with country case studies [J]. International Poverty Centre Working Paper 1. United Nations Development Program, 2003,42(4): 417-444.

③ SON H H. A note on propoor-growth[J]. Economics Letters, 2004, 82(3):307-314.

④ MENEZES-FILHO N, Vasconcellos L. Has economic growth been pro-poor in Brazil? Why [R]. Operationalizing Pro-Poor Growth Work Program co-funded by AFD, BMZ, DFID and The World Bank, 2004.

⑤ GROSSE M, HARTTGEN K, KLASEN S. Measuring pro-poor growth in non-income dimensions[J]. World Development, 2008, 36(6):1021-1047.

⑥ CHAMBERS D, YING W, HONG Y. The impact of past growth on poverty in Chinese provinces[J]. Journal of Asian Economics, 2008, 19(4):348-357.

得了更多的就业与创收机会,反而有助于贫困状况的有效缓解。此外,初始财富的不平等状况也会影响之后贫困人口分享经济增长的程度,从而导致较为低效的减贫效果。

5.经济增长部门构成的减贫差异性研究

在经济增长部门构成方面,产业部门构成逐渐成为近年来重点研究的方向。Ravallion 与 Chen[1] 发现相比于制造业和服务业,农业部门的经济增长具有更好的减贫效应。许多学者对一些发展中国家也进行了实证研究。比如,Suryahadi 等人[2]对印度尼西亚进行研究发现,乡村农业经济增长与农村地区的减贫绩效是高度相关的;Ravallion 与 Datt[3] 对印度的贫困演化研究显示,在1951—1991 年,工业部门增长与贫困状况并没有直接联系,而农业与服务业的发展在城市和乡村都具有一定的减贫作用。Ferreira 等人[4]则研究了南美洲国家巴西在 1985—2004 年的状况,发现减贫效应确实存在着不同部门、不同地域之间的显著差异。但在巴西,服务业的快速增长对减贫的效果最佳,优于农业部门或是制造业部门。地区之间的差异性主要体现在人口增长与公民权利的初始状况等因素的不同。此外,还有大量的跨国界实证研究也进一步证实了,经济增长中产业部门构成对贫困状况的缓解有重要作用[5][6]。

---

[1] RAVALLION M, CHEN S. China's (uneven) progress against poverty [J]. Journal of Development Economics, 2007, 82(1):1-42.

[2] SURYAHADI A, SURYADARMA D, SUMARTO S. The effects of locationand sectoral components of economic growth on poverty: Evidence from Indonesia[J]. Journal of Development Economics, 2009, 89(1): 109-117.

[3] RAVALLION M, DATT G. India's chechered history in fight against poverty: Are there lessons for the future[J]. Monash Economics Working Papers, 1996.

[4] FERREIRA F H G, LEITE P G, RAVALLION M. Poverty reduction without economic growth? Explaining Brazil's poverty dynamics, 1985—2004[J]. Journal of Development Economics, 2010(93): 20-36.

[5] LOAYZA N V, RADDATZ C. The composition of growth matters for poverty alleviation[J]. Journal of Development Economics, 2010, 93(1):137-151.

[6] CHRISTIANSEN L, DEMERY L. Down to earth: Agricultural and poverty reduction in Africa[R]. The World Bank, Washington D. C., 2007.

（三）中国经济增长与贫困减少的关系研究

在众多发展中国家的减贫进程中，中国获得了国内外学者的重点关注。基于中国过去四十余年为世界减贫事业做出的巨大贡献，研究中国情况、解决中国问题成为国际扶贫课题的经典范例。总体而言，近十几年来中国的整体经济增长与贫困发生率的变动基本呈现出显著的负相关关系，如图 1.5 所示。中国目前的扶贫多为自上而下的模式，即政府部门主导为先，贫困人群参与为后，并在实践过程中将减贫区域与扶贫目标逐步精细化、精准化，业已取得显著成效，尤其中国过去十几年来的减贫成果更是受到国际社会的称赞与肯定。

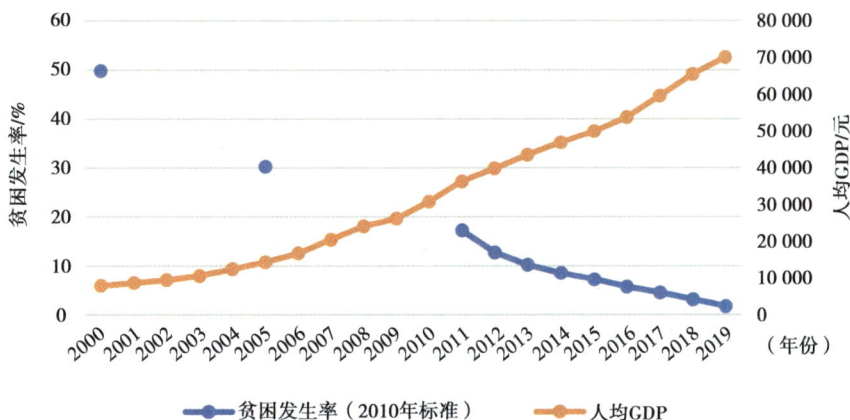

图 1.5 2000—2019 年中国人均 GDP 与贫困发生率的变动趋势图

注：贫困发生率数据来自《中国农村贫困监测报告 2020》，无 2001—2004 年度和 2006—2009 年度的数据；全国人均 GDP 数据来自国家统计局网站。

尽管自 20 世纪 80 年代以来中国拥有令人瞩目的经济表现与减贫成绩（表 1.4)，中国目前仍存在着较多棘手的发展难题。例如，Martin Ravallion 与 Shaohua Chen① 的研究发现，中国反贫困的斗争历程尽管成绩卓越，但其过程并不完全顺利，减贫成效曾在 20 世纪 80 年代末至 90 年代初停滞，并且不同省份的减贫

① RAVALLION M, CHEN S H. China's (uneven) progress against poverty [J]. Journal of Development Economics, 2004, 82(1):1-42.

效率体现出较大的差异性。同时,中国经济发展的进程也呈现出不平衡状态,尤其是农业部门的发展显著地落后于其他产业部门[①]。此外,不像其他发展中国家,中国具有较高的收入差距现象,而中国收入分配不均程度的继续加剧将拖累中国整体贫困状况的改善[②]。针对经济增长的减贫效应分析,Montalvo 和 Ravallion[③] 通过省级面板数据分析了自 20 世纪 80 年代以来中国经济增长的减贫绩效,其研究结果发现,这一时期的发展进程在时空上都呈现出不均衡状态。一方面,经济增长模式影响着贫困不均衡程度的变化趋势;另一方面,贫困不均衡程度也影响经济增长的状态。

表 1.4 "十五"和"十一五"时期绝对贫困人口减少状况

年份	贫困人口减少人数/万人	占期初贫困人口比重/%
2000—2005 年	2 990	31.7
2005—2010 年	3 744	58.3
2000—2010 年	6 734	71.5

数据来源:《中国农村贫困监测报告》(没有标注年份的是根据多个相关年份的《中国农村贫困监测报告》整理的。下同。)。

在经济增长部门构成方面,第一产业尤其是农业部门成为中国减贫工作的主要着力点。这一点与之前国外学者分析的印度状况是极为相似的。张苹[④]也研究发现,虽然三大产业的增长都是中国经济增长的重要源泉,但就反贫困方面,第一产业与第三产业增长的减贫效应非常显著,而第二产业的减贫效应则

① KUIJS L, TAO W. China's pattern of growth: moving to sustainability and reducing inequality[J]. China and the World Economy, 2006(14): 1-14.
② CHEN S H, WANG Y. China's growth and poverty reduction-trends between 1990 and 1999[J]. Policy Research Working Paper, 2001.
③ MONTALVO J G, RAVALLION M. The pattern of growth and poverty reduction in China[J]. Journal of Comparative Economics, 2010, 38(1): 2-16.
④ 张苹. 中国经济增长与贫困减少——基于产业结构视角的分析[J]. 数量经济技术经济研究, 2011 (5): 51-63.

显得较为微弱。

在经济体制机制方面,由于中国经济进入转型升级时期,必然会引入更多的市场经济机制。这一动态的转型过程不可避免地将在短期内提升贫困发生率,引起收入不平等现象的加剧。然而随着时间的推移,只要经济增长率足够高速,届时,经济增长效应以及分配效应势必将会有效提振中国整体的减贫成效①。目前中国的收入分配结构倾向于高收入群体,低收入群体处于较为不利的地位②。因此,新时期的扶贫工作必须考虑改善国内收入差距状况,从而保持中国反贫困事业的持续性进步。

在城乡二元差异性方面,Bourguignon 和 Morrison③ 明确表示,在发展中国家,影响贫困状况的潜在的重要元素就是城市与农村收入之间的差异程度。由于我国目前处于经济社会的转轨时期,存在着明显的二元经济结构特征,因此,对我国贫困问题的研究也最好是在考虑城乡二元结构的前提下进行。显然,忽略城乡人口流动会使得我国贫困变化过程及动因的估计出现偏误。

在对外贸易领域,实证研究发现,中国东部沿海地区与中西部内陆地区商业贸易自由化程度的提高,均能通过促进区域经济的增长,从而显著地缓解贫困状况,但是相比于东部沿海地区,中西部内陆地区发展自由化贸易显然对减贫效果具有更好的边际效应④。

综上所述,根据 2018 年的研究,进入新时期以来,由于中国的经济体量与发展规模日益庞大,中国经济逐步进入转型换挡期,中国的进一步减贫工作必然受到更大压力和挑战。如何让改革发展的成果更好地惠及贫困人口,如何进一步消除绝对贫困,都是未来中国亟须面对的严峻课题。与此同时,

① BOURGUIGNON F. From income to endowments: the difficult task of expandmy the income poverty paradigm[R]. Delta Working Papers, 2003.
② 冯素杰.论产业结构变动与收入分配状况的关系[J].中央财经大学学报,2008,8(8):50-56.
③ BOURGUIGNON F, MORRISSON C. Inequality among world citizens: 1820—1992[J]. Delta Working Papers, 2001.
④ 郭熙保,罗知. 贸易自由化、经济增长与减轻贫困——基于中国省际数据的经验研究[J]. 管理世界,2008(2): 15-24.

中国内部的经济结构与贫困群体都具有一定的异质性特征,针对不同的贫困势态,势必提出具有针对性的减贫措施。这意味着在经济下行的大背景下,未来中国贫困的缓解越来越依赖于更好地研究中国情况、阐明中国问题,才能在新时期制定出更具针对性的扶贫政策与减贫措施,有效实现扶贫脱贫的良性循环。

第二章

2

扶贫开发的国际经验

贫困是世界各国和国际社会面临的共同挑战,反贫困是人类共同面临的历史任务,缓解和消除贫困已经成为全人类的共识。随着科学技术的不断进步、生产力的不断发展,世界范围内的贫困问题有所缓解,但在部分国家和地区,贫困问题仍然呈现严峻态势,国际社会和各国政府也对此表现出关注和重视。本章从国际视角出发,讨论一些国际上经典的扶贫开发案例,并对在世界范围内开展扶贫行动的国际组织和非营利组织进行梳理,总结其在扶贫开发领域的行动历史和有益经验,并分析其对我国扶贫开发的启示和借鉴。

一、各国扶贫开发的实践及经验

贫困是世界性问题,扶贫开发也是世界各国面临的普遍难题。对于发展中国家来说,贫困是限制经济发展、社会稳定的重要因素;同时对于发达国家来说,也存在收入分配不均,部分地区相对贫困的现状。因此无论是发达国家还是发展中国家都在扶贫开发方面做出了许多努力。近些年来,为了促进区域协调发展,改善落后地区的贫困现状实现共同富裕,我国政府制定实施了一系列的政策措施,大力促进区域协调发展。然而,目前扶贫开发仍将是一项长期的艰巨任务,特别是在经济新常态下,对促进区域协调发展进行研究具有重要的理论和现实意义。他山之石,可以攻玉。关于扶贫开发的实践,欧盟、美国等发达国家和地区,甚至孟加拉国等发展中国家的经验,都能够为我国的扶贫开发提供理性借鉴。

(一)欧盟的区域融合发展计划

1.区域融合发展计划的内容

欧盟是世界上经济最发达的地区之一,经济上的一体化又逐步促进了它进一步繁荣。欧盟经历了煤钢联营、经济共同体、统一大市场和经济货币联盟等四个阶段,在经济金融、外交和社会治理方面都取得了巨大成就。欧盟曾经超越美国成为世界第一大经济体,然而,欧盟组织内部以及成员国内部的贫富严重差异导致的弊端逐渐显现出来,成为制约欧盟进一步发展的障碍,因此,欧盟制订了区域融合发展的计划,从制度、经济、产业等各个方面制定了系统的规划,旨在治理欧盟内部的贫困国家和地区,缩小贫富差距,实现共同的发展和繁荣。

按照人均 GDP 和就业率来看,欧盟可以分为核心区和边缘区两部分,核心区是欧盟发展速度最快、发展水平最高的地区,它只占有欧盟不足 1/3 的人口和 1/7 的土地,却创造了整个欧盟近一半的生产总值;而边缘区人口众多,经济发展水平却相对落后,缺乏竞争力。更直观地说,欧盟最富裕的国家卢森堡的人均 GDP 是欧盟平均水平的 20 多倍,而一些相对不发达的国家,比如一些新加入欧盟的国家,人均 GDP 不足平均水平的 15%,这种差距使得原本就利益分配不均的欧盟,内部的种种矛盾更加尖锐。

因此,欧盟从 20 世纪 90 年代开始,对区域协调发展开始重视起来。从1994 年至 2013 年,先后制定了"六年规划""七年规划""七年支出计划"等促进区域协调发展的战略规划。在 1994 年到 2010 年的"六年规划"中,把减少贫富差距,提高落后地区竞争力作为主要的任务和目标,安排了 1 550 亿欧洲货币单位的结构基金来实现这一目标,集中扶持人均 GDP 小于欧盟平均水平 75% 的国家和地区,鼓励和帮助工业衰落地区的结构调整和发展转型,进行劳动人口培训以减少失业率等七大目标。在 2000—2006 年这七年中,将上一个六年规划中的七大目标总结为三大有限发展目标:一是促进人均 GDP 低于欧盟平均水平 75% 的国家和地区的结构调整和转型;二是支持新目标以外的地区进行经济发展的多样化;三是人力资源的开发。而在最近的七年支出计划中,欧盟又进一步扩大了结构资金规模。

欧盟的地区政策主要有四个方面的内容:一是界定问题区域,比如上文提到的人均 GDP 低于平均水平一定程度的区域,或者是易受外界波动影响的脆弱区域,或者工业衰落以及其他的边缘区域等。二是设立特定的发展基金如结构基金。三是协调成员国和欧盟关系的地区政策。四是制定一套判别"地区发展失衡"的指标。欧盟区域政策的工具主要是基金工具和贷款工具。

2.欧盟区域发展政策经验

我们知道,欧盟的区域融合发展计划是世界上较为典型和成功的区域发展政策,它通过较为系统的目标导向和政策制定,以及更加彻底的执行力度,使欧盟通过财政转移支付的方式对落后和欠发达的国家和地区进行了精准的援助和扶持,取得了明显的经济社会效果。我国幅员辽阔且贫富差距较大的情况与欧盟有些相似,因此我国可以从欧盟的区域发展政策中借鉴一些能够缩小贫富差距的扶贫开发经验,总结有以下几点:

(1)尽快完善扶贫开发的管理体系

欧盟扶贫开发的研究、实施和委托依赖于一个完整的、有执行力的管理体系。同样,我国成立了国务院扶贫开发领导小组①,各级政府也设立了地方的扶贫办公室,但是如何让这些机构有机地结合和高效地运作是一个我们需要去关注的问题。

(2)合理利用金融工具,成立专项基金,对扶贫开发进行实质支持

欧盟设立的结构基金和团结基金在促进欧盟一体化进程中发挥了不容忽视的作用。对落后地区的发展和工业衰落地区的结构转型都给予了极大的支撑作用。在我国也可以合理地利用财政拨款、政企合谋等多种方式成立专项基金,既能对扶贫开发的深入推进起到积极的激励作用,也能定向地启动项目扶持贫困地区。

(3)确定一套合理的界定贫困落后的指标,精准扶贫开发的范围

欧盟在融合发展计划中,严格按照一系列指标来界定和衡量有问题的地区,确立人均 GDP 低于欧盟平均水平75%的地区为重点帮扶地区。我国也需

---

① 2021 年 1 月,国家乡村振兴局成立。

要这样可以量化的指标来具体衡量落后地区及其落后程度,从而达到更有针对性的扶贫开发目的。2013 年我国提出了"精准扶贫"的重要思想,在农村建立了申请、审核和公示的精准扶贫程序,取得了巨大效果。

(4)高度重视地区劳动力的就业和培训工作

欧盟各国在制定开发区、设立各项优惠政策时,一个主要目的在于促进地方的就业,这是欧盟融合发展计划的一个主要目标。而我国在扶贫开发时也要注重"授人以渔",真正地促进就业和提高劳动者素质,从而达到被扶持地区的可持续发展。

(二)美国田纳西河流域治理计划

田纳西河流域位于美国东南部、阿巴拉契亚山脉西坡,距墨西哥湾比较近,属于中纬度地区。水资源和水能资源丰富,可开发的水能达 414 万千瓦。同时,田纳西河流域蕴藏着丰富的煤炭、磷矿和锌矿,且分布了一定量的石油、天然气、铁矿等矿产资源,为该地区以煤炭、磷等资源为原料的工业发展提供了优越的原料条件。

1.田纳西河流域治理计划内容

随着人类对田纳西河流域的开发,田纳西河干流逐步成为美国内陆水运网的重要组成部分。田纳西河流域在 20 世纪 30 年代开发之前是以农业经济为主。但是,随着人类对该区域的过度开垦、砍伐,水土流失严重,土地肥力大面积下降,造成了田纳西河流域经济发展迟缓,居民收入低下。1933 年,田纳西河流域农业人口比例为 62%,人均收入仅 168 美元,相当于美国全国平均数的45%。流域内农村基础设施落后,仅有 4.2% 的农村通电,3% 的农庄有自来水。

田纳西河流域正如中国的许多地区一样,陷入了资源丰富但却十分贫穷的"资源诅咒",美国政府开始重视对这个区域的整治和扶贫开发计划,这个计划也是早期世界范围内比较成功的案例。美国田纳西河流域整治计划开始于

1933 年,经过 12 年的整治开发和综合治理,贫困落后的田纳西河流域已变成了工业、农林业、航运业都十分发达的富饶地区,1977 年居民的人均收入上升为全国平均数的 80%,到 20 世纪 80 年代已接近全国平均国民收入的水平。

田纳西河流域的整治已经成为世界各国流域综合治理的样板,后来的日本、印度以及其他一些国家的流域治理都参考了美国的做法,因此,有必要在我国扶贫开发的研究中,借鉴田纳西河流域整治计划的经验。

这个计划诞生于罗斯福新政时期,有着特殊的历史背景,那时的美国虽然陷入了恶性的经济危机中,政府开始大力利用财政手段干预经济,但是对田纳西河流域的治理却没有只依靠政府投资,而是从立法、机构设置等各个方面进行了详尽的规划。首先,1933 年通过国会与总统的批准建立了田纳西流域管理局(TVA),它是具有极大的自主性和强制性的联邦政府机构,但是其业务却依照企业方式进行经营,形成了市场与政府管理的有效结合。另外,《田纳西流域管理法》出台并实施,一方面在法律上保证了该机构的特殊地位与权力,另一方面也规定了开发田纳西河流域的宗旨:改善田纳西河道通航和防洪;田纳西河流域的植树造林和流域内贫瘠土地的合理利用;发展该流域的工业、农业;通过建立在亚拉巴马州的马斯尔肖尔斯及其邻近的政府财产管理机构达到加强国防等目的。

设立了法律和专属机构之后,TVA 开始兴修水利和治理水土流失。虽然田纳西河流域的资源十分丰富,但在 1914 年之后历经了十几年的过度和不合理开发,导致植被破坏,水土流失严重,易于发生洪水灾害。于是在美国政府的支持下,在田纳西河干流与支流上先后建成了 50 多座多目标水坝。水利工程的兴建大大提高了田纳西河流域的防洪能力、通航能力。另外,也提供了价格低廉的水电资源,吸引了包括国防、核能等工业进入该流域,提高了居民的收入水平。在治理水土流失方面,TVA 通过大力发展林木苗圃,兴建木材市场,推进家具制造业的发展;同时,为了提高土壤肥力,TVA 成立了国家肥料发展中心,既解决了水土流失问题,也发展了农业,提高了农民的收入。

而后,TVA 开始规划整治田纳西河流域的产业,大力开发水、火、核电与航运,推进工业化建设。通过三个阶段的工业化建设,田纳西河流域已经集中了运输设备、金属加工、机械、电器、橡胶、造纸、服装、纺织、食品等产业,形成了田纳西河工业走廊。除了工业,田纳西河流域也发展了渔业和旅游业,随着洪水得到有效治理,生态环境得到大幅改善,TVA 基于田纳西河流域、阿巴拉契亚山的地貌特征和美丽的自然风光以及水资源开发形成的大量的人工湖泊,开展养鱼业,新建了 18 个州立公园和大量的通道小径、小型自然风景区,并开展划船、钓鱼、狩猎等旅游项目。

2.田纳西河流域治理计划对我国扶贫开发的启示

正如欧盟的区域融合发展计划一样,美国的田纳西河流域发展计划也为我国扶贫开发提供了模版,为我国许多资源丰富的单一结构地区的转型和发展提供了可以借鉴的经验。

(1)设立权威的开发组织机构

田纳西河流域具有跨行政边界的特点,因此,美国专门设立了 TVA,该机构直接隶属于总统和国会,不受行政区划的影响。TVA 在机构设置上十分合理,其管理涉及流域开发与整治的各个方面,同时在明确分工的基础上又保持了极高综合性,保证了其政府机构和企业双重职能的运作与配合,有效统筹了流域内的各个方面,实现了整体效益最大化。

(2)立法

1933 年,在田纳西流域管理局成立的同时,美国国会通过了《田纳西流域管理法》,保证了 TVA 对田纳西河流域开发与整治的目标与权利。众所周知,区域的开发与整治是一个长期过程,需要政策上的长期支持,不能由于领导人更换而朝令夕改,影响区域开发与整治的长期性部署。因此,从法律上确定对区域开发与整治的战略性规划以及区域管理机构,保证区域开发与整治的思路、战略和政策的长期性。

（3）将区域比较优势转化为区域经济优势

区域发展的关键在于基于自身的比较优势，如资源优势、人力优势、成本优势等转化成经济优势。田纳西河流域的开发着重从电力开发着手，利用流域内丰富的煤炭资源开发火电，并在流域内兴建了大量的输电线路，保证电力仅在区域内供给，而不是将其丰富的电力输送到区外。这也是我国许多地区需要重视的问题，通过低价出卖资源就等同于放弃本地区的比较优势，而放弃比较优势就阻断了可持续发展的道路。

（4）重视综合手段

区域整治与开发涉及内容众多，且当某一局部出现问题时，会对整体造成很大影响，甚至导致整个区域开发与整治的失败。因此，针对某一局部问题，应使用政府、市场等多种手段，重视调整区域内部各个体之间的关系，保证整体的功能达到最佳。另外，由于区域开发是一个长期且艰巨的任务，除了国家财政的大力支持之外，可以给予区域开发的相应机构发行债券、贷款等融资权利，保证区域开发与整治获得充裕的资金支持。

（三）孟加拉国"乡村银行"的小额贷款扶贫模式

孟加拉国作为世界上最贫困的国家之一，却在扶贫开发中取得了许多国家难以企及的成就，那就是以小额扶贫贷款为特征的"乡村银行"（Grameen bank）。通过几十年的发展，乡村银行已经从一个小小的试点发展成为一个遍及全国的大金融机构。在孟加拉国整个银行体系普遍亏损、坏账率已经达到了60%以上时，乡村银行还能够自负盈亏，贷款回收率可以达到97%。

世界上的许多国家也都有过通过扶贫贷款来解决贫困问题的尝试，但是效果都不佳。一个主要的原因就是，这种扶贫贷款很多不能够真正地到达"真穷人"手中，而是被寻租，间接地接济了富人；同时，给贫困的人放贷款也是风险很高的，很多时候难以保证及时还款，久而久之这些金融机构会因为还款率太低而被拖垮。而孟加拉国的乡村银行就扶贫贷款存在的这两点主要问题提出了解决方案。

首先,孟加拉国乡村银行的贷款利率是很高的,比一般的商业银行高出很多。这颠覆了传统扶贫开发的低息贷款补贴政策,杜绝了"寻租"行为,使得乡村银行的贷款能够真正到达穷人手中。这种高息虽然一定程度上加重了借款人的经济负担,但是对广大的穷人来说,他们并没有任何可以在普通商业银行借款的资格,并且他们的借款总金额也在比较局限的范围内,所以稍高的贷款利息也是他们能够接受的。除此之外,乡村银行为了提高银行的还款率,还拓宽了业务范围。它所提供的技术指导培训以及小组之间的相互帮助,是普通的商业银行和其他国家的扶贫贷款机构没有的。比如,乡村银行鼓励乡村银行的贷款农户参与到社会发展计划中,即农户除了种植用以交易的作物之外,还在屋边种植水果,提高卫生标准,同时要求每个星期多存 1 塔卡(孟加拉国货币单位)进入福利基金,用于对农户进行技术培训和建设乡村学校以及其他的教育支持。

孟加拉国的乡村银行扶贫模式虽然也存在运营成本较大、脱贫速度较慢等局限性,但是它不失为一种金融工具扶贫的创新。我国的扶贫工作可以借鉴乡村银行的运营模式,在运用高利息保证小额贷款能够到达"真穷人"手中的同时,将贷款和福利建设联系起来,确保一定程度的还款率。

(四)德国鲁尔区的改造

1.德国鲁尔区改造对于我国地区开发的借鉴意义

19 世纪末,借着全球第二次产业革命的契机,德国鲁尔区凭其资源和基础设施、领先世界的科研技术成果优势,一举成为德国工业的心脏,"欧洲经济火车头"的工业引擎。然而经过"资源开发带来的经济增长期—资源大量开发引起的经济高涨期—资源枯竭而导致的经济衰退期—经济转型期"的过程之后,全球第三次产业革命使得新技术革命的浪潮席卷了欧洲,钢铁、煤炭等产业也因此成为低附加值的产业,鲁尔区面临衰落的困境。

纵观鲁尔区发展的历史,它和我国的东北老工业基地有众多相似之处。东北三省在新中国成立之初,也凭借其先进的工业水平和基础设施,成为"共和国的长子","大庆油田""长春一汽"等第一批效益良好的国有企业的建成,为全国提供着工业品和原材料,使我国的工业体系初具规模,东北三省也成为当时我国地区生产总值最高,城市化发展最好的地区。但是随着改革开放和全球范围内的产业转型升级,东北的弊病逐渐显露,在我国已经跻身世界第二大经济体,部分省市已经几乎赶超世界发达地区的今天,东北的经济增速却已经全国垫底,和当时面临冲击的鲁尔区一样亟待转型,因此鲁尔区的开发经验对于我国东北老工业基地的振兴有着一定的借鉴意义。

除此之外,作为资源型城市的开发,鲁尔区的改造对我国一些正面临衰落的资源型城市也有参考价值,比如我国的山西省,自 20 世纪 70 年代末起,该省开始了大规模、高强度的能源基地建设时期,形成了以煤炭、焦化、冶金、电力为支柱的超重结构工业体系,但随着环境污染越来越严重,城乡居民收入差距拉大,工业发展路径依赖等,山西经济的可持续发展受到了严重制约。因此,德国鲁尔区从一个资源环境破坏严重的工业老区,进行一系列改造和整治之后成为整个欧洲的"文化之都",其中的经验值得借鉴和学习。

另外,鲁尔区也是城市更新的典范,经过了近 50 年的努力,鲁尔区的产业结构变得愈加合理,在城市风貌方面也有了极大的改观,旧时废弃的工业厂房成为博物馆、酒吧,新兴的产业也在这里实现了聚集,可以说,在往昔的工业废墟上,鲁尔区实现了重生。

2.鲁尔区改造的具体措施

(1)重视政府治理

在德国鲁尔区的改造中,重视政府治理,优化政府职能是其中最重要的一个方面。20 世纪 60 年代,联邦政府与各级地方政府、地区会议联合制定并实施了包括"鲁尔发展规划"①"北莱茵—威斯特法伦规划"②和"鲁尔行动计划"以及20世纪90年代末的《鲁尔地区结构改造计划》等政府政策,有意识地通过提供经济和技术方面的资助,逐步在当地发展新兴产业。正是在此时期,鲁尔区相继出现了电子工业、核电工业、信息和媒体产业等一批新兴产业,在用现代技术改造旧的工业部门提高其竞争能力的同时,着力开拓了新领域。鲁尔区的经验表明:实施老工业基地的改造,地方政府不仅是管理机构,而且应充分利用当地资源,根据市场来调整政府行动,使政策更好地适合基层。

(2)改善投资环境

鲁尔区地方政府在利用财政手段支持地方产业和改善本地区的投资环境两个方面做出了许多努力。鲁尔区的成功改造依赖的不仅仅是地区"内生"力量,更多的是通过吸引"外来"产业和投资实现了地区复兴。在政府层面,一方面,内部动力主要来自政府财政和政策支持:一是价格补贴、矿工补贴、投资补贴、税收优惠、政府收购、社会保障等政策保护了地方产业的继续发展和社会稳定;二是政府资助煤炭钢铁产业集中改造,通过企业调整、关停合并老厂、扩建新厂、技术改造升级、产业转型等方式进行传统工业治理。另一方面,通过改善投资环境,吸引新兴工业迁入本区,促进经济结构多样化发展。在吸引外来投资的过程中,鲁尔区地方政府采取了简化审批手续、提供政府资助和灵活用工等一系列措施,如对落户当地的信息技术等新兴产业的投资者给予一定比例的经济补贴等。

(3)重视教育和职业培训

发展教育事业,培养高素质劳动力从而提高创新水平是支撑产业发展和地区经济的巨大动力,德国鲁尔区十分重视教育和职业培训,不仅能够增加科技创新能力,为工业城市注入新鲜血液,同时也能够降低失业率。

鲁尔区所在的北威州政府制定了1980—1984年的行动计划,这一计划的

---

① 厄休拉·凡·匹茨,张晓军.鲁尔:一部区域规划的简史[J].国际城市规划,2007,22(3):16-22.
② 叶玲飞.多中心城市发展的鲁尔经验[J].群众,2020(4):2.

目标是降低失业率。其具体做法为：一是无论是对参与结构调整的产业的进入、退出的资助，还是对中小企业的扶持，都要看其能为社会提供多少就业岗位；二是结合当地优势，大力发展加工业和服务业等劳动密集型产业，并多方面拓宽就业渠道，比如设立劳动和经济促进机构，工人的转岗培训费用全部由政府资助；三是加强培训，提高失业人员的职业技能，从 20 世纪 60 年代起，鲁尔区在多特蒙德、波鸿等城市陆续建立多所大学，开展技术教育和职业培训。鲁尔集团还成立专门的培训公司，范围几乎覆盖岗前、转行以及在职期间的全部职业人群。

（4）完善基础设施

鲁尔区在转型之初，就大力加强了经济性基础设施和社会性基础设施的建设。另外，鲁尔区也利用自己的区位优势，水陆联运，加速了南北向交通网的联通，这些交通基础设施的建设对推动全区的发展起到了重要作用。

综上所述，无论是资源型城市还是老工业基地，都需要通过政府治理，改善本地区环境资源破坏的现状，提高劳动力的素质，优化本地区的投资环境，其中地方政府要发挥主导作用，但是不能忽略建设法治化的市场机制，这些都是我国东北和山西等地区可以借鉴的经验。

（五）非盟的《瓦加杜古就业和扶贫宣言》

非洲由 54 个国家组成，人口超过 10 亿，由于自然环境、政治、社会等方面的综合因素，贫困人口庞大。目前，世界上最贫困的 50 个国家中，非洲占据了 34 个，脱贫任重而道远。

具体来看，非洲诸国贫困的原因主要有以下几个方面：

第一，沙漠、干旱等恶劣的自然灾害频发。2011 年，非洲东部的吉布提、埃塞俄比亚、厄立特里亚、肯尼亚、索马里、苏丹、南苏丹、乌干达等一些国家遭受

60 年一遇的大旱,降水量仅为往年正常值的 5%~50%。①

第二,种族、宗教矛盾突出。首先是北非国家突尼斯、埃及和利比亚先后兴起的"阿拉伯之春"运动;其次,贫困严重的撒哈拉以南非洲少数国家如苏丹、科特迪瓦、索马里和马达加斯加等也相继出现了一些不稳定局面。

第三,艾滋病、肺结核等疾病流行。世界卫生组织统计数据显示,南非人口约占世界的 0.7%,但艾滋病患者却占世界的 17%。目前南非全国有艾滋病患者 550 万,每年死于艾滋病的人数都在 30 万以上,其中男性的艾滋病感染率为14.5%、女性为 21.8%。而在与艾滋病病毒有关的肺结核病例中,南非每年感染肺结核的人数达 46 万人,接近全国总人口 4 800 万的 1%。②

第四,非洲地区人力资本低下。目前撒哈拉以南非洲仅有 12 个国家扫盲率刚刚超过 50%。整个非洲大陆有近 4 亿文盲,占全世界文盲总数的 40%。此外,35% 的非洲国家学龄儿童入学率也不到 40%,整个非洲有 20% 的男孩和38% 的女孩无法进入小学,中学的失学率更高。③

第五,社会治理差、政府腐败盛行。据统计,因为贪污腐败,非洲每年经济损失高达 1 500 亿美元,占整个非洲大陆生产总值的 1/4。④

21 世纪以来,非盟将脱贫政策的重点放在了社会保障上,扶贫工作取得了一定程度的进步。在非洲不能为所有劳动者提供体面工作的背景下,社会政策的主题之一就是作为社会保护形式之一的社会保障发挥作用。⑤ 2004 年,《瓦加杜古就业和扶贫宣言》就极力倡导了高覆盖面和有效的社会保障,宣言提出的政策及措施主要包括以下几个方面:

---

① 舒运国.试析影响 2011 年非洲经济发展的若干因素[J].亚非纵横,2012(2):29-37,43.
② CHAISSON R E,MARTINSON N A. Tuberculos in Africa——Combating an HIV-driven crisis[J]. New England Journal of Medicine,2008;358(11):1089-1092.
③ TYLER Z C, GOPAL S. Sub-Saharan Africa at a crossroads:A quantitative analysis of regional development [J].The Pardee Papers,2010(10).
④ 李铎.贪污让非洲每年损失 1 500 亿[J].廉政瞭望,2006(8):57.
⑤ WRIGHT G, NOBLE U.Recent social policy developments in Africa[J].Global Social Policy,2010(8).

1.开展开发式扶贫

埃及、肯尼亚和南非三国都选择在适宜的地区开展开发式扶贫。尤其是埃及政府,在适宜开发的沙漠地区,投资进行土地改良,并配套建设相关基础设施,然后将改造好的耕地分配给无地农民,每个劳动力20亩①左右,分30年还款,月均还款18埃及镑,30年后变为个人拥有,以此帮助贫困户实现从无地到有地,从无收入到有收益,逐步来解决脱贫问题。

2.改善贫困地区生产条件

埃及、南非政府着力帮助贫困地区建设水利、道路等基础设施,创造条件,增强贫困地区的自我发展能力。埃及早在1952年就已将水库设施建成,农民基本可以免费灌溉,这样既保证了农业旱涝保收,又降低了生产成本,增加了农民的收入。

3.制定促进就业政策

埃及政府为了扩大就业,一方面控制工资适度增长,节省财力,根据岗位和职能,尽可能实行一岗多人制度,促进更多人口就业,即所谓的低工资高就业政策;另一方面埃及政府实施就业与示范扶贫政策。为了解决就业,埃及政府将改造好的土地分配给大学毕业生,每个学生35亩左右。若干个相关专业的学生可组成小团体,开展农业生产、医疗、教学工作,并吸纳贫困劳动力参加生产,获得报酬。同时大学生又帮助贫困劳动力掌握实用技能,既解决了学生就业,又起到了示范扶贫的作用。

南非政府通过立法和制定相关政策,促进弱势群体就业,解决贫困问题。1996年南非新宪法生效,取消了种族隔离制度,在人权法案部分出台AA(倾向性行动)法律条文,规定在同等条件下,优先安排黑人就业。同时政府又出台BEE(黑人经济授权)政策,黑人进入了领导阶层,有力地促进了黑人就业,降低了失业率,减少了贫困人口。

---

① 1亩≈666.67平方米。

4.开展劳动力技能培训

作为保障就业的另一渠道,埃及、肯尼亚、南非针对不同行业,在农村、城市都有相关的职业技能培训学校,贫困人口可以根据需求参加培训,掌握实用技能,实现在不同行业就业并依靠技能提高收入。埃及还组织经过专门培训的人员到海湾国家劳务输出,跨国就业,增加收入,达到减困。

5.建立和完善社会保障体系

在实现对居民基本生活保障的同时,埃及、南非以及肯尼亚均在教育和医疗方面完善了相关的社会保障:

(1)生活保障

在埃及,政府每年投入30亿埃及镑左右,对大米、面粉、食油、糖、能源等生活必需品实行价格补贴,同时每个贫困人口每月发放60埃及镑生活费;在南非,贫困人口男60岁女55岁后,政府每月为每人发放养老金900兰特,保证老有所养。

(2)教育保障

在埃及、南非以及肯尼亚,教育分公立、半公半私和私立三种。公立学校是政府投入办学,半公半私政府资助一半,私立学校完全由个人交费上学。在埃及,公立学校从义务教育到大学教育基本上是免费教育,确保了低收入和贫困家庭孩子接受教育。高收入阶层可以将孩子送到教学环境和教学质量更好的半公半私或私立学校接受教育。在肯尼亚和南非,义务教育全部是免费教育,高中到大学阶段是收费教育,但是政府为低收入和贫困家庭孩子提供助学贷款,为完成学业提供保障政策。

(3)医疗保障

在埃及和南非,公民就医的公立医院,只收取很低的挂号费,总体上是免费医疗,解决了贫民看病问题。高收入群体可以购买医疗保险,去医疗环境和质量更好的私立医院看病就医。肯尼亚经济发展相对较差,医疗保障很低。

尽管我国的国情与非洲存在着明显的差异,非洲各国的发展水平相对落后,但是在扶贫方面,依然有很多经验值得我们去汲取。

二、国际组织扶贫实践

随着世界经济与全球化的不断发展,贫困问题越来越受到国际社会的广泛关注。贫困不仅严重阻碍了许多国家的社会经济发展,也是当前许多地区冲突、恐怖主义蔓延和环境恶化等问题的源头,其所直接或间接引起的传染病问题、难民问题甚至种族歧视问题等,无一不是对国际社会提出的严峻挑战。随着各国间经济、环境、信息等联系越发紧密,在贫困面前,任何国家都无法独善其身。

贫困是诸多国际问题的根源,也是当前全球治理的重要课题之一。作为国际关系的重要行为体,多种国际组织和非营利组织已针对贫困问题,在全球各领域开展扶贫援助和开发工作。国际组织和非营利组织普遍采取与主权国家政府之间建立联系和合作关系的形式,通过援助当地政府组织或非政府组织、在援助国下设分支机构等方式,与相关国家共同应对贫困问题。目前,多种国际组织通过各种正式或非正式的制度安排,采取合理行动,共同构建了覆盖全球的多层次和多维度的联系网络。不同的国际组织和非营利组织,其目标和行动皆各有侧重,但总体而言都为解决贫困问题提供了思路和方案,其国际化视角和多元化经验,值得我们分析和学习。

(一)世界银行

世界银行的前身是成立于 1945 年的国际复兴开发银行(International Bank for Reconstruction and Development, IBRD),1947 年成为联合国的专门机构。世界银行成立时致力于欧洲国家战后的重建工作,随着后期不断地发展演变,其职责也由欧洲战后重建拓展至全球贫困治理。自第五任行长罗伯特·S.麦克纳马拉（Robert S.McNamara）1968 年就任以来，世界银行的主要目标由支持重建转向消除贫困，援助重点由发达国家向发展中国家转移。1995 年詹姆斯·沃尔芬森（James Wolfensohn）出任世界银行行长后，不断强调消除贫困是世界银行肩负的最重要的使命，世界银行自身也做出一系列重大改革，在反腐败、债务减免、环境保护和性别平等等重要领域进行了开拓性工作。根据联合国的千年发展目标，世界银行将"消除贫困和饥饿"列在其发展路线图的第一位，也体现出世界银行对减贫事业的重视。

世界银行是世界上为发展中国家提供资金的最大组织之一，它通过向发展中国家提供长期贷款和技术协助，来帮助这些国家实现其反贫困政策。世界银行所提供的低息贷款、无息贷款和赠款，多用于支持对教育、卫生、公共管理、基础设施建设、金融和私营部门发展、农业及环境和自然资源管理等诸多领域的投资。自 2007 年起，世界银行的年度贷款承诺额就保持在 200 亿美元以上，其中 2010 年更是达到峰值 594.3 亿美元，2016 年的年度贷款承诺额也高达 468 亿美元。除了财政帮助外，世界银行还在经济发展方面，为各发展中国家提供智力支持，主要是帮助发展中国家制定经济结构调整和部门结构调整的行动计划，为发展中国家提供切实有效的政策咨询和研究服务，并提供配套的技术帮助，同时帮助发展中国家培训相关领域人才。此外，世界银行的减贫工作，不仅包括对贫困国家的资助，也包括对每个国家低收入人群的直接援助。例如，世界银行逐渐重视支持地区性小型企业的发展，并将私营部门发展设定为一个重要战略列入发展路线图中，不断推动发展中国家的私营化发展。

世界银行通过对全球分地区的研究，根据不同地区治理贫困问题的特殊性，有针对性地制定符合各地区实际情况的发展战略。世界银行的相关数据表明，其在世界各国设立了 120 多个代表处，这有利于更好地了解借款国的经济社会发展情况，从而更好地与其开展合作，共同推进减贫事业。在非洲地区，世界银行的工作重点在于扶持农业发展、抗击疾病、支持当地教育以及完善基础设施和应对气候变化等领域;在东亚和太平洋地区,世界银行的工作侧重于为借款国家提供政策建议;在拉丁美洲地区,世界银行为借款国提供研究和知识服务,并促进借款国与发达国家的经济合作;在欧洲和中亚等较为发达的地区,世界银行为稳定金融部门、紧急援助、促进就业和发展社会部门等提供研究支持。

世界银行既是国际组织,同时也是金融机构,本质上来说是一家特殊的银行。它的所有股东都是国家,均提供了大量的资本,一些较为富裕的国家还为世界银行提供了大量的捐赠。虽然世界银行并不单纯追求经济利益,但也绝非慈善机构,其作为银行的特点决定了必须考虑成本—收益情况。对于世界银行自身来说,选择还债可能性较高的国家更符合其作为金融机构对资产收益的追求,但按全球贫困治理的实际情况来看,需求贷款和援助的贫困国家,往往是还债可能性较低的国家。虽然世界银行已对近 30 个国家提供了约 540 亿美元的债务减免,但总体而言,世界银行的机构性质和其职能在一定程度上存在悖论。此外,目前美国在世界银行中所占股权达 15.85%,具有一票否决权,所以世界银行在很大程度上受制于美国等大国政府,其中立性、公平性等也均因此受到严重影响。

2015 年 10 月,世界银行宣布,按照购买力平价汇率计算,将国际贫困线标准从此前的每人每天生活支出 1.25 美元,上调至 1.9 美元。这次上调主要是为了反映 2005 年以来出现的全球性价格上涨——世界银行依照当时世界最贫穷国家的平均通胀水平,提高了名义贫困线,而实际贫困线则基本保持不变,因而贫困人口数量并未因贫困线的提高而增加。事实上,在新标准下,2012—2015 年,全球贫困人口总数由 9.02 亿人降至 7.02 亿人,贫困人口占总人口的比重由 12.8% 降至 9.6%。就此调整,时任国务院扶贫办国际合作和社会扶贫司司长李春光在回答记者问时表示,世界银行的贫困标准对我国的扶贫工作有一定的参考意义,但是其主要用于国别比较,而非各国扶贫工作的具体依据。时任国务院扶贫开发领导小组办公室主任刘永富也表示,2014 年中国的贫困线为 2 800

元人民币,按照购买力平价分析,大约为 2.2 美元,略高于世界银行 1.9 美元的标准;另外,中国每年都会根据物价指数、生活指数等,对贫困线加以动态调整,理论上来说中国的贫困线每年都会有所上调。因此世界银行新划定的贫困线标准,对我国的扶贫开发和减贫事业并没有特别大的影响,对中国对世界的减贫贡献的评价也不会有实质性影响。中国更注重的是自身国情,加大教育、医疗、基础设施、社会福利等方面的投入,锁定 2015 年确定的 7 000 万贫困人口,分类施策来帮助他们解决贫困问题。

(二)联合国开发计划署

联合国作为当今国际社会中最重要的国际组织,其对全球发展和消除贫困方面负有重要责任。在联合国内部,包括世界银行在内的诸多机构,均涉及贫困治理问题,如联合国专门机构中的联合国粮食及农业组织(Food and Agriculture Organization of the United Nations,FAO)、国际农业发展基金会(International Fund for Agricultural Development,IFAD)等,以及联合国成员机构中的联合国儿童基金会(United Nations International Children's Emergency Fund,UNICEF)、联合国人口基金(United Nations Population Fund,UNFPA)、世界粮食计划署(World Food Programme,WFP)等。

联合国开发计划署(The United Nations Development Programme,UNDP)成立于 1965 年,其前身为 1949 年设立的"技术援助扩大方案"和 1959 年设立的"特别基金",其中前者的最初使命就是为发展中国家提供技术和资金援助。目前,联合国开发计划署是联合国提供发展援助基金最多的机构,也是世界上最大的负责进行技术援助的多边机构。

20 世纪 90 年代,联合国开发计划署提出,从以往的技术援助为主逐渐转变为以"人的可持续发展"为目标,借鉴全球经验,因地制宜,将消除贫困、增加就业、妇女参与发展和环境保护等作为工作重点,致力于推动人类的可持续发展,协助各国提高适应能力,帮助人们创造更美好的生活。目前,联合国开发计划署的宗旨为帮助发展中国家加速经济和社会发展,向他们提供系统的、持续不断的援助,特别是为最不发达国家提供帮助。为实现联合国千年发展目标,促进全球发展,联合国开发计划署重点关注减贫、对抗艾滋、善治、能源与环境、社会发展和危机预防与恢复等工作,并将保护人权、能力建设和女性赋权融入所有项目之中。

联合国开发计划署通常采用与国家政府组织合作的形式,采取自上而下的模式,通过发挥国家和地方的作用来改善贫困地区社会经济状况,提高当地居民收入,缓解和解决贫困问题。联合国开发计划署在很多国家都派有驻地代表,深入参与实地调研,帮助当地政府设计出符合该地区的发展战略。例如联合国计划开发署的"城市伙伴减贫项目",与孟加拉国政府合作,为当地贫民提供资源、知识和生存技能,来提高他们的收入,动员并构建社区发展委员会。此外,促进中小企业发展及其在各个产业链的融合是政府创造就业工作中至关重要的一环,联合国开发计划署率先建立了开发署—私人企业发展论坛,以促进包容性市场的发展。

联合国开发计划署的在华使命始于 1979 年 9 月,其与中国政府签署了《中国政府—联合国开发计划署标准基本援助协议》。迄今为止,联合国开发计划署已调动超过 10 亿美元,用于支持中国贫困地区的社会经济发展;联合国开发计划署在华项目共完成 900 多个,涉及领域包括农业、工业、能源、公共卫生、基础设施建设、减贫和经济重建等众多方面。1982 年以来,联合国开发计划署与中国国际经济技术交流中心展开了密切合作,成功实施了五期"国别方案"和"合作框架",支持中国制定应对发展挑战的战略决策,并同时为中国开展南南合作和参与全球发展提供协助。随着中国改革开放的不断深化,联合国开发计划署驻华代表处的工作重点也随之不断进行调整,目前在中国的重点工作领域为:减少贫困、善治、能源与环境以及危机的预防与恢复。同时,联合国开发计划署不断推进中国与其他发展中国家的南南合作,其与中国政府共同发起建立了中国国际扶贫中心,旨在促进全球范围内分享减贫经验,并为促进中国和其他发展中国家之间建立发展伙伴关系提供国际平台。

相较于世界银行,联合国开发计划署的中立性更强。联合国开发计划署遵循联合国的"一国一票制"(one country, one vote),更易得到发展中国家的信任;从领导者任命到资金来源,都没有受制于某个或某些大国,决策时可以充分考虑到全球贫困治理问题本身的需求。与此同时,联合国开发计划署本身与各发展中国家保持着较好的合作关系,相较于世界银行,这是联合国开发计划署的一个突出特点和优势。总体来说,联合国开发计划署在全球贫困治理领域面临的批评声音较世界银行或者国际货币基金组织而言要少很多,但也存在自身的不足。首先是资金方面的限制。受限于联合国开发计划署本身的性质和原则,美国等大国对其增加援助额方面的积极性不高,甚至有拖欠和减少援助的倾向;而联合国开发计划署获得资金的渠道单一,全部来自联合国成员国和其他多边组织等不同合作伙伴的自愿捐助,这造成了近些年联合国开发计划署的财力并未有明显的增长或改善、部分项目所获资金还有所下降的现象。此外,作为联合国的贫困治理机构,联合国开发计划署也存在重视形象工程而实施力度不够的情况,且在效率方面存在一定问题。联合国开发计划署对项目管理和控制有一套极其复杂和严格的程序体系,尤其是在获取资金的时候。由于联合国开发计划署与联合国的整套机制相匹配,除非联合国有实质性改革,否则联合国开发计划署本身很难对程序进行改善。

(三)国际行动援助

国际行动援助(Action Aid International)是一个以消除全球贫困为宗旨的公益性国际联盟组织,1972年成立于英国,以赞助发展中国家的儿童接受基础教育的方式筹款。随后,其儿童项目迅速扩展到扶贫和社区发展等多个方面,该机构也逐渐成为英国最大的海外工作的非政府组织之一,工作遍及非洲、亚洲、拉丁美洲和加勒比海地区的40多个国家和地区。2004年,国际行动援助的总部迁到了南非的约翰内斯堡,主要用以协调和提升行动援助的各分支机构在全球倡导的活动。

自成立 40 多年以来,国际行动援助在全球 40 多个国家开展援助,通过与 2 000 多家当地扶贫机构和民间组织的密切合作,直接拨款或间接援助了上千万最贫穷的人口和弱势群体,改善了他们生存和发展的状况。在国际行动援助未来五年的战略规划中,其将主要从事与反贫困相关的社区综合发展和政策研究和倡导工作,以妇女权益保护、教育、公共卫生和艾滋病、粮食权、人类安全和治理等为主体工作领域,不断促进贫困地区经济与社会发展,通过增加当地居民收入、提高教育水平等途径,缓解贫困状况。

国际行动援助于 1998 年与中国科技部签订合作备忘录,次年开始在中国开展工作。随着在中国工作的深入,2001 年成立的国际行动援助中国办公室,成为全球国际行动援助联盟中的一员。目前国际行动援助在中国开展工作的区域包括河北、甘肃、贵州、云南及四川等省份,关注的工作领域有善治、粮食安全、社会性别平等、基础教育、信息权及基层健康服务。目前国际行动援助共计投入 4 000 万元人民币,约有 17 万中国妇女、儿童和贫困农民直接或间接从中受益。其中,在教育领域,国际行动援助的工作重点在于青壮年,尤其是边远地区的农民、少数民族和妇女三类特殊人群的扫盲工作——目前全球几乎很少有政府或援助组织在此方面进行投入,大多数国家往往只关注义务教育。2007 年 7 月 26 日,国际行动援助中国办公室与陕西省汉中市略阳县人民政府正式签订协议,决定把略阳县列入国际行动援助贫困社区综合发展示范区,自 2007 年 8 月至 2013 年 8 月在略阳县实施贫困社区综合发展项目,项目总投资约 600 万元人民币,全部为无偿资金,项目范围涉及略阳县徐家坪、郭镇、金家河等 3 个贫困乡镇、38 个贫困村。

在中国,国际行动援助充分意识到青年在社会中的巨大潜力,并开展了一项"青年发展"项目,旨在为有志从事发展工作的青年群体提供一个深入了解社会问题、培养社会责任感的机会,同时为青年就社会发展和自身能力提高提供了一个交流平台。这一项目培养了一批中国本土的农村青年骨干,在农村发展实践中实现了国际发展理论的本土化,并推动了农村社区的和谐可持续发展。培养青年骨干是我国在精准扶贫中应当重视的一个领域,在这一方面,国际行动援助无疑为我们提供了一个良好的示范。

(四)救助儿童会

救助儿童会(Save the Children)是一个非政府、非政治、非宗教和非营利的发展机构,是一个为儿童权利而奋斗的国际民间慈善组织,致力于为受到贫困、疾病、不公和暴力威胁的儿童寻求持久的解决方案。1919年成立的英国救助儿童会是国际救助儿童会联盟的第一个成员,旨在援助第一次世界大战中战区和灾区受难儿童。经济大萧条时期,救助儿童会在美国的一些贫困地区和农村,开展了一系列对抗饥饿、保障教育的项目,并逐渐将救助范围由美国扩展至欧洲、亚洲等地。近些年,救助儿童会还在中东、南欧等地,为受战争影响而流离失所的儿童提供援助。目前全世界共有28个国家建立了救助儿童会,并在125个国家开展工作。救助儿童会的工作范围广泛,主要工作领域为儿童教育、儿童保护和儿童健康。救助儿童会是世界上最大的由女性创立的发展组织,每年的运作资金近13亿美元,用于与地方政府和公民社会合作,帮助最边远、最贫困的社区解决儿童权利问题,并为中央政府提供决策支持。

贫穷破坏了适合儿童生长的环境,许多虐待和剥削儿童的行为都与贫穷直接相关,贫穷带来的健康不佳、营养不良等问题严重影响了儿童生活。与儿童贫困密切相关的另一个概念是贫困的代际传递,即贫困以及导致贫困的相关条件和因素,在家庭内部由父母传递给子女,使子女在成年后重复父母的境遇。在贫困家庭成长的儿童,其所受教育水平可能较低,即使接受教育,早早辍学的可能性也非常高。受教育水平较低的儿童往往选择重复父母的工作,无法改善自身贫困状况;即使能够找到其他工作,因受教育水平限制,其收入也往往处于贫困线以下。正如联合国儿童基金会所述,没有一个国家,能够在没有对其人民的健康、营养和基本教育做出重大而持续投资下获得大幅度的减贫,而这也是其倡导"打破代际贫困圈的各项政策需要在具有巨大发展潜力的儿童早期实施才最为有效""扶贫始于儿童"的原因。

早在 20 世纪初期,救助儿童会就开始向中国提供物质和资金援助;80 年代起,救助儿童会开始在云南、安徽以及西藏等省区开展社会发展和教育项目。作为为数不多的在中国开展工作的国际儿童组织之一,救助儿童会以直接干预、培训、调研和倡导宣传等方式帮助处于边缘的儿童和青少年,如设立儿童日间关怀中心、托儿所、残障儿童中心、流浪儿童和孤儿收容所,以及帮助单亲家长等。救助儿童会认为,政府是实现儿童权利的最根本保障,因此在贫困儿童的扶持方面,救助儿童会与中国政府开展了广泛的合作。在我国,集中连片特困地区,儿童数量约为 4 000 万,其健康、教育水平明显低于全国平均水平。1994—2015 年,救助儿童会与民政部成立了两个合作办公室,并在与民政部签订合作备忘录的框架下,在中国的多个省区推广了社区儿童福利项目。中国政府也在救助儿童会的政策建议下,不断制定和完善相关政策法规、管理措施和办法,逐步完善儿童福利机构、儿童救助保护机构及管理体系等,如 2014 年 11 月的国务院常务会议通过了《国家贫困地区儿童发展规划》,为了贫困地区下一代的成长,培养贫困地区的儿童,从根本上扶贫。救助儿童会与中国政府的工作重点主要放在了确保儿童能获得相对高质量的教育、保护儿童远离伤害以及改善儿童和妇女的健康状况等领域,并针对特殊儿童群体,如城市流动人口中的儿童、受灾地区儿童等,展开特殊的援助行动。

3

中国扶贫开发战略与政策演化

一、计划经济体制下的扶贫政策(1949—1977 年)

新中国成立之初,在经历近半个世纪的战争灾难之后,全国呈现"一穷二白"的落后局面,人民普遍陷入了贫困。加之西方势力对我国的封锁,国民党遗留的恶性通胀,封建土地所有制的束缚,当时中国农村的贫困主要表现为普遍性贫困和绝对贫困。为了快速扭转这一局面并赶超发达国家,中国政府建立了计划经济体制。在城市确定了优先发展资金密集型重工业发展战略,在农村实行了土地革命。为了积累资本用于国家的工业化建设,从 20 世纪 50 年代起,中国政府开始实施农村合作化运动和人民公社运动,借以通过土地等主要农业生产资料的集体所有,农产品的指令性低价收购和平均分配等制度安排来支持国家的工业化建设。

从 1949 年到 1977 年,中国农村经济的发展经历了三个阶段:土地改革、农业生产合作社、人民公社,相应的扶贫政策也呈现出阶段性特征。

(一)《土地改革法》保障贫困农民"耕者有其田"

1949 年新中国成立前夕,占农村人口 10%以下的地主和富农占有全部耕地的 70%以上,而占农村人口 90%以上的雇农、贫农和中农占有的耕地还不足30%,大量的农民没有属于自己的土地。封建土地所有制,剥夺了农民使用土地的权利,严重压抑了农民进行农业生产的积极性和主动性,极大地阻碍了农业生产力的发展,形成农村普遍存在饥饿的贫困境地。为了改变这种状况,1949 年 10 月 10 日,中共中央华北局发布《关于新区土地改革决定》,规定"除绥远全省因情况特殊暂不实行平分土地外,其他各省新区及恢复区一律于今冬明春全部完成平分土地的任务"。1950 年 6 月 30 日正式公布了《中华人民共和国土地改革法》(简称《土地改革法》)。《土地改革法》实施后,农民分到了土地,生产积极性得到释放,各级人民政府把发展生产力作为土改后农村的中心工作,及时制定各项政策和措施,帮助农民订立爱国增产计划,发放贷款辅助贫苦农民。《土地改革法》中,对土地的分配表述为:所有没收和征收得来的土地和其他生产资料,除按照土地改革规定收归国家所有者外,一律由乡农民协会接收,统一、公平合理地分配给无地少地及缺乏其他生产资料的贫苦农民。对地主亦分给同样的一份,使他们也能依靠自己的劳动维持生活,并在劳动中得到改造。

(二)"五保"供养政策惠及缺乏劳动能力者

"五保"供养制度形成于20世纪50年代末期。1956年《高级农业生产合作社示范章程》中对其作了规定:"农业生产合作社对于缺乏劳动力或者完全丧失劳动力、生活没有依靠的老、弱、孤、寡、残疾的社员,在生产上和生活上给以适当的安排和照顾,保证他们的吃、穿和柴火的供应,保证年幼的受到教育和年老的死后安葬,使他们生养死葬都有依靠。"《1956年到1967年全国农业发展纲要》中规定:农业合作社对于社内缺乏劳动能力、生活没有依靠的鳏、寡、孤、独的社员,应当统一筹划,指定生产队或者生产小组在生产上给以适当的安排,使他们能够参加力能胜任的劳动;在生活上给以适当的照顾,做到保吃、保穿、保烧(燃料)、保教(儿童和少年)、保葬,使他们的生养死葬都有依靠。"五保"制度为农村人口中没有劳动能力和无法解决最低生存需要的特困人口提供基本的社会保障和最低水平的生活保障。

(三)基本医疗保障政策减少贫困群众疾病

1956年,全国人民代表大会一届三次会议通过《高级农业生产合作社示范章程》,规定合作社对于因公负伤或因公致病的社员要负责医疗,并且要酌量给以劳动日作为补助,从而首次赋予集体承担农村社会成员疾病医疗的职责。

1959年,卫生部在山西稷山县召开全国农村卫生工作会议,对农村合作医疗形式给予肯定。到1965年就初步形成了以集体经济为依托的农村初级医疗卫生保健网,县设医院、公社设卫生院、大队(村)设卫生室。公社卫生院兼有提供基本医疗服务、初级卫生保健技术指导和乡村行政管理的功能,成为三级预防保健网的枢纽,许多当时肆虐的流行病得到了控制。1969年,随着毛泽东发出"把医疗卫生工作的重点放到农村去"的号召,到20世纪70年代,农村合作医疗的覆盖率达到全国行政村(生产大队)的90%。"合作医疗"制度、县乡村三级卫生网络以及"赤脚医生"队伍,成为解决中国广大农村缺医少药的三件法宝。

(四)优抚安置政策减少军人军属贫困问题

优抚安置是一项特殊的社会保障工作,这项政策减少了革命烈士家属、革命伤残军人、在乡退伍红军老战士、现役军人家属等陷入贫困问题。优抚安置政策主要涉及以下三方面的工作:一是优抚,优抚对象包括现役军人、革命烈士家属(含因公牺牲、病故军人家属)、革命伤残军人、在乡退伍红军老战士(含在乡西路军老战士、红军失散人员)、在乡老复员军人、在乡退伍军人、现役军人家属。抚恤是国家对伤残人员和牺牲、病故人员家属所采取的物质抚慰形式,包括伤残抚恤和死亡抚恤两类。伤残抚恤指按规定对取得革命伤残人员身份的人给予物质照顾,即对其中无工作的人员,国家发给伤残抚恤金;对其中的工作人员,国家发给伤残保健金。伤残按照性质区分为因战、因公、因病三种。按照残情分特等、一等、二等甲级、二等乙级、三等甲级、三等乙级共四等六级。伤残性质和等级不同人员享受不同标准的抚恤金待遇。死亡抚恤包括一次性抚恤和定期抚恤两种。二是军队离退休干部安置,移交地方安置的离退休人员,包括军队离退休干部(含退休志愿兵)和无军籍退休退职职工。三是退役士兵安置,退役士兵的安置坚持"从哪里来,回到哪里去"的基本原则,贯彻了"妥善安置,各得其所"的基本方针。

二、制度变革背景下的扶贫政策(1978—1985 年)

改革开放和农村经济的快速发展,为农村创造了大规模减贫的宏观环境。1978—1985 年是中国农村贫困状况得到快速缓解的时期,这期间贫困人口明显减少。按世界银行的贫困线标准衡量,贫困发生率从 33% 下降到 11.9%。贫困人口由 2.6 亿人下降到 0.96 亿人。这时期的扶贫政策体现在以工代赈、"三西"农业建设,以及扶贫方针的初步确定。

(一)以工代赈

以工代赈计划于 1984 年开始实施,由原国家计划委员会(现国家发展和改革委员会)安排投资,为改善贫困地区基础设施建设而设立的扶贫计划。以工代赈是要求救济对象通过参加必要的社会工程建设而获得赈济实物或资金的一种带救济性质的扶贫方式。以工代赈的投入是无偿的,但是在具体实施过程中有附加条件,要求贫困人口通过出工投劳来获得救济。事实上,以工代赈是以开发贫困地区剩余劳动力为手段,以缓解和最终消除贫困为目的,通过食物或现金的投入,使贫困地区基础设施条件得到改善,同时为贫困地区和贫困人口的经济发展创造一个相对优越的外部环境,进而提高贫困地区经济自我增长的能力。以工代赈的实施取得了良好的效果,在贫困地区建设了一大批公路、通信设施、人畜饮水工程等基础设施,改造了大批耕地,为贫困地区的进一步发展创造了条件并为贫困人口提供了直接的生产生活服务设施。同时也为项目实施地区的贫困人口提供了增加实物收入的机会。

以工代赈资金主要来源有两个方面:一是国家无偿调拨给有关省、区的以工代赈实物资金,作为参加工程建设贫困劳动力的工资补助;二是由地方从各种渠道筹集的配套资金,用于支付以工代赈工程所需建设材料、设备和其他开支。以工代赈也是一种项目扶贫方式,扶贫资源是通过财政渠道无偿援助的扶贫物资。以工代赈以公共投资的方式实施,其扶贫目标是改善贫困地区的基础设施和社会服务,在 20 世纪 80 年代以修筑道路、农田基本建设、水利工程和人畜饮水工程为主要内容。通过这些项目的实施,有效地改善贫困人口的生存环境,为当地的经济增长提供必要条件,并使贫困人口在计划执行期间获得短期就业机会和非农收入。

以工代赈的公共投资方式与国家正式的基本建设项目有明显的区别,以工代赈是专为援助贫困地区而设计的项目。以工代赈项目主要采取简单的劳动密集型技术,其工种分为技工和普工,对于普工,当地劳动力足以胜任,使大量贫困地区剩余劳动力得以利用。以工代赈扶贫方式也存在一些问题,比如,以工代赈项目规定的地方配套资金,除一些经济实力较强的省份外,很多贫困省、县都难以凑足,影响了以工代赈项目对这些地区的安排比例。还有,由于物价上涨、地方配套资金不足等原因,地方政府往往将农民的义务工折合成地方投资作为地方对项目的投入。结果,出工农民不仅得不到实物报酬,反而增加了劳务负担,在短期内加剧了出工农民的负担。

(二)"三西"农业建设

"三西"地区是指甘肃河西地区 19 个县(市、区)、甘肃中部以定西为代表的干旱地区 20 个县(区)和宁夏西海固地区 8 个县,共计 47 个县(市、区),总面积达 38 万平方千米,农业人口约为 1 200 万人。

1982 年 12 月 10 日,国务院决定对以甘肃省定西为代表的中部干旱地区、河西地区和宁夏西海固地区实施"三西"农业建设计划,专项拨款 20 亿元,建设期 10 年。在实施过程中,制定了"兴河西之利,济中部之贫"的发展战略,特别是对于特殊干旱地区摸索出了"水路不通走旱路,旱路不通另找出路"的经验,实施了大规模的自愿移民搬迁。"三西"农业建设从改变农业生产条件入手,通过兴修水利工程增加水浇地面积,大力修造水平梯田,发展以"种、养、加"为主要内容的支柱产业,开展科技服务和人员培训,组织移民开发和劳务输出等措施,达到河西地区商品粮基地和解决中部、西海固地区群众温饱问题的目的。"三西"建设在中国扶贫史上具有重要的意义,它开创了中国区域性扶贫的先河,并为之后有计划、有组织、大规模的全国性扶贫开发积累了大量经验。

(三)扶贫方针的初步确定

1984年9月29日,国务院颁布了《关于帮助贫困地区尽快改变面貌的通知》,该《通知》成为中国1986年以后扶贫工作的一个基本的指导原则,并且《通知》明确提出了针对贫困地区的优惠政策,具体内容包括:①对贫困地区从1985年起,分情况减免农业税,最困难的免征农业税5年,困难较轻的酌量减征1~3年。②鼓励外地人员到贫困地区兴办开发性企业(林场、畜牧场、电站、工厂等),5年内免交所得税。③乡镇企业、农民联办企业、家庭工厂、个体商贩的所得税是否减免以及减免幅度和时间由县人民政府自定。④一切农、林、牧、渔、副、土特产品都不再实行统购、派购的办法,改为自由购销,有关的国营部门和供销合作社应积极开展代购代销业务。⑤部分缺衣少被的严重困难户,可由商业部门赊销适量的布匹、蚊帐和絮棉,赊销贷款免息。

之后制定的《中华人民共和国国民经济和社会发展第七个五年计划》中,专门将老、少、边、穷地区的经济发展作为一章来阐述,明确了贫困地区的发展目标及政策支持。该《计划》指出:对于老革命根据地,要发展交通运输,促进山区商品经济发展,尽快地把山区的农林牧业搞上去,并因地制宜地发展相应的农畜产品加工、养殖业。根据当地资源条件,积极兴办小铁矿、小煤窑,建设小水电等。经济发达地区要主动帮助老区搞好经济建设。对于少数民族地区,要发挥这些地区的资源优势,改善农牧业生产条件,搞好粮食生产,加强草原建设,植树种草,逐步实现生态环境良性循环。加快能源、原材料工业的发展,积极改善运输条件以发展民族贸易和民族特需用品的生产。加强民族教育和文化设施建设。对于陆地边境地区,发展农林牧副业和地方工业,在有条件的地方积极开展边境小额贸易。其主要优惠政策包括：国家对老、少、边、穷地区继续在资金方面实行扶持政策；继续减轻老、少、边、穷地区税收负担；进一步组织发达地区和城市对老、少、边、穷地区的对口支援工作。

《关于帮助贫困地区尽快改变面貌的通知》和《中华人民共和国国民经济和社会发展第七个五年计划》成为中国很长时间内扶贫开发工作的主要指导文件。

三、经济高速增长背景下的扶贫政策（1986—2000 年）

1985 年东部 14 个沿海港口城市对外开放，之后又进一步放开了长江、珠江、闽南厦、漳（州）、泉（州）三角洲地带，连同原来的四个经济特区，中国已经形成了经济特区—东部沿海开放城市—三角洲开发地带—内地等不同层次的经济带。这样的发展模式促进了中国东部地区的经济高速发展，同时造成了东西部的不平衡。由于西部地区属于欠发达地区，生态环境脆弱，基础设施落后，产业结构单一，群众生活困难，经济和社会发展水平远远滞后于全国，贫困人口减少的速度远远低于东部地区和全国平均水平，农村贫困人口的分布更加向西部省份集中。

（一）成立反贫困组织

国务院扶贫开发领导小组是国务院的议事协调机构，成立于 1986 年 5 月 16 日，当时领导小组组长由时任国务院秘书长陈俊生同志兼任，成员单位包括国务院办公厅、国家发展和改革委员会、财政部、中国人民银行、教育部、科技部、国家民族事务管理委员会、民政部、劳动和社会保障部、国土资源部、交通部、水利部、农业部、卫生部、国家人口和计划生育委员会、环保总局、统计局、林业局、中国农业银行、全国总工会、共青团中央、全国妇女联合会、全国供销总社、中国残疾人联合会等有关部门。

国务院扶贫办公室是国务院扶贫领导小组常设的办事机构,具体负责与扶贫有关的日常工作,其主要职责是:①对中国农村贫困状况的变化、政府扶持政策的执行情况和效果进行调研,为扶贫领导小组提出调整扶贫政策的建议。②协调社会各界扶贫工作,协调组织中央国家机关定点扶贫工作和东部发达地区支持西部贫困地区的扶贫协作工作。③拟订农村贫困人口和国家扶贫开发工作重点县的扶持标准。④组织对扶贫开发情况进行统计和动态监测。⑤协调拟订中央扶贫资金分配方案,指导、检查和监督扶贫资金的使用。⑥承担全国贫困地区干部扶贫开发培训工作。⑦直接参与世界银行和其他国际或双边发展机构在中国农村扶贫项目的管理。

(二)构建扶贫瞄准机制

1986 年中央政府第一次确定了国家重点扶持贫困县标准:以县为标准,1985 年年人均收入低于 150 元的县和年人均纯收入低于 200 元的少数民族自治县;对民主革命时期做出过重大贡献、在海内外有较大影响的老区县,给予重点照顾,放宽到年人均纯收入 300 元。1994 年制定《国家八七扶贫攻坚计划》时,中央政府重新调整了国定贫困县的标准。具体标准是:以县为单位,凡是 1992 年年人均纯收入低于 400 元的县全部纳入国家贫困县扶持范围,凡是 1992 年年人均纯收入高于 700 元的原国定贫困县,一律退出国家扶持范围。根据这个标准,列入《国家八七扶贫攻坚计划》的国家重点扶持的贫困县共有 592 个。分布在 27 个省、自治区、直辖市。国家重点扶持贫困县数量较多的省区是:云南(73 个)、陕西(50 个)、贵州(48 个)、四川(43 个)、甘肃(41 个),从集中连片的角度看,这些贫困县主要分布在 18 个贫困地区。

中央扶贫资金的国定贫困县瞄准,在"八七扶贫攻坚计划"阶段得到了更加明确的强化。《国家八七扶贫攻坚计划》和《财政扶贫资金管理办法》明确规定:中央财政、信贷和以工代赈等扶贫资金要集中投放在国家重点扶持的贫困县,有关省、区政府和中央部门的资金要与其配套使用。扶贫资金的县级瞄准虽然在一定程度上做到了集中有限的资源,重点解决更加严重地区的贫困问题,但是由于中国扶贫重点县没有覆盖中国的所有贫困人口,意味着还有相当数量的生活在非国定贫困县的贫困人口不能获得国家扶贫资源的扶持。

(三)合理安排扶贫资金政策

"八七扶贫攻坚计划"阶段,中国用于扶贫工作的资金投入主要有三大类:

第一类主要通过中央财政转移支付,向贫困地区投入专项扶贫资金。自1980年中国开始向贫困地区投入专项扶贫资金,这个阶段除了继续保留支援经济不发达地区发展资金、以工代赈资金、"三西"农业建设专项补助资金外,还进行了一些调整。主要是:①以工代赈资金原由财政部和中国人民银行按比例承担改由中央财政专项拨款,并扩大了资金规模。②专项安排了"新增财政扶贫资金",同时为了增强对少数民族地区的支持力度,从1998年开始,在"新增财政扶贫资金"中切割一块用于"少数民族发展资金",并逐年扩大规模。之后又将财政扶贫资金并归为财政发展资金。③将股票收入重点用于贫困地区人畜饮水、道路交通等基础设施建设。④将2001年和2012年的"三西"农业建设专项补助资金提前安排,投入使用。⑤扩大扶贫贴息贷款的资金规模。

第二类主要是通过财税优惠政策,来减轻贫困地区政府的财税负担。主要涉及:①对国家确定的"老少边穷"地区实行税收优惠,新办企业所得税可以在3年先征后返还或部分返还;从粮食风险基金中拿出一部分资金对吃返销粮食的贫困户给予适当补助;分税制财政体制规定,从1994年起,中央财政将资源大省、财政穷省地方征收的税源全部留给地方,中央不再参与分成;各省结合自己具体情况,相继制定了一系列支持贫困地区发展的优惠政策;此外,对贫困地区的耕地占用、民族贸易企业、边境贸易等也都在税收政策上给予了适当照顾。②体制照顾。1994年的分税制财政体制改革保留了原来体制中对贫困地区的定额补助和专项补助,此外在结算补助和过渡期转移支付中对贫困地区都给予了适当倾斜。③民族地区的财政优惠政策,主要是指中央财政为了扶持民族地区经济和社会各项事业发展,按照《中华人民共和国民族区域自治法》的要求,对民族省区实行了定额补助的财政体制,即民族自治地区收入全留,支出大于基数部分,由中央财政定额补助。

第三类是扶贫贴息贷款。它的主要目标是为贫困地区和贫困户的生产活动和经济发展直接提供信贷支持。

1997 年开始生效的《国家扶贫资金管理办法》明确规定了国家扶贫资金的地区投向和项目投向。该办法规定国家各项扶贫资金必须全部用于国家重点扶持的贫困县,并以这些县中的贫困乡、村、户作为资金投放、项目实施和受益的对象。从 1996 年开始,中央政府确定的农村扶贫总的原则是省对扶贫工作负总责,并具体制定了"四到省"的原则(资金到省、权利到省、任务到省、责任到省)。为了落实这一原则,财政扶贫资金从中央到各省的分配主要采用的是因素法,贫困人口在各因素中占最大的比重。

(四)创建东西协作扶贫机制

东西协作扶贫是"八七扶贫攻坚计划"实施期间提出的一项措施,目的是动员东部发达省市的力量对口支持贫困地区的发展和贫困人口的脱贫。国务院扶贫领导小组在 1996 年全国扶贫工作会议上决定让东部沿海的 13 个发达省市分别帮助西部的 10 个贫困省和自治区,并做出了具体的扶贫安排。具体的帮扶方式有四种:①无偿捐赠资金用于教育、卫生和其他基础设施建设;②捐赠生产和生活物资,用于支持农户的农业生产和救济农民的日常生活;③经济技术协作,例如利用发达地区的资金、技术、管理、市场和贫困地区的资源及廉价劳动力进行合作生产和经营;④人员的双向交流,发达省市派技术人员和青年志愿者到贫困省区提供服务,贫困省区派行政和技术干部到发达省市接受培训和挂职锻炼,输送劳动力到发达地区就业。据不完全统计,1996—1999 年东部 13 个省市政府和社会各界累计捐赠钱物 10 亿多元,签订协议项目 2 600 多个,实际投资近 40 亿元,从贫困地区输出劳动力 25 万人。

(五)推行党政机关定点扶贫政策

定点扶贫是指党政机关、企事业单位和社会团体利用自己的资源,定点扶持部分国定贫困县。其目的是动员政府部门、国家的企事业单位和社会团体参与扶贫工作,以补充中央的扶贫投入并利用各业务部门的专业力量进行扶贫。从最初1986年的10个中央部门开始定点扶贫工作,发展到2000年共有138个中央党政机关、企事业单位和社会团体参与定点扶贫工作,共计扶持了350个贫困县。进行定点扶贫较多的单位包括农业部(21个县)、国家林业局(16个县)、国防科学技术工业委员会(16个县)、交通部(16个县)、中国农业银行(11个县)、中国建筑总公司(8个县)、水利部(7个县)、国家开发银行(7个县)、科技部(6个县)、信息产业部(6个县)。通常一个部门扶持的贫困县都在片区,水利部定点扶持的贫困县都在三峡地区。部门定点扶贫的资金有三个来源:从其他活动中调剂的资金;各部门自己节省的预算外收入;部门职工的个人捐赠。根据对中央单位1998—1999两年定点扶贫投入的统计,共为定点贫困县直接投资13.7亿元,捐献钱物1.14亿元,引进资金68.8亿元。

部门定点扶贫的最大特点是扶贫内容和方式与各部门的业务工作密切联系。例如,农业部在武陵山区的扶贫重点放在农业开发;水利部在四川的扶贫重点是提供人畜饮水、水土保持、小型农田水利工程、农村水利水电开发建设,结合国家及水利部的一些大型建设项目,对扶贫地区给予相应的重点扶持和政策倾斜。总体而言,部门扶贫注重对教育、培训和卫生等社会事业的扶持。在参与部门定点扶贫的部门中,相当一部分部门的业务活动并不能直接适应贫困县的经济和社会发展,因而不能将自己的业务活动和掌握的资源延伸到所扶持的贫困县。因此,这些部门就将扶持重点转向文化、教育、培训和医疗卫生等社会服务领域。即使是那些将部门的业务活动作为重点扶持内容的部门,也会将自己筹集的资金主要用于社会服务领域。一般而言,基础教育、农民培训、基本医疗卫生设施所需的投资较少,而且项目相对容易监督和管理(如兴建校舍和卫生所,为辍学的小学生提高补助标准等),因而比较适合部门小规模的投资。

(六)重视特殊困难群体的扶贫开发

中国政府重视少数民族、妇女和残疾人等特殊贫困群体的扶贫开发工作。早在1986年,扶贫领导小组确定贫困县时,就将革命老区和少数民族自治县的标准扩大到200元(国定贫困县的基本标准是1985年年人均纯收入低于150元)。对内蒙古、新疆和青海的一部分有特殊困难的少数民族自治县的标准提高到300元。从1994年到2000年,国家共向内蒙古、广西、西藏、宁夏、新疆5个自治区和贵州、云南、青海3个少数民族人口较多的省投入资金432.53亿元,占全国总投资的38.4%。其中,财政资金194.15亿元(含以工代赈资金127.22亿元),占全国的40%;信贷资金238.38亿元,占全国的37.8%。在西藏近6年中,国家和地方政府先后投入资金12.2亿元,实施了多个扶贫开发建设项目。

尽管中国政府以区域瞄准为特点的扶贫工作,没有特别考虑妇女这一群体的特殊状况,但这一时期国家关注贫困妇女,动员广大社会力量,做了很多工作,取得了较好成绩。组织农村贫困地区妇女积极参加"双学双比"(学文化、学技术、比成绩、比贡献)活动,使众多妇女脱盲、脱贫,成为贫困地区依靠科技发展生产的带头人。中国最大的妇女组织——中华全国妇女联合会,通过建立扶贫联系点、联系户,开展文化技术培训和小额贷款,组织贫困地区妇女劳务输出等形式帮助妇女脱贫致富。救助贫困母亲的"幸福工程"、专门资助贫困地区失学女童的"春蕾计划"、援助西部缺水地区妇女的"母亲水窖工程"以及"三八绿色工程""安康计划西部行"等,为加快农村妇女脱贫发挥了积极作用。

残疾人是一个特殊而困难的社会群体。中国的残疾人口约占我国人口总数的5%,其中绝大部分残疾人生活在农村。他们中有相当数量因自身残疾的影响以及外界环境的障碍,生活处于贫困状态。据调查测算,1992年全国有贫困残疾人约 2 000 万人。在农村贫困残疾人中,30%生活在 592 个国定贫困县。针对这些人口,中国政府采取了一系列有效措施。1998 年国家制定的《残疾人扶贫攻坚计划(1998—2000)》,对残疾人扶贫工作进行了全面部署。经过努力,到 2001 年贫困残疾人口下降到 979 万人。

(七)反贫困行动的纲领性文件

虽然我国政府有组织的扶贫开发活动开始于 1986 年,但是中国农村反贫困行动的政策体系形成的关键时期却是在"八七扶贫攻坚计划"阶段。在这一时期,中国政府出台了两个有代表性的指导扶贫工作的纲领性文件,即 1994 年公布实施的《国家八七扶贫攻坚计划》和 1996 年颁布的《关于尽快解决农村贫困人口温饱问题的决定》。这两个文件的颁布实施,标志着中国农村反贫困行动体系的完成。

《国家八七扶贫攻坚计划》明确提出要集中人力、物力、财力,动员社会各界力量,力争用 7 年左右的时间,到 2000 年底基本解决当时全国农村 8 000 万贫困人口的温饱问题。《国家八七扶贫攻坚计划》的主要措施包括:①帮助贫困户进行土地改良和农田基本建设,增加经济作物和果树的种植,增加畜牧业生产,创造更多的非农就业机会;②使大多数乡镇通路和通电,改善多数贫困村的人畜饮水问题;③普及初等义务教育,改善医疗卫生条件;④加强扶贫资金管理,减少扶贫资金的漏出和提高扶贫投资的可持续性;⑤动员各级党政机关、沿海省份和重要城市及国内外其他机构广泛参与扶贫。

1996 年 9 月,中央召开的扶贫开发工作会议,做出了《中共中央 国务院关于尽快解决农村贫困人口温饱问题的决定》,总结了"八七扶贫攻坚计划"实施以来的经验,重申了中国政府解决贫困问题的坚定决心。为了保证"八七扶贫攻坚计划"的顺利完成,中国政府对农村扶贫政策和措施进行了必要的调整,内容主要为:①中央政府进一步确定农村扶贫的总原则是省对扶贫工作负总责,并具体制定了"四到省"的原则,即资金到省、权利到省、任务到省、责任到省;明确规定按期不能完成扶贫目标的地方政府官员就地免职;②大幅度增加了扶贫投资;③确定了 10 对"对口帮扶"的省、区、市,要求沿海的省、市用多种形式扶持西部的十个贫困省、区;④取消对东部贫困县的支持,要求地方政府用其自身的资源来解决当地的贫困问题;⑤推广小额信贷项目;⑥强调扶贫到户;⑦逐渐重视特殊群体(如残疾人、妇女)的贫困问题;⑧加强扶贫监测,指定国家统计局负责对 592 个贫困县的经济和社会发展以及扶贫投资情况进行跟踪监测,并发表中国的贫困监测年度报告。

四、十年扶贫开发时期(2001—2010 年)

进入 21 世纪后,由于 20 多年经济的快速增长,中国社会、政治和经济发展开始进入一个矛盾交织的时期。"国家八七扶贫计划"的顺利结束,标志着中国基本解决了贫困人口的温饱问题,在经济增长的强力推动和国家开发式扶贫战略的强势干预下,单纯的收入贫困问题已经不再是中国社会发展的最主要问题,而以收入差距、城乡差距、工农差距以及农村内部分化为主要特点的差异格局,构成了当时社会发展的主要挑战。

相对于"八七扶贫攻坚"时期,中国农村问题发生了显著的变化:①从社会成员的普遍贫困到贫富差距的日益扩大,这要求在 21 世纪前 10 年的扶贫战略需要考虑控制贫富差距,更要直接瞄准贫困人口,扩大政府的转移支付来帮助贫困人口。②从基本需求不能得到满足的收入型贫困为主到多元贫困为主,这意味着仅仅关注贫困人口的温饱问题的低水平扶贫战略,已经不能满足贫困人口的发展需求,贫困人口的健康、教育、社会福利等方面的要求应该成为十年扶贫战略关注的焦点。③从区域性贫困到阶层性贫困,中国的贫困分布从社会贫困、18 个贫困地带、592 个贫困县和 14.8 万个贫困村逐渐演变,表明贫困问题不再是区域经济发展不足的问题,而逐渐演变为群体性贫困。贫困的主要人群如弱势群体、边缘群体等已经不能直接受益于区域经济发展战略,这要求扶贫战略更加以人为本,直接指向贫困的主要人群。

(一)农村发展政策

1.全面建设小康社会

中国共产党第十六次全国代表大会明确提出,中国要在 21 世纪头 20 年全面建设小康社会。其关于农村全面小康社会的目标主要是农村人均可支配收入达到 6 000 元、农村合作医疗覆盖率达到 90%、农村养老保险覆盖率达到 60%、恩格尔系数 0.4 以下、农村文化娱乐消费支出比重达到 7% 等。扶贫专项政策可以视为全面建设小康社会的具体达到路径,但是其覆盖面不仅仅是扶贫。

2.中央一号文件

从 2004 年开始,中央连续 13 年出台以"三农"为主题的一号文件,强调了"三农"问题在中国社会主义现代化建设和全面建设小康社会时期"重中之重"的地位。这些政策文件或多或少都与农村扶贫有关系,例如 2004 年的降低农业税税率、取消农业特产税和对农民直补,2005 年的继续加大"两减免、三补贴"、加大对农村基础设施和农村科教文卫事业投资力度等,2006 年的新农村建设,2009 年的继续加强惠农政策等,这些政府文件不仅为农村现代化发展提供了支持,也为农村扶贫工作提供了帮助。

(二)政府扶贫专项政策

2000 年底,中国基本完成了"八七扶贫攻坚计划",绝对贫困人口下降到了 3 000 万左右,贫困发生率仅为 3%,基本解决了贫困人口的温饱问题。但是扶贫工作形势依然严峻,需要扶持的贫困群体数量依然庞大,剩余的贫困人口主要分布在生产生活条件更差的地区,不仅脱贫难度大,而且极容易返贫,扶贫工作仍是中国政府的一项重要任务。2001 年 5 月,中国召开了第三次中央扶贫工作会议,对 21 世纪前 10 年的农村扶贫开发工作做了全面部署,并且颁布了《中国农村扶贫开发纲要(2001—2010 年)》。

该《纲要》提出新时期中国扶贫工作的奋斗目标是:尽快解决少数贫困人口温饱问题,进一步改善贫困地区的基本生活条件,巩固温饱成果,提高贫困人口的生活质量和综合素质,加强贫困乡村的基础设施建设,改善生态环境,逐步改变贫困地区经济、社会、文化的落后状况,为达到小康水平创造条件。

1.扶贫开发对象和实现途径

扶贫开发的基本对象包括尚未解决温饱问题的贫困人口和初步解决温饱问题的温饱人口。扶贫开发的重点区域是中西部少数民族地区、革命老区、边疆地区和特困地区,并在上述四类地区确定扶贫开发工作的重点县。扶贫工作的主要途径为发展种植业、推进农业产业化经营、改善贫困地区的基本生产生活条件、提高扶贫地区群众的科技文化素质、扩大贫困地区劳务输出、推进自愿移民搬迁和多种所有制经济参与扶贫。

2.扶贫资金使用投向

在区域投向上,"八七扶贫攻坚"时期的财政扶贫资金必须全部用于国家重点扶持的贫困县,并以这些县中的贫困乡、村、户作为资金投放、项目实施和受益对象,而非贫困县中零星分散的贫困乡、村和户。这引起了一些争论,因为国家贫困县中并不是所有的人口都是贫困人口。21 世纪初,扶贫资金区域投向上进行了重新规定,允许部分资金用于非重点县的扶贫工作,但其比例不能超过30%,投向重点县的资金比例不得超过 70%。这样,一方面保证了国家非重点县中的贫困人口也能得到扶贫支持,同时也反映出扶贫工作重点县的贫困发生率仍然要高于非重点县。资金投向区域上的变化也反映了中国扶贫工作机制逐步走向完善。

3.扶贫瞄准机制

20 世纪 80 年代,中国通过土地制度创新和相关政策及扶贫干预活动,农村贫困问题从普遍贫困变成了区域性贫困,政府的专项扶贫工作也就落在这些贫困区域内。1986年政府开展有组织的扶贫工作后，为了更好地组织工作，将有限的资源运用到最需要的地方，划定了国家级贫困县，当时确定了331个国家级贫困县，后来增加到592个。从那时候起，以县为基本单位来分配使用资金成为中国扶贫工作的一个特点，扶贫瞄准方法采取县级瞄准。进入21世纪后，贫困人口聚集在更小的地理范围内，贫困人口的分布从区域分布逐渐转为点状分布，贫困人口在空间更加分散；同时"八七扶贫攻坚计划"的完成极大缓解了贫困问题，国家级贫困县贫困人口和贫困人口所占比例均大幅度下降，所以如果仍按照"贫困县瞄准机制"将会导致扶贫资源和目标产生偏离。因此，贫困瞄准机制的调整势在必行。

2001年，中国政府提出"整村推进"的扶贫方式，把参与式扶贫规划作为"整村推进"工作的主要理念和方法，贫困资源倾向于到村到户。以实施村级扶贫规划为内容的整村推进，标志着中国扶贫工作在实际操作中，资金分配开始由县级瞄准转向村级瞄准。

4.扶贫干预途径

(1)整村推进扶贫

整村推进扶贫是21世纪初期扶贫开发的三大重点内容之一。目的是利用较大规模的资金和其他资源在较短的时间内使被扶持的贫困村在基础和社会服务设施、生产和生活条件以及产业发展等方面有较大的改善，并使各类项目间能相互配合以发挥更大的综合效益，从而使贫困人口在整体上摆脱贫困，同时提高贫困社区和贫困人口的综合生产能力及其抵御风险的能力。整村推进的技术手段就是制定和实施参与式村级扶贫规划。

(2)产业扶贫开发

十年扶贫纲要明确提出，要"积极推进农业产业化经营。对具有资源优势和市场需求的农产品生产，要按照产业化发展方向，连片规划建设，形成有特色的区域性主导产业，积极发展公司加农户和订单农业。引导和鼓励具有市场开拓能力的大中型农产品加工企业，到贫困地区建立原材料生产基地，为贫困农户提供产前、产中和产后系列化服务,形成贸工农一体化、产销一条龙的产业化经营。加强贫困地区农产品批发市场建设,进一步搞活流通,逐步形成规模化、专业化的生产格局"。21世纪初将产业开发作为扶贫工作的重点之一。产业化扶贫的内容包括确立主导产业,建立生产基地;提供优惠政策,扶持龙头企业;探寻运行机制,实现农户和企业双赢等。

(3)劳动力培训

随着中国宏观经济结构的变化,劳动力市场的供需也出现了结构性短缺,一方面是制造业发达的东部地区劳动力市场需求巨大,技能型人才严重短缺,用工单位找不到技术工人。另一方面,中西部地区有大量文化程度低,没有经过任何技能培训的农村剩余劳动力转移就业困难。在这样的背景下,国务院扶贫办公室决定将贫困地区劳动力转移培训作为扶贫工作的主要途径和工作重点。2004年8月,国务院扶贫办公室发出《关于加强贫困地区劳动力转移培训的工作的通知》,宣告贫困地区劳动力培训工作的正式开始。

(4)自愿式开发移民

中国政府有组织的扶贫开发移民工作开始于1983年的"三西"建设,当时国务院"三西"农业建设领导小组和甘肃、宁夏共同研究,按照中央对"三西"建设"兴西济中""山川共济",走共同富裕道路的战略构想,提出了"有水走水路、无水走旱路、水旱不通另找出路"的建设方针,走水路、走旱路就是在有条件的地方,兴办水利,建设保土、保水、保肥基本农田。对自然条件特别严酷,人口严重超载,一方水土养不活一方人的贫困山区,实施有组织的移民,迁到新开发的灌区,重建家园,发展生产。在十年扶贫开发纲要中,将自愿搬迁扶贫作为扶贫工作的主要途径和手段,并明确规定:要稳步推进自愿移民搬迁,对极少数居住在生存条件恶劣、自然资源贫困地区的特困人口,要结合退耕还林还草实施移民搬迁。要在搞好试点的基础上,制定具体规划,有计划、有组织、分阶段地进行;要坚持自愿原则充分尊重农民意愿,不搞强迫命令;要因地制宜、量力而行、注重实效,采取多种形式,不搞一刀切;要十分细致地做好搬迁后的各项工作,确保搬得出来、稳定下来、富得起来。因此,移民搬迁依然是一项主要工作。

五、新十年扶贫开发时期(2011—2020 年)

在十年扶贫开发计划之后,我国贫困人口锐减。按绝对贫困标准衡量,贫困人口从 2000 年的 3 209 万人减少到了 2008 年的 1 004 万人;按低收入标准衡量,贫困人口从 9 422 万人减少到了 2010 年的 2 688 万人。在此阶段,我国贫困人口锐减,农村基础设施得到改善,贫困户收入水平稳步提升,农村社会保障覆盖面积也得到了提高。

(一)新十年扶贫开发的环境

1.国民经济增长放缓,产业转型压力陡增

从 2008 年金融危机后,我国经济增长陡然放缓,经济增长率也从 2007 年的 14.16%快速下降到 2008 年的 9.63%。此后,经济增长率一直在 9%附近运行,并且 2015 年经济增长更是跌到了 6.9%。经济增长放缓的同时我国制造业也面临沉重的转型压力,由于外需疲软和劳动力价格高企,东部地区企业成本陡增,因此东部地区企业或者转型或者转移。此外,我国还存在大量的产能过剩行业,要清理这些行业势必对地方经济发展带来压力,还势必带来下岗工人的就业问题。所以,新十年中我国扶贫工作的压力也势必非常沉重。

2.贫困标准的提高

在新十年以前的扶贫工作中,扶贫工作的目标主要是保证贫困户的温饱问题。但是,该目标忽略了贫困户的精神和社会需求,况且还存在贫困标准远远低于国际贫困标准线的问题。因此,在迈入全面小康时期新十年,我国贫困标准线势必提高,这也会对新时期扶贫工作产生影响。2000 年,我国低收入标准为 865 元,2008 年贫困人口收入标准为 1 067 元,2011 年为 2 300 元。此后,我

国的贫困标准以 2011 年 2 300 元不变价格为标准定期调整。2016 年,我国贫困线为 3 000 元。在 2011 年国家将贫困标准调整为 2 300 元后,我国贫困人口增加了 13 879 万人,为 16 567 万人,因此贫困标准的变化对扶贫工作影响甚大。①

3.扶贫投入资金效益明显下降

在经历了"八七扶贫攻坚"和"十年扶贫开发"时期后,我国贫困人口减少的速度明显放缓。在"八七扶贫攻坚计划"后,我国贫困人口减少很多,这也促使贫困人口开始呈现分散化特征,以往开发式的扶贫效果开始减弱。在"十年扶贫开发"过程中,虽然还是开发式扶贫,但是扶贫瞄准已经转变为贫困村、贫困户和集中连片贫困区。十年扶贫开发时期,扶贫资金投入力度越来越大,但是取得的收益则越来越少。此外,大水漫灌式的扶贫开发很容易产生目标偏离,富裕农户获得收益更大,而贫困的农户却无法真正享受扶贫开发带来的效益。

4.贫困人口呈现新特征

在新时期,我国贫困问题日益复杂化和多元化。虽然,我国绝对贫困问题得到有效缓解,但是相对贫困却开始攀升,"因病、因灾、因残、因学、因婚"等致贫问题日益突出。此外,现存贫困人口日益分散,并且贫困人口所在的自然条件也比较恶劣。

(二)新十年扶贫开发政策

1.扶贫目标

新十年扶贫攻坚的总体目标为,到 2020 年,稳定实现扶贫对象不愁吃、不愁穿,保障其义务教育、基本医疗和住房。贫困地区农民人均纯收入增长幅度高于全国平均水平,基本公共服务主要领域指标接近全国平均水平,扭转发展差距扩大的趋势。

---

① 2010 年的贫困标准于 2011 年确定,此处贫困人口数量为 2010 年的数据。

2.扶贫开发对象和实现途径

扶贫开发的基本对象:在扶贫标准以下具备劳动能力的农村人口为扶贫工作主要对象。在扶贫工作中,要健全扶贫对象识别机制,做好建档立卡工作,实行动态管理,确保扶贫对象得到有效支持。扶贫范围:六盘山地区、秦巴地区、武陵山区、乌蒙山区、滇桂黔石漠化地区、滇西边境山区、大兴安岭南麓地区、燕山-太行山山区、吕梁山区、大别山区、罗霄山区,以及西藏、四省藏区、新疆南疆三地州。扶贫途径:易地搬迁、以工代赈、整村推进、产业扶贫、通过龙头企业发展带动贫困户脱贫、加强对贫困户的技能培训确保其就业、对贫困家庭学生学业补贴、培育科技龙头企业、加大科技成果推广、发展农产品专业类合作组织。

3.扶贫资金使用投向

在新时期,我国贫困形势已经发生了很大变化,贫困人口分布比较分散,山区和边境少数民族地区贫困人口较为集中。同时,非贫困县的贫困人口比例在2010年时达到了995万人,占全国贫困人口比例为37%。因此,扶贫资金需要重点投入到山区中的集中连片特困区,同时也需适当考虑到非贫困村的贫困人口。此外,以往通过县级财政大水漫灌式的扶贫成果收效越来越低,很多贫困开发项目将弱势的贫困人口排挤出受益范围,从而偏离了政策制定目标,因此贫困资金投入的对象需要精确到贫困户。

4.扶贫瞄准机制

进入21世纪后,贫困人口聚集在更小的地理范围内,贫困人口的分布从区域分布逐渐转为点状分布,贫困人口在空间更加分散;同时,贫困户的类型也开始发生变化,以"因病、因残、因学、因灾、因婚"五大类型为主。所以,开发式的扶贫已经无法根除贫困,这些贫困类型或者是突发的和长期的,或者是暂时的,而并非发展机会、自身能力等问题致贫。因此,在新时期扶贫工作中,扶贫资金使用对象瞄准到贫困户,实施精准扶贫。《中国农村扶贫开发纲要(2011—2020年)》(以下简称"新十年扶贫纲要")明确指出,建立健全扶贫对象识别机制,做好建档立卡工作,实行动态管理,确保扶贫对象得到有效支持。

5.扶贫干预途径

①扶持农村发展。新十年阶段,中央仍持续出台聚焦"三农"的一号文件,此外还从多方面出台相关文件扶持农村发展。2011年,中央发布了《中共中央 国务院关于加快水利改革发展的决定》的文件,明确了新形势下水利的战略定位,制定和出台了一系列针对性强、覆盖面广、含金量高的加快水利改革发展的新政策、新举措。2012年,中央政府出台的一号文件强调将农业科技摆在更加突出的位置上,文中表示要持续加大对农业科技的投入力度,确保农业科技投入增长和比例均有所提升。2013年,中央发布了《中共中央　国务院关于加快发展现代农业进一步增强农村发展活力的若干意见》,提出要围绕现代农业建设,充分发挥基本经营制度的优越性,着力构建新型农业体系,并且鼓励以家庭农场形式提高农业集约化经营水平。2015年,中共中央出台《关于加大改革创新力度加快农业现代化建设的若干意见》,提出加快构建新型农业经营体系、推进农村集体产权制度改革、稳步推进农村土地制度改革试点、推进农村金融体制改革、深化水利和林业改革、加快供销合作社和农垦改革发展、创新和完善乡村治理机制。

②易地搬迁扶贫。坚持自愿原则,对生存条件恶劣地区扶贫对象进行易地扶贫搬迁。引导其他移民搬迁项目优先在符合条件的贫困地区实施,加强与易地扶贫搬迁项目的衔接,共同促进改善贫困群众的生产生活条件。在新十年扶贫攻坚时期中,贫困人口呈现分散化特征,同时贫困人口居住的自然条件也十分恶劣。因此,易地扶贫搬迁政策可以将贫困户迁入自然环境较为良好的地方,改善其生产生活环境,从而达到脱贫的目的。易地扶贫搬迁的模式主要有四种:一是全省一个部门牵头实施;二是发改委和扶贫部门牵头实施;三是发改委牵头实施;四是扶贫部门牵头实施。在搬迁方式上以整村推进为主,安置方式分为城镇安置、村内有土安置和村外有土安置。国家发改委出台的《易地扶贫搬迁"十二五"规划》将搬迁人均补贴定为6 000元。2015—2017年,我国计划搬迁117万户,按每户20万元搬迁成本计算,需要的总资金投入为2 340亿

元,因此扶贫财政资金的缺口比较大。

③产业扶贫。充分发挥贫困地区生态环境和自然资源优势,推广先进实用技术,培植壮大特色支柱产业,大力推进旅游扶贫。促进产业结构调整,通过扶持龙头企业、农民专业合作社和互助资金组织,带动和帮助贫困户发展。基于现有贫困户多分布在山区中,可以考虑在自然风光较好的山区中实施旅游开发,通过旅游企业进入从而帮助农民脱贫。例如山西省灵丘县上车河村和下车河村位于太行山区中,交通不便,两个村全为贫困人口,生活条件较为恶劣,但是自然风光较好。后来,经过灵丘县政府对车河进行旅游开发,建起车河有机农业社区。公司租用车河村住宅和土地,并且为村民统一建起独立式小洋楼,以供村民居住和游客租住,同时农户还可以在农业公司打工获得收入。到2016年,上下车河村农户已经全部完成脱贫。

④教育支持和技术培训。以促进扶贫对象稳定为就业核心,继续对农村贫困家庭未升学的应届初、高中毕业生参加劳动预备培训给予一定的生活费补贴;对农村贫困家庭新成长劳动力接受中等职业教育的给予生活费、交通费等补贴。对农村贫困劳动力开展实用技术培训。

⑤加大对残疾人就业的扶持力度。新十年扶贫攻坚计划完成后,贫困类型以"因病、因残"等为主。因此,加大残疾人就业力度就显得很有必要。

此外,在以前的扶贫开发中,扶贫工作只重视短期脱贫,导致贫困人口"大进大出",这本质上是对贫困对象人力资本不够重视,这样的脱贫很容易产生返贫现象。因此,需要对未升学的初高中应届毕业生和贫困家庭劳动力给予职业教育补贴,提升其人力资本,这不但可以减少贫困人口,还可以预防未来贫困人口的产生。

(三)新十年扶贫开发工作面临的新问题

新十年扶贫开发工作是基于十年扶贫开发的基础上,根据新时期扶贫对象的变化而出台的新的十年扶贫工作规划。在2010年左右,贫困户类型变为"因病、因学、因灾、因残、因婚"五种主要的类型,贫困户分布日益分散,贫困资金减贫效益日益减弱,因此过去基于贫困县为对象的扶贫开发难以为继。所以,新十年扶贫开发特别强调精准扶贫,确保扶贫瞄准精确到贫困户,从而最大化发挥扶贫工作的效力。但是,目前扶贫工作在实践中还存在一些问题。

1.精准识别的问题

(1)贫困人口的精准识别单一,技术实现困难

在我国,精准识别的指标主要是收入,低于国家划定的贫困县标准就可以定为贫困户。但是,在实际操作过程中,收入可能因为农户和评估者信息不对称、农户有意隐瞒或者家庭信息收集等问题,产生漏选或者错选的问题。此外,收入作为测度指标虽然直观方便,但是还存在一定的局限性。因为收入指标无法客观反映"因病、因婚、因学和因能力"等导致的支出型贫困,所以贫困人口的识别就成为一个较为头疼的问题。

(2)精准扶贫的动态管理机制不健全

贫困人口的退出、再入机制不健全。贫困人口指标一般是采取自上而下分配的办法,进而确定每个贫困县及贫困村的贫困指标。这种办法虽然可以杜绝似然高报贫困指标的行为,但是也可能将真正需要贫困救助的贫困户排除在外。同时,目前的贫困指标无法在同省内的贫困县之间或者同一贫困县内的贫困村之间调剂,这会造成新的或者返贫的贫困户无法进入建档立卡的范围。因为脱贫人口的自我发展能力及承担风险能力较为脆弱,因此返贫率比较高。所以,有些贫困户担心当时脱贫未来会返贫,可能不愿意签字退出贫困认定。

2.脱贫与地方发展的问题

在扶贫开发工作中,政府通过投资项目来带动贫困地区发展,从而解决贫困问题。但是,通过项目来带动扶贫需要地方有较多年轻而有技能的劳动力,需要外面的劳动力回本区域发展。但是,现在农村地区人口类型基本为老、弱、病、残、幼,无法在扶贫项目中发挥力量。最终,扶贫项目开发就会与现在的城

镇化有所冲突。因此,政府需要协调好贫困区域开发和城镇化的关系,考虑地方特色及人口特征以确立好各自区域人口分布图,然后根据分布图进行扶贫项目建设。

3.重视贫困区域的差异

目前,我国的贫困类型主要有"因病、因灾、因残、因学、因婚"五种类型。但是,具体到不同地区时,可能最后会有所差异。所以,在扶贫开发中,地方政府需要根据具体贫困类型做出相应的扶贫策略。例如,内陆地区的贫困以"因病和因学"为主,所以提高社会保障体系覆盖面和助学贷款就特别重要。但是,在新疆巴里坤地区,当地贫困类型70%为因缺生产资料,所以加强对该地区农户的助贫贷款和生产资料补贴的政策就很有针对性。

4

精准扶贫战略及其成效

一、精准扶贫战略的提出与理念

（一）精准扶贫战略的提出

从区域性发展带动扶贫开发的战略到精准扶贫战略的提出，其产生与发展一方面离不开中国特色社会主义理论体系，另一方面也是针对当时经济社会特征等现实状况而提出。

"精准扶贫"的重要思想最早是在 2013 年 11 月提出的，习近平总书记到湖南湘西考察时首次作出了"实事求是、因地制宜、分类指导、精准扶贫"的重要指示。精准扶贫的提出存在以下三个依据：一是"共同富裕"根本原则是精准扶贫思想产生的理论基础。共同富裕是中国特色社会主义的本质要求、奋斗目标和根本原则，也是中国特色社会主义理论体系中的重要基石。中共十八大会议指出，必须坚持走共同富裕道路，共同富裕是中国特色社会主义的根本原则。

二是"全面建成小康社会"宏伟目标是精准扶贫思想产生的现实需求。在 2020 年完成"全面建成小康社会"的宏伟目标，是中共十八大根据中国经济社会实际做出的重大决策，将为中华民族的伟大复兴奠定坚实基础。

三是处理好做大蛋糕与分好蛋糕的关系。为什么要提出精准扶贫的战略？经济发展只解决做大蛋糕的问题，发展并不必然会惠及贫困人口，只有通过收入的再分配合理分蛋糕才能实现有利于贫困人口的发展。

重视收入的再分配问题十分重要。只有为贫困人口提供更多、更好的公共服务和基本社会保障，才能提高贫困人口抗风险能力，避免返贫问题的出现。从理论上讲，基尼系数与贫困发生率是正相关的。就是说，收入水平提高了，但分配差距大，仍然会有很高的贫困发生率。剩余的贫困人口，主要是老年人、生病致贫的人员、没有劳动技能或劳动能力的人，以及生存条件极端困难地区、交通十分不方便地区的人群。这些人群,无论经济如何发展,都很难通过涓滴效应惠及他们。精准扶贫的关键,就在于精准识别,把那些真正的贫困人口识别出来,通过发展生产、移民搬迁、教育扶贫、生态扶贫、社保兜底等手段,实现精准脱贫。

(二)精准扶贫战略的核心理念

第一,精准化理念是精准扶贫思想的核心要义。精准体现在"扶贫对象精准""项目安排精准""资金使用精准""措施到户精准""因村派人精准""脱贫成效精准"等六个方面。在以发展促脱贫的效果开始减弱时,我国扶贫工作不论是在识别贫困人群方面,还是在扶贫政策的制定实施方面,都需要精准理念的融入。

第二,分批分类理念是精准扶贫思想的基础工具。"五个一批"具体包括:发展生产脱贫一批,涉及了特色产业扶贫、旅游扶贫、电商扶贫、资产收益扶贫;易地搬迁脱贫一批,有计划地组织难以就地脱贫人口易地搬迁,确保搬得出、稳得住、能致富;生态保护脱贫一批,加大贫困地区生态保护修复力度,增加重点生态功能区转移支付和生态补偿;发展教育脱贫一批,涉及了基础教育、高等教育、职业教育,通过人才培养增强贫困人口的脱贫能力;最后,通过低保政策兜底脱贫一批。

第三,"建档立卡"是精准扶贫的工作基础。从区域性发展带动扶贫开发的战略到精准扶贫战略的提出,体现出中央更加重视较低贫困发生率条件下贫困人口的识别问题。"建档立卡"对象包括贫困户、贫困村、贫困县和连片特困地区。通过建档立卡,对贫困户和贫困村进行精准识别,了解帮扶对象的贫困状况,以及通过建档立卡信息对地方扶贫工作开展考核与监测。

二、精准扶贫战略的政策体系

2013年,习近平总书记提出精准扶贫,成为贫困落后地区可持续发展的行动指南。随后,各地也相继出台和完善了"1+N"的精准扶贫和脱贫攻坚系列文件,涉及产业扶贫、易地搬迁扶贫、劳务输出扶贫、交通扶贫、水利扶贫、教育扶贫、健康扶贫、金融扶贫、农村危房改造等。本部分将以此为依据梳理贫困落后地区的相关政策。总体而言,精准扶贫时期的政策体系可以总结如下:

产业发展政策。精准扶贫时期的产业政策从农业、工业、旅游业、民族文化产业、现代服务业等门类入手,结合当地的具体情况,有针对性地提出产业发展的路径。具体而言,①农业:大力发展特色高效农业,完善农业技术支撑体系,加强市场体系建设,优化农业科技服务,完善农产品流通体系,建立农民专业合作组织;②工业:农林产品加工、生物医药、矿产资源加工、汽车制造、机械制造、金属冶炼、化学化工与新材料产业出现在了每个地区的政策文件中,成为各个地区改变相对贫困落后现状应当重点培育的工业门类;③现代服务业:现代物流业、商贸服务业、家庭服务业、金融科技和信息服务业出现在了每个地区的政策文件中,成为各个地区改变相对贫困落后现状应当重点培育的现代服务业门类;④民族文化产业:推进特色民族文化品牌传承与保护,大力扶持民族文化精品工程,加强民族文化设施建设和民族文化及自然遗产保护,发展民族工艺品;⑤旅游业:在规划重点景区和线路的基础上,提出改善旅游交通条件,加快景区设施建设,提升城镇旅游服务功能,进行旅游产品的多元化开发。在上述产业部门基本发展思路的基础上,各个地区都提出:①实现产业结构调整与产业协作发展,推进节能减排和发展循环经济,因地制宜承接产业转移,促进产业园区发展;②实施产业化扶贫,大力发展农民专业合作组织,建立健全企业与农户的利益联结机制。

基础设施政策。交通、水利、能源、通信和信息化、城镇基础设施、农村基本生活条件是各个地区需要重点建设的领域。具体而言,①交通:建设交通运输主通道,形成区域内交通运输网络;②水利:加强水利工程建设,合理开发利用和保护水资源,完善水利管理体系;③能源:加快能源供应能力建设,推进电网建设,加强农村能源建设;④通信和信息化:加快现代通信网络建设,提高信息化服务水平;⑤城镇基础设施:加快城镇道路、防洪抗涝、排水供气、园林绿化、垃圾处理等基础设施建设;⑥农村基本生活条件:进行小城镇建设与村庄建设,优化农村水电气设施,倡导现代文明生活方式。另外,对于一些沿边的贫困落后地区而言,需要加快口岸基础设施建设,提升对外开放的层次。此外,在国家出台的一般性政策文件中,交通和水利基础设施建设是重点,因此下文将分别进行专门论述。

文化教育政策。各个地区对于文化教育事业的政策宏观取向是一致的。具体而言:①在教育方面,要统筹发展各类教育,加快改善办学条件,加强教师队伍建设,健全国家教育资助制度;②文化科技方面,一方面要加强科技服务,围绕发展需要,加大地方优势特色产业、新兴产业等重点产业的科技攻关,推动产业升级和结构优化;另一方面要建设公共文化服务体系,加快图书馆、文化馆、博物馆、影剧院、体育馆、特色文化街区等文化公益设施建设,基本建成覆盖城乡、布局合理的文化公共服务网络,此外还要加强非物质文化遗产、文化遗址和历史文化名镇名村保护。

医疗卫生政策。关于医疗卫生事业发展的一般性方针如下:①提高公共卫生服务能力,加强公共卫生技术人才队伍建设,引导和鼓励公共卫生人才向基层流动,优化人员结构,提升服务水平;②完善医疗服务体系,完善以社区卫生服务中心为基础的城市医疗卫生服务体系;③提高医疗卫生服务能力,支持全科医生培养基地建设,同时继续加强对口帮扶工作,提高县乡两级医疗机构管理水平和服务能力;④改善计划生育服务,继续推进人口和计划生育服务体系建设,优化妇幼保健服务;⑤加强基本医疗保险体系和医疗救助制度建设,在完善城镇职工基本医疗保险、城镇居民基本医疗保险、新型农村合作医疗三项基本医疗保障制度的基础上,对于城乡低保对象、农村五保供养对象和其他家庭经济困难的人员予以及时的医疗救助;⑥加强社会保障和社会福利基础设施与能力建设,加强城乡福利院、敬老院、精神病院、救助管理站、残疾人服务机构的建设,形成广泛覆盖的社会福利体系和社会化服务网络。

就业政策。精准扶贫时期关于就业政策的总体部署如下:①调整就业结构,结合产业结构的调整,着力提高二、三产业的就业比重,有序推进农村劳动力向城镇转移;②拓宽就业渠道,坚持扩大就业和促进产业发展相协调,积极承接和发展劳动密集型产业,大力支持中小企业、微型企业发展,增加就业岗位;③完善就业服务,推动就业和人才服务信息资源共享,提供就业政策咨询、培训信息、职业介绍、就业和创业指导、跟踪服务、维权保障等一体化服务;④提高农村劳动力素质,实施农村劳动力转移就业技能培训、贫困家庭劳动力职业教育与培训、农村实用技术培训,培养乡土人才;⑤完善最低生活保障制度,提高最低生活保障标准。

生态环境保护政策。①在生态建设方面,重视生态功能区的保护,加强生态建设,开展沙漠化、荒漠化、石漠化、水土流失的治理,打造一批生态文明示范工程,优化国土空间开发格局,同时为贫困落后地区具有水土保持、阻滞荒漠化的生态林草地提供生态补偿;②在环境保护方面,加强水环境、城镇环境的保护,推进农村面源污染治理、工业污染治理、矿山环境治理,切实提高贫困落后地区的环境质量。

财税金融政策。各个地区关于财税金融政策的总体安排如下:①在财政政策方面,加强与国家部委的沟通协调,积极争取中央财政转移支付向本地区倾斜,增加转移支付额度。②在税收政策方面,加大对企业和个人税收优惠的实施力度,凡是符合国家和当地相关政策的税收优惠政策,要不折不扣地落实到位。③在金融政策方面,落实中央赋予当地的特殊金融优惠政策,充分发挥信贷作用,加大对扶贫对象的贷款支持力度,在贫困落后地区逐步实现金融服务网点的全覆盖;发展专业资产管理机构、农村金融合作机构、金融租赁公司等新型金融组织;支持开展保险资金投资基础设施和重点项目建设,鼓励和支持商业保险参与社会保障体系建设。

(一)产业支持政策

精准扶贫提出后,国家有关部门出台了非常具有针对性的政策文件,阐明了贫困落后地区各个具体产业门类的发展思路。2013年2月,农业部印发了《农业行业扶贫开发规划(2011—2020年)》。《规划》指出,贫困落后地区农业发展的主要任务包括以下四点内容:①农业基础设施和装备条件建设。加强基本农田建设,不断改善养殖业生产条件。②特色优势农业产业体系建设。大力发展特色农牧业,积极发展特色农牧产业加工与物流业。③农业服务支撑体系建设。提升农业公益服务能力,发展农业经营性服务。④强化农村人才培养。⑤生态环境保护与建设。加强农业生态环境治理,加强草原等生态环境建设,推进水生生物资源养护和环境修复。在此基础上,《规划》还分别给出了六盘山片区、秦巴山片区、武陵山片区、乌蒙山片区、滇桂黔石漠化片区、滇西边境片区、大兴安岭南麓片区、燕山-太行山片区、吕梁山片区、大别山片区、罗霄山片区等11个代表性的贫困落后地区农业发展的基本情况、优势特色产业选择与布局以及发展重点。

2013年8月,国家旅游局、国务院扶贫办出台《关于联合开展"旅游扶贫试验区"工作的指导意见》。《意见》指出贫困落后地区在实施产业扶贫、整村推进、易地扶贫搬迁等扶贫规划的同时,要以转变发展方式、培育旅游产业、打造旅游文化品牌为主要内容,通过旅游业推动贫困落后地区的发展。在划定"旅游扶贫试验区"时,需要把握以下三项基本原则:①旅游资源相对丰富;②辐射带动能力强;③地方政府高度重视。为保证试点工作的顺利推进,《意见》进一步明确了省(自治区、直辖市)旅游部门和扶贫部门的主要职责,通过发展旅游业带动当地劳动力转移就业,实现增收致富。

2014年11月,国家发展和改革委员会、国家旅游局等部门印发了《关于实施乡村旅游富民工程推进旅游扶贫工作的通知》。《通知》指出：①各地要紧紧依托当地区位和资源优势，挖掘文化内涵，发挥生态优势，开发形式多样、特色鲜明的乡村旅游产品；②各地要全面系统梳理贫困县特别是集中连片特困地区的旅游资源，综合考虑资源品质、区域交通情况、邻近地区贫困人口规模，规划建设一批知名度高的精品景区；③各地要制订实施重点村旅游市场宣传推广方案，加大财政投入，通过微信、微博、微电影、旅游节庆和媒体专栏专题等多种方式，提升重点村乡村旅游的市场影响力；④加强人才培训，为重点村旅游发展提供智力支持。按照上述思路，到 2015 年，扶持约 2 000 个贫困村开展乡村旅游，到 2020 年，扶持约 6 000 个贫困村开展乡村旅游，带动农村劳动力就业，力争每个重点村乡村旅游年经营收入达到 100 万元。

2015 年 5 月，为深入贯彻落实旅游扶贫战略，国务院扶贫办行政人事司、国家旅游局办公室印发了《关于启动 2015 年贫困村旅游扶贫试点工作的通知》。指出要充分发挥旅游业在扶贫富民中的突出作用，以改善乡村环境为基础，以培育旅游产业为重点，以实现贫困人口脱贫致富为目标，全面开展整村推进，加大资金投入，推进科学发展，创新贫困村旅游扶贫工作方式方法，推动旅游扶贫工作向纵深发展。以此为指导，在全国共选出了 560 个建档立卡贫困村，开展旅游扶贫试点工作。2018 年 10 月，文化和旅游部、国务院扶贫办、中国农业发展银行印发了《全国金融支持旅游扶贫重点项目推荐名单的通知》，在 2015 年文件的基础上进一步细化，确立了一批需要金融支持的重点旅游项目。

2016 年 8 月，国家旅游局、国家发改委、国土资源部印发了《关于乡村旅游扶贫工程行动方案的通知》。《通知》确定了贫困落后地区乡村旅游扶贫的八项重点行动：①乡村环境综合整治专项行动；②旅游规划扶贫公益专项行动；③乡村旅游后备箱和旅游电商推进专项行动；④万企万村帮扶专项行动；⑤百万乡村旅游创客专项行动；⑥金融支持旅游扶贫专项行动；⑦扶贫模式创新推广专项行动；⑧旅游扶贫人才素质提升专项行动。在此基础上，《通知》还指出要通过发展旅游改变乡村贫困落后的面貌，需要科学编制乡村旅游扶贫规划，加强旅游基础设施建设,大力开发乡村旅游产品,加强旅游宣传营销,加强乡村旅游扶贫人才培训。

2017 年 1 月,国家发改委正式印发了《西部大开发"十三五"规划》。在《西部大开发"十二五"规划》的基础上,本次规划对接《中国制造 2025》计划,将培育现代产业体系作为核心,从以下方面阐明了贫困落后地区的产业发展思路:①大力发展特色优势农业;②增强产业发展的要素支撑;③推动传统产业转型升级;④促进战略性新兴产业突破发展;⑤引导现代服务业有序发展。其中,"增强产业发展的要素支撑"属首次提及。该规划从资金、劳动力、资源能源三个角度入手,说明贫困落后地区积累生产要素的基本途径:①在资金方面,深化金融体制改革,引导社会资本向贫困落后地区的优势产业聚集;②在劳动力方面,鼓励校企对接,开展订单式、定向、定岗职业教育培训;③在资源能源方面,完善工业用地配置制度,建立时间灵活、方式多样的弹性供地制度。推进售电侧改革试点,扩大用户直购电试点,允许工业园区中小企业集体直购电。

2018 年 9 月,国务院印发了《乡村振兴战略规划(2018—2022 年)》,就贫困落后地区农业发展的一般路径进行了系统性论述,主要包括:①夯实农业生产能力基础,健全粮食安全保障机制,加强耕地保护和建设,提升农业装备和信息化水平;②加快农业转型升级,优化农业生产力布局,推进农业结构调整,壮大特色优势产业,保障农产品质量安全,培育提升农业品牌,构建农业对外开放新格局;③建立现代农业经营体系,巩固和完善农村基本经营制度,壮大新型农业经营主体,发展新型农村集体经济,促进小农户生产和现代农业发展有机衔接;④强化农业科技支撑,提升农业科技创新水平,打造农业科技创新平台基地,加快农业科技成果转化应用;⑤完善农业支持保护制度,加大支农投入力度,深化重要农产品收储制度改革,提高农业风险保障能力。

贫困落后地区大多处于沿边地区,同 1999 年提出的兴边富民计划在政策上存在相通之处。2011 年 6 月国务院办公厅印发的《兴边富民行动规划(2011—2015 年)》提出要"促进特色优势产业发展"。具体而言:①扶持特色农牧产品加工,延长农业产业链条,大力发展品种优良、特色明显、附加值高的优势农产品;②充分挖掘丰富的民族传统文化资源,打造特色文化品牌,发展文化产业,同时依托旅游资源优势,推动文化与旅游的深度融合;③大力推进劳务经济产业化发展,建设体现民族地域特点的特色劳务基地;④支持中小企业技术创新、结构调整、节能减排、开拓市场、扩大就业、人员培训。

2017年6月,国务院办公厅印发了《兴边富民行动"十三五"规划》。《规划》指出,"产业兴边"是推动贫困落后地区社会经济发展的重要举措,要围绕产业兴边大力发展边境地区特色优势产业。《规划》主要从以下四方面给出了沿边贫困落后地区产业发展的路径:①推进边境地区特色优势农业发展。立足边境地区绿色农业、特色农业发展基础,打造沿边生态高效安全农业经济带。加快转变边境地区农业发展方式,着力构建沿边现代农业产业体系和生产经营体系,提高农业致富边民能力。②推进边境地区特色加工制造业发展。大力扶持边境地区发展特色优势加工业,培育规模大、产值高、带动力强、受益面广的增收致富产业。③推进边境地区特色服务业发展。以重点口岸城市为节点,建设一批内外贸一体化的特色商贸市场、商品交易市场,鼓励和支持发展国际商贸物流产业。依托民族文化资源,大力发展民族文化产业,打造边境民族文化品牌。在项目、资金和政策上对边境地区旅游业予以倾斜支持,大力发展"多彩边境"旅游和跨境特色旅游,积极扶持一批对脱贫致富带动力强的重点景区。④推进边境地区产业园区发展。根据边境地区资源禀赋、区位优势、产业基础、生态条件以及与周边国家毗邻地区的互补性,建设能源资源加工产业基地、出口加工园区、区域性国际商贸物流中心。在此基础上,《规划》进一步提出了沿边贫困落后地区应当重点实施的产业兴边工程:①边境地区特色优势农业培育工程;②边境地区特色林业富民工程;③多彩边境旅游工程;④民贸民品和少数民族特色手工艺品发展工程;⑤边境产业园区建设工程;⑥边境创新品牌行动工程;⑦扩大食品农产品出口工程。

（二）交通发展政策

交通基础设施建设是促进贫困地区发展的先决条件,精准扶贫政策的实施过程中也非常注重对贫困地区交通基础设施的建设。2013 年 8 月,交通运输部印发了《集中连片特困地区交通建设扶贫规划纲要(2011—2020)》,进一步细化了 2012 年 10 月《关于加强集中连片特困地区农村公路建设计划管理工作的通知》中的相关部署。《纲要》对武陵山片区、乌蒙山片区、秦巴山片区、滇桂黔石漠化片区、六盘山片区、滇西边境片区、大兴安岭片区、燕山-太行山片区、吕梁山片区、大别山片区、罗霄山片区等 11 个贫困落后地区的交通发展做出了明确部署。《纲要》指出上述贫困落后地区交通基础设施建设存在下列问题:①对外通道不畅,高速公路断头路较多;②国省干线规模偏小,技术等级偏低;③农村公路水平不高,防灾抗灾能力薄弱;④客货运输发展滞后,基本公共服务均等化水平有待提高;⑤区域综合交通运输体系建设进程缓慢。针对上述情况,《纲要》提出了各类交通干线建设的主要任务(表 4.1)。

表 4.1 贫困落后地区各类交通干线建设的主要任务

交通线类型	主要任务
高速公路	以国家高速公路建设为重点,打通重要通道和断头路、瓶颈路段,有序推进新增国家高速公路和国务院批准的区域规划内明确的高速公路建设,尽快建成区域内国家高速公路网
国省干线公路	着力提高国省道中二级及以上公路比例,加强通县二级公路建设,强化制约贫困地区经济发展的瓶颈路段建设,加强各片区内部及其与周边区域联系的干线公路建设
农村公路	重点推进建制村通沥青(水泥)路建设,同步建设必要的安全防护设施和中小桥梁
公路客货运输场站	加快县城老旧客运站改造,依托农村公路建设同步推进乡镇等级客运站、建制村汽车停靠点建设,尽快形成以县级客运站为龙头,以乡镇客运站为重点,以建制村汽车停靠点为辅助,多层次、高效率的农村客运场场体系

续表

交通线类型	主要任务
内河水运	加强具备条件地区的对外水运通道建设,进一步完善区域内重要航道及库(湖)区水运基础设施,推进内河港口规模化、专业化发展,进一步适应区域物资水上运输需要,方便人民群众安全便利出行

资料来源:作者自行整理。

2016 年 4 月,国家发改委、交通运输部、国务院扶贫办印发了《关于进一步发挥交通扶贫脱贫攻坚基础支撑作用的实施意见》。在 2013 年文件的基础上,《意见》进一步细化明确了交通扶贫的具体措施:①完善精准扶贫乡村交通基础网络,加快通乡连村公路建设,加强对旅游等产业的交通支撑;②建设外通内联区域交通骨干通道,畅通区域对外骨干通道,强化片区内部通道连接,改善沿边贫困地区通道条件;③提升贫困地区运输服务水平,提供普惠可靠的客运服务,发展实惠便捷的货运物流,培育现代高效的电商快递;④强化政策支持保障,拓展交通扶贫投融资渠道,实施税费优惠政策,创新土地利用模式,完善技术标准体系,加强养护管理和职业教育。

2017 年 1 月,国家发改委印发了《西部大开发“十三五”规划》。《规划》提出在西部地区要形成“五横四纵四出境”的综合运输大通道,加强贫困落后地区同域外的联系。具体内容包括:①提升铁路路网密度和干线等级。将西部地区铁路建设作为全国铁路建设的重点,加快推进干线铁路、高速铁路、城际铁路、开发性新线和枢纽站场建设,强化既有线路扩能改造,促进西部高速铁路成网、干线铁路升级、全网密度加大、运营提质增效;②提升公路网络联通和畅达水平。加快区际省际高速公路通道、综合交通枢纽及民生项目等薄弱环节和短板领域建设,努力形成国内国际通道联通、区域城乡广泛覆盖、枢纽节点功能完善、运输能力大幅提升的公路基础设施网络;③加快民用航空发展。加强西部地区枢纽机场扩容改造与支线机场建设,提升区域机场密度,优化布局结构,同时还要大力拓展国际航线,重点推进与"一带一路"沿线国家互联互通;④加强河流航道和沿海港口建设。结合钢铁、石化等产业布局,加强公用码头、航道和锚地建设,加快既有港区结构调整和专业化改造,有序推进新港区开发建设,加强与城市等规划的协调衔接。

2017年6月,国务院办公厅印发了《兴边富民行动"十三五"规划》。《规划》指出沿边贫困落后地区要加快边境地区综合交通运输体系建设。主要任务包括以下五点:①结合国家开放战略和区域发展规划,打通边境地区对内对外联系大通道,实现通江达海出境。②推动边境地区铁路通道建设,重点推进"一带一路"国际通道、区际干线和沿边铁路建设,扩大路网覆盖面,逐步形成依托国内铁路网、连接周边国家的对外铁路通道网络。③推动边境地区公路通道建设,以国家高速公路网待贯通路段为重点,稳步推进与周边国家互联互通、与内地交通运输联系的大通道项目建设。④加强边境地区航空航运建设。加快发展区域枢纽机场,合理发展支线机场和通用机场,同时加强跨界河流的航道治理,加强澜沧江—湄公河等国际水运通道建设。⑤大力改善边境农村交通状况。继续实施沿边地区特别是边境建制村农村公路通达工程和通畅工程,支持一定人口规模的自然村通硬化路建设,优先解决撤并建制村通硬化路。

(三)水利开发政策

水利设施也是贫困地区基础设施建设的重要组成部分,精准扶贫在实施中也极其重视对水利的开发。2015年,水利部启动了"十三五"扶贫专项规划的编制工作。2016年12月,水利部印发了《"十三五"全国水利扶贫专项规划》,在《全国水利定点扶贫专项规划》提出的6大工程的基础上,还要加快推进水管理体制机制改革,破除制约贫困地区水利发展的体制机制障碍,提高贫困地区涉水事务管理水平,以加快水资源管理体制改革、深化水利工程管理体制改革、积极落实最严格水资源管理制度、全面推行河长制和积极推进水价改革为重点,帮扶贫困地区理顺管理体制机制。2018年8月,水利部又印发了《水利扶贫行动三年(2018—2020年)实施方案》。在2016年"十三五"规划的基础上,重点强调要扎实开展水库移民脱贫攻坚工作,切实加大对口支援地区和革命老区的支持,实施贫困地区水利科技扶贫行动。

2017年1月,国家发改委印发了《西部大开发"十三五"规划》。在"十二五"规划的基础上,系统规划了水利工程建设,指出要开工建设一批重大引调水工程、重点水源工程、江河湖泊骨干治理工程和大型灌区工程,着力提高水安全保障能力。

2017年6月,国务院办公厅印发了《兴边富民行动"十三五"规划》。本次规划在2011年的基础上进一步细化,为贫困落后地区的水利建设提出了以下重点任务:①支持边境地区开展农村饮水安全巩固提升工程、农田水利工程、防洪抗旱减灾工程、水资源开发利用工程、水资源保护工程、水土保持和农村水电工程等民生水利工程建设;②继续实施并加快推进一批重点水源工程,不断提高边境地区水资源调蓄能力和供水保障能力;③在边境地区优先完成大中型灌区续建配套与节水改造,重点支持农田高效节水灌溉工程,加快实施区域规模化高效节水灌溉工程,以田间渠系配套、"五小水利"工程、农村河塘清淤整治为重点,加强小型农田水利设施建设;④安排和支持边境地区中小河流治理、病险水库水闸除险加固等水利建设项目,科学有序地推进跨国界河流治理工程建设;⑤加强边境地区山洪灾害防治力度,完善山洪灾害监测预警系统,开展重点山洪沟防洪治理。

(四)其他基础设施建设政策

2017年1月,国家发改委印发了《西部大开发"十三五"规划》。根据贫困落后地区近5年来出现的新情况、新问题,《规划》关于能源及信息基础设施的建设又提出了新的要求:①坚持统一规划、有序实施、能源输出与就地消纳并举,合理安排西部地区能源基础设施建设,加强农村电网改造升级,提升农网供电可靠性和供电能力;②加快实施"宽带中国"战略,推进光纤网络和4G网络建设,促进宽带网络优化升级,提升西部地区网络覆盖水平和质量。

2018 年 9 月,国务院印发了《乡村振兴战略规划(2018—2022 年)》。《规划》从以下两方面指出了新时代背景下相对贫困落后的农村地区基础设施的路径:①优化农村能源供给结构,开发太阳能、浅层地热能、生物质能等,因地制宜开发利用水能和风能,大力发展"互联网+"智慧能源,探索建设农村能源革命示范区;②夯实乡村信息化基础,深化电信普遍服务,加快农村地区宽带网络和第四代移动通信网络覆盖步伐,同步规划、同步建设、同步实施网络安全工作。

(五)教育帮扶政策

增加贫困地区的人力资本,加强对贫困地区的教育帮扶,是解决贫困问题的根本途径之一。2013 年 7 月,国务院办公厅转发了《关于实施教育扶贫工程的意见》。《意见》将《中国农村扶贫开发纲要(2011—2020 年)》确定的 14 个集中连片特困区作为政策的作用对象。《意见》明确了在上述贫困落后地区教育事业发展的主要任务:①全面加强基础教育。切实巩固提高义务教育水平,加快发展学前教育,推动普通高中多样化发展,重视发展特殊教育,保障移民搬迁学生就学,加强双语教育和民族团结教育,鼓励教师到片区从教。②加快发展现代职业教育。大力发展服务当地特色优势产业和基本公共服务的现代职业教育,实施中等职业教育协作计划,传承创新民族文化、民族技艺,广泛开展职业技能培训。③提高高等教育服务能力。提高片区高等教育质量,加大高等学校招生倾斜力度,开展高等学校定点扶贫工作。④提高学生资助水平。稳步推进农村义务教育学生营养改善计划,健全家庭经济困难学生资助政策,完善职业教育资助政策。⑤提高教育信息化水平。加快学校信息基础设施建设,推广优质数字教育资源应用,推进教育管理信息化建设。

《关于实施教育扶贫工程的意见》中提到的"营养改善计划"和 2011 年国务院办公厅颁行的《关于实施农村义务教育学生营养改善计划的意见》以及 2012

年5月教育部等15个部门联合印发了《农村义务教育学生营养改善计划实施细则》《农村义务教育学生营养改善计划食品安全保障管理暂行办法》《农村义务教育学校食堂管理暂行办法》《农村义务教育学生营养改善计划实名制学生信息管理暂行办法》《农村义务教育学生营养改善计划信息公开公示暂行办法》等5个系列文件相呼应,为切实改善贫困落后地区学生营养健康状况提供了制度保障。

《关于实施教育扶贫工程的意见》中提到的"加大高等学校招生倾斜力度"同2013年5月教育部出台的《关于扩大实施农村贫困地区定向招生专项计划的通知》相关联。《通知》指出,高等学校招生工作要适度向贫困落后地区倾斜,具体包括以下四项要求:①扩大规模,将贫困落后地区的招生规模扩大至32 100名;②扩大区域,将832个国家级扶贫开发重点县纳入政策范畴,此外将重点高校录取比例较低的河北、河南等省份的贫困落后地区也纳入政策范畴;③增加高校,将承担上述工作的高校扩大到263所,覆盖所有"211工程"学校和108所中央部属高校;④鼓励地方采取措施,依据本地实际情况,进一步提高招收农村学生的比例。

为将《关于实施教育扶贫工程的意见》提到的"全面加强基础教育"落到实处,2013年12月,教育部、国家发改委、财政部联合印发了《关于全面改善贫困地区义务教育薄弱学校基本办学条件的意见》。《意见》将中西部贫困落后地区作为主要对象,兼顾东部部分贫困落后地区。主要目标包括:①经过3~5年的时间,使贫困地区农村义务教育学校教室、桌椅、图书、实验仪器、运动场等教学设施满足基本教学需要;②学校宿舍、床位、厕所、食堂、饮水等生活设施满足基本生活需要;③留守儿童学习和寄宿得到基本满足,村小学和教学点能够正常运转;④县镇超大班额现象基本消除,逐步做到小学班额不超过45人,初中班额不超过50人;⑤教师配置趋于合理,数量、素质和结构基本适应教育教学需要;⑥小学辍学率努力控制在0.6%以下,初中辍学率努力控制在1.8%以下。为实现上述目标,贫困落后地区应重视以下任务:①保障基本教学条件;②改善学校生活设施;③办好必要的教学点;④妥善解决县镇学校大班额问题;⑤推进农村学校教育信息化;⑥提高教师队伍素质。

2015年6月,国务院扶贫办、教育部、人力资源和社会保障部印发了《关于加强雨露计划支持农村贫困家庭新成长劳动力接受职业教育的意见》。《意见》指出,通过政策扶持,农村贫困家庭子女初、高中毕业后接受中、高等职业教育的比例逐步提高,确保每个孩子起码学会一项有用技能,贫困家庭新成长劳动力创业就业能力得到提升,家庭工资性收入占比显著提高,实现一人长期就业,全家稳定脱贫的目标。

2017年1月,国家发改委印发了《西部大开发"十三五"规划》。根据贫困落后地区近5年来出现的新情况、新问题,《规划》又提出了4项教育重点工程:①乡村教师支持计划(2015—2020年)。继续实施好农村义务教育学校教师特岗计划。统一城乡教职工编制标准,提高乡村教师生活待遇,完善乡村教师职称(职务)评聘条件和程序办法。②中西部中小学首席教师岗位计划。在中西部贫困地区中小学设置首席教师岗位,遴选师德高尚、教学水平高、带动能力强的优秀教师担任,负责组织开展教学研究,帮助青年教师提升教学水平。③幼儿园和中小学教师国家级培训计划。以乡村教师为重点,对幼儿园和中小学教师、骨干校(园)长进行专项培训。④中西部高等教育振兴计划。加强西部高校优势特色学科专业建设,促进优势教育资源共享,提高西部地区教育资源整体水平。

2017年6月,国务院办公厅印发了《兴边富民行动"十三五"规划》。本次规划突出强调了以下内容:①推动边境地区教育事业全面发展。加快完善边境地区学前教育公共服务体系,加大对边境地区农村学前教育的支持力度,鼓励普惠性幼儿园发展。②实施高中阶段教育普及攻坚计划,继续支持边境地区教育基础薄弱县普通高中建设。③加大教育对外开放力度,支持边境城市与国际知名院校开展合作办学。

（六）医疗卫生政策

针对贫困地区公共服务薄弱，存在大量因病致贫、因病返贫的问题，精准扶贫政策中非常注重医疗卫生的投入。2016 年 6 月，国家卫生计生委、国务院扶贫办、国家发改委等印发了《关于实施健康扶贫工程的指导意见》。《意见》提出了健康扶贫工程的九项重点任务，可作为贫困落后地区开展相关工作时的参考：①提高医疗保障水平，切实减轻农村贫困人口医疗费用负担；②对患大病和慢性病的农村贫困人口进行分类救治；③实行县域内农村贫困人口住院先诊疗后付费；④加强贫困地区医疗卫生服务体系建设；⑤实施全国三级医院与连片特困地区县和国家扶贫开发工作重点县县级医院一对一帮扶；⑥统筹推进贫困地区医药卫生体制改革；⑦加大贫困地区慢性病、传染病、地方病防控力度；⑧加强贫困地区妇幼健康工作；⑨深入开展贫困地区爱国卫生运动。同年 10 月，国家卫生计生委、国务院扶贫办针对健康扶贫工程进行具体部署，又制定了《健康扶贫工作考核办法》。

2017 年 1 月，国家发改委印发了《西部大开发"十三五"规划》。在"十二五"规划的基础上，对于贫困落后地区医疗卫生事业的发展进行了更为系统的规划：①县级医院能力建设工程。支持县级医院业务用房和远程医疗服务系统建设，加强部分县级医院设备配置，提升专科诊治能力。②基层医疗卫生服务体系建设工程。开展乡镇卫生院（计生服务站）、社区卫生服务机构远程医疗服务系统建设，支持乡镇卫生院业务用房建设。开展固定与流动相结合的新型农村牧区卫生计生服务体系建设。③人口健康信息化建设工程。支持以省为单位统筹建设省、地市、县级人口健康信息平台，加快信息惠民工程建设。④医疗卫生人才培训基地建设工程。加强住院医师等规范化培训。⑤医疗卫生科技创新能力提升建设工程。支持三级医院、公共卫生机构科研能力建设。⑥中医药传承创新工程。改善中医医院基础设施条件。

2017 年 6 月，国务院办公厅印发了《兴边富民行动"十三五"规划》。为减少贫困落后地区因病致贫的人口比例，需要做到：①全面提升边民身体健康素质。加强边境地区农村三级医疗卫生服务网络和公共卫生体系建设，实施边境地区县级医院、乡镇卫生院、村卫生室标准化建设，进一步加大医疗卫生基础设施建设支持力度，将边境地区尚未达标的县级医院全部纳入中央支持范围。②大力推进边境地区远程医疗。以边境市、边境县、边境乡镇、边境口岸、交通沿线城镇为重点，加大对边境基层医疗卫生服务机构的对口支援力度，加大东部医院对西部医院的支持力度。③选派国家医疗队加强对边境地区巡回医疗工作，在边境地区部署国家区域卫生应急支队。④完善边境地区疾病防控监测体系，强化紧急医学救援能力，与周边国家在人员培训、联合应急演练、专家互访等方面加强合作，共同组织开展传染病、地方病等防治工作。

（七）就业保障政策

2016 年 2 月，人力资源社会保障部、财政部、国务院扶贫办联合印发《关于切实做好就业扶贫工作的指导意见》。《意见》提出了五项措施，确保贫困落后地区就业工作的平稳推进：①摸清基础信息，各地扶贫部门要在建档立卡工作基础上，切实担负摸查贫困劳动力就业失业基础信息的责任；②促进就地就近就业，各地要积极开发就业岗位，拓宽贫困劳动力就地就近就业渠道，积极组织贫困劳动力从事居家就业和灵活就业；③加强劳务协作，各地要依托东西部对口协作机制和对口支援工作机制，开展省际劳务协作，同时要积极推动省内经济发达地区和贫困县开展劳务协作；④加强技能培训，各地要以就业为导向，围绕当地产业发展和企业用工需求，统筹培训资源，积极组织贫困劳动力参加劳动预备制培训、岗前培训、订单培训和岗位技能提升培训；⑤促进稳定就业，各地要切实维护已就业贫困劳动力劳动权益，指导督促企业与其依法签订并履行劳动合同、参加社会保险、按时足额发放劳动报酬，积极改善劳动条件，加强职业健康保护。

2017 年 1 月，国家发改委印发了《西部大开发"十三五"规划》。《规划》将转移就业作为带动贫困落后地区发展的必由之路,具体而言:①支持处于劳动年龄、有劳动能力和就业意愿的贫困人口转移就业;②增加转移就业培训投入,建立以劳动力市场需求为导向的职业实用技术培训体系;③建立和完善输出与输入地劳务对接机制,统筹做好职业介绍、就业指导和政策咨询等就业服务,引导农村贫困人口就地就近就业和外出就业;④完善劳务输出与输入地医疗保险和社会保障对接机制,逐步解决转移就业人口返乡养老问题。2017年6月,国务院办公厅印发的《兴边富民行动"十三五"规划》针对上述问题进行了更加具体的部署。

2017年4月,人力资源社会保障部办公厅、国务院扶贫办综合司印发了《关于进一步做好就业扶贫工作有关事项的通知》。《通知》主要从以下三方面入手,为2016年《关于切实做好就业扶贫工作的指导意见》的贯彻落实奠定基础:①遴选一批全国就业扶贫基地,充分发挥就业扶贫基地的示范效应,引领带动更多企业吸纳农村贫困劳动力就业;发布就业扶贫基地的用工岗位信息,为各地开展有组织劳务输出、农村贫困劳动力自主求职提供帮助;②深入推进扶贫劳务协作,建立健全劳务协作机制,夯实劳务协作内容,加强工作推动;③大力支持贫困劳动力就地就近就业。同年6月,人力资源社会保障部办公厅、国务院扶贫办综合司公布了全国就业扶贫基地的名单,共涉及1 465家。

2018年9月,国务院印发了《乡村振兴战略规划(2018—2022年)》。贫困落后地区为实现充分就业,需要做到以下几点:

①拓宽转移就业渠道。增强经济发展创造就业岗位能力,拓宽农村劳动力转移就业渠道,引导农村劳动力外出就业,更加积极地支持就地就近就业。发展壮大县域经济,加快培育区域特色产业,拓宽农民就业空间。大力发展吸纳就业能力强的产业和企业,结合新型城镇化建设合理引导产业梯度转移,创造更多适合农村劳动力转移就业的机会,推进农村劳动力转移就业示范基地建设。加强劳务协作,积极开展有组织的劳务输出。实施乡村就业促进行动,大力发展乡村特色产业,推进乡村经济多元化,提供更多就业岗位。结合农村基

础设施等工程建设,鼓励采取以工代赈方式就近吸纳农村劳动力务工。

②强化乡村就业服务。健全覆盖城乡的公共就业服务体系,提供全方位公共就业服务。加强乡镇、行政村基层平台建设,扩大就业服务覆盖面,提升服务水平。开展农村劳动力资源调查统计,建立农村劳动力资源信息库并实行动态管理。加快公共就业服务信息化建设,打造线上线下一体的服务模式。推动建立覆盖城乡全体劳动者、贯穿劳动者学习工作终身、适应就业和人才成长需要的职业技能培训制度,增强职业培训的针对性和有效性。在整合资源基础上,合理布局建设一批公共实训基地。

③完善制度保障体系。推动形成平等竞争、规范有序、城乡统一的人力资源市场,建立健全城乡劳动者平等就业、同工同酬制度,提高就业稳定性和收入水平。健全人力资源市场法律法规体系,依法保障农村劳动者和用人单位合法权益。完善政府、工会、企业共同参与的协调协商机制,构建和谐劳动关系。落实就业服务、人才激励、教育培训、资金奖补、金融支持、社会保险等就业扶持相关政策。加强就业援助,对就业困难农民实行分类帮扶。《规划》将就业政策同产业发展、基础设施建设、教育等相关措施相联系,在"十四五"时期建议继续采用并认真贯彻落实。

此外,一些贫困落后地区在国家的支持下,也形成了针对自身的专项就业计划。比较典型的是国务院于 2011 年 6 月批准的"黔深雨露直通车"计划,其具体内容为:以本人自愿为前提,选择贵州毕节地区的威宁、大方、纳雍 3 个县的 500 名贫困家庭新生劳动力,统一组织到深圳进行学习再就业。

(八)生态环境政策

绿水青山就是金山银山。2017 年 1 月,国家发改委印发了《西部大开发"十三五"规划》。在"十二五"规划的基础上,对于贫困落后地区生态环境保护进行了更为系统的规划:①生态方面,在原有生态工程的基础上,增添了濒危野生动植物抢救性保护工程、三江源生态保护和建设二期工程、祁连山生态保护与综合治理工程、柴达木地区生态环境综合治理工程、农牧交错带已垦草原治理工程;②环境方面,实行资源有偿使用制度,加快自然资源及其产品价格改革,推动环保市场发展,开展用能权、碳排放权、排污权、水权交易试点,并逐步扩大试点范围,同时还要支持具备条件的地区建设区域性碳排放权交易中心。

2017年6月,国务院办公厅印发了《兴边富民行动"十三五"规划》。《规划》在强调加强沿边贫困落后地区生态建设与推进边境地区环境污染治理的同时,指出要筑牢国家生态安全屏障,加快实施以青藏高原生态屏障、黄土高原—川滇生态屏障、东北森林带、北方防沙带等为主体的生态安全战略。在《兴边富民行动规划(2011—2015年)》的基础上进一步细化。2018年9月,国务院印发了《乡村振兴战略规划(2018—2022年)》。《规划》围绕乡村生态环境的保护,提出了以下几点措施:①加快构建以"两屏三带"为骨架的国家生态安全屏障,全面加强国家重点生态功能区保护,建立以国家公园为主体的自然保护地体系;②树立山水林田湖草是一个生命共同体的理念,加强对自然生态空间的整体保护,修复和改善乡村生态环境,提升生态功能和服务价值;③全面实施产业准入负面清单制度,推动各地因地制宜制定禁止和限制发展产业目录,明确产业发展方向和开发强度,强化准入管理和底线约束。

2018年1月,国家发改委、国家林业局等部门印发了《生态扶贫工作方案》。《方案》首次提出了要"大力发展生态产业"。生态产业主要包括生态旅游业、特色林产业、特色种养业,依托和发挥贫困地区生态资源禀赋优势,选择与生态保护紧密结合、市场相对稳定的特色产业,将资源优势有效转化为产业优势、经济优势。

(九)财税金融政策

财税金融政策是精准扶贫政策体系中的重要一环。2013年3月,国务院扶贫办、中国进出口银行印发了《关于深化扶贫金融合作工作的指导意见》。《意见》指出要以政策性金融促进贫困落后地区的发展,带动和帮助当地居民发展生产,实现创收增收。《意见》分以下四方面,说明了政策性金融发展的主要任务:①搭建省级工作平台。在地方扶贫部门与进出口银行之间搭建省级工作平台,建立沟通交流、政策协调、推动落实等工作机制。②多种途径破解融资担保难题。针对扶贫龙头企业融资担保难的问题,积极引入有实力的信用担保公司或各类扶贫产业专项基金为扶贫龙头企业和项目增信。③探索建立项目库。对支持贫困落后地区的项目实行"能进能出,动态调整"。④检索建立企业库。将贫困落后地区产业发展具有明显带动作用的企业列入企业库,作为扶贫金融合作重点扶持对象。

2013 年 8 月,国务院扶贫办印发了《关于开展财政专项扶贫资金自查自纠的通知》。《通知》指出,贫困落后地区的公共财政资金存在被贪污私分、虚报冒领、挤占挪用等问题。为保证公共财政资金落到实处,《通知》提出了四点要求:①领导高度重视。对照贪污侵占、虚报冒领、挤占挪用、公款消费、损失浪费、滞留闲置、随意调项等 7 项检查内容,逐一查找问题。②健全完善制度。对发现的问题,要分析问题产生的深层次原因,要特别注重从制度上、管理上、思想上和领导上查找根源,并举一反三,不断完善和健全扶贫资金管理制度。③强化监管措施。拓宽监管渠道,创新监管手段,建立扶贫资金监督检查的长效机制,形成扶贫资金监管的高压态势。④完善使用机制。完善扶贫资金分配使用方式,着力构建竞争性分配机制,提高资金使用效益。

2013 年 10 月,国务院扶贫办印发了《关于贯彻落实国务院常务会议精神加强财政扶贫资金管理的通知》。对于贫困落后地区而言,扶贫资金是群众的"保命钱",必须筑牢扶贫资金管理使用的"高压线",对贪污侵占挪用等违法违规行为严惩不贷,对扶贫等保民生资金管理中存在的问题要举一反三,确保扶贫资金充分惠及群众,切实发挥好公共财政资金保民生、"兜底线"的重要作用。为实现财政扶贫资金的有效利用,一方面,需要创新资金管理使用方式,结合本地区实际,深入开展调查研究,积极谋划,开展试点,探索经验;另一方面,要主动作为,做好自查自纠工作。同月,国务院常务会议听取了关于加强财政扶贫资金管理的相关情况汇报,贫困落后地区公共财政资金的使用得到进一步规范。

2017年9月,财政部、国务院扶贫办印发了《财政专项扶贫资金绩效评价办法》。《办法》要求:从2018年起,辽宁、江苏、浙江、福建、山东、广东省要按本办法有关要求开展财政专项扶贫资金绩效目标管理工作,率先探索积累经验,中西部省份也要选择未纳入贫困县涉农资金整合试点的若干县开展试点,并结合实际逐步推进。

为帮助贫困落后地区尽快改变社会经济发展相对落后的局面,2019年5月,国务院扶贫开发领导小组下达了《2019年度中央财政专项扶贫资金计划的通知》,将中央财政扶贫资金分配给了各省市,《通知》加大了对深度贫困地区和贫困人口多、贫困发生率高、脱贫难度大的贫困地区、贫困革命老区的支持力度,并对2018年脱贫攻坚成效考核结果综合评价好的省份给予了奖励。

2017年1月,国家发改委印发了《西部大开发"十三五"规划》。《规划》强调,要建立有利于西部大开发的多元化、可持续投融资体制,统筹发挥商业性金融、开发性金融、政策性金融与合作性金融协同作用,形成分工合理、相互补充的金融机构体系,为贫困落后地区经济社会的可持续发展注入动力。

2017年6月,国务院办公厅印发了《兴边富民行动"十三五"规划》。《规划》分别论述了如何发挥财政政策和金融政策对沿边贫困落后地区社会经济发展的支撑作用。

在财政政策方面,充分考虑边境地区特殊需要,加大对边境地区财政转移支付力度,推进地区间基本公共服务均等化;国家退耕还林还草、天然林保护、防护林建设、石漠化治理、防沙治沙、湿地保护与恢复、退牧还草、水生态治理等重大生态工程的项目和资金安排进一步向边境贫困地区倾斜;加大对边境地区基础设施、城镇建设、产业发展、民生保障等方面的支持力度,研究提高对边境地区铁路、民航、能源、信息、生态环境保护、民族文化传承等建设项目投资补助标准或资本金注入比例。

在金融政策方面,鼓励和引导商业性、政策性、开发性、合作性等各类金融机构加大对边境地区的支持。①支持商业性金融机构积极探索开发适合边境地区的金融产品和服务模式,合理调剂和引导信贷资源,加大对边境地区基础设施、改善民生和特色优势产业的支持。②在遵循商业原则及风险可控前提下,对边境地区商业性金融分支机构适度调整授信审批权限,鼓励将更多资源用于服务当地经济社会发展,对边境贫困地区符合条件的金融机构加大扶贫再贷款支持力度。③在边境试点地区稳妥开展农村承包土地的经营权和农民住房财产权抵押贷款试点,探索拓宽农村抵押担保物范围。④创新金融政策工具,向政策性和开发性金融机构提供长期、低成本资金,用于支持边境地区发展。⑤发挥政策性、开发性金融的功能和作用,大力支持边境地区的建档立卡贫困村、贫困户和贫困人口所在区域基础设施建设、特色产业发展和教育医疗发展。⑥协调亚洲基础设施投资银行、金砖国家新开发银行支持边境地区发展,积极发挥双边本币结算协定的作用,扩大边境地区跨境贸易投资中人民币的结算和使用。

2017 年 12 月,中国人民银行、银监会、证监会、保监会出台了《关于金融支持深度贫困地区脱贫攻坚的意见》。《意见》为改善贫困落后地区面貌提出了以下对策:①综合运用货币政策工具,引导金融机构扩大深度贫困地区信贷投放;②改进完善差别化信贷管理,更好地满足深度贫困地区群众合理融资需求;③加强资金筹集使用管理,全力做好深度贫困地区易地扶贫搬迁金融服务;④发挥资本市场作用,拓宽深度贫困地区直接融资渠道;⑤创新发展保险产品,提高深度贫困地区保险密度和深度;⑥优先下沉深度贫困地区金融网点,更加贴近贫困农户需求;⑦推进深度贫困地区信用体系建设,加大信用贷款投放力度;⑧继续发挥经理国库职能,提升深度贫困地区国库服务水平;⑨加强深度贫困地区金融生态环境建设,有效防范金融风险;⑩优化银行业金融机构监管考核,提升银行业金融机构贷款投放的积极性;⑪加强财税金融结合,撬动金融资源更多投向深度贫困地区;⑫完善监测考核评价机制,强化金融精准扶贫政策宣传推广。

为规范贫困落后地区金融服务的运行模式,2018 年 2 月,中国银监会办公厅印发了《关于做好 2018 年银行业三农和扶贫金融服务工作的通知》。《通知》指出,要倾斜资源配置,加大对深度贫困地区金融支持力度,着力做好"三区三州"等深度贫困地区金融服务。银行业金融机构要注重积极配合财政、民政政策实施,结合深度贫困地区实际需求,合理优化网点布局,优先在机构空白的深度贫困县新设网点,积极推动已有网点服务升级,适度下放管理权限。扩大村镇银行县市覆盖面,鼓励和优先支持在深度贫困地区设立"多县一行"制村镇银行,提高村镇银行在深度贫困地区覆盖面。

(十)针对贫困落后地区的帮扶政策

与此同时,考虑到贫困落后地区的具体情况存在差异,2011—2013 年,国家先后出台了一系列针对武陵山片区、乌蒙山片区、秦巴山片区、滇桂黔石漠化片区、六盘山片区、滇西边境片区、大兴安岭片区、燕山-太行山片区、吕梁山片区、大别山片区、罗霄山片区、四省藏区、新疆南疆三地州、西藏自治区等 14 个贫困落后地区的政策文件,从产业、交通、水利、医疗卫生、教育、财政、金融等角度入手,结合当地具体情况,提出了贫困落后地区的发展对策。如表 4.2 所示,表中所有文件的共性措施,可作为"十四五"时期贫困落后地区发展政策的制定依据。

表 4.2　2010 年以来针对具体贫困落后地区的政策文件

出台时间	政策文件名称
2011 年 10 月	《武陵山片区区域发展与扶贫攻坚规划》
2012 年 3 月	《乌蒙山片区区域发展与扶贫攻坚规划》
2012 年 5 月	《秦巴山片区区域发展与扶贫攻坚规划》
2012 年 7 月	《滇桂黔石漠化片区区域发展与扶贫攻坚规划》
2012 年 8 月	《六盘山片区区域发展与扶贫攻坚规划》

续表

出台时间	政策文件名称
2012 年 11 月	《滇西边境片区区域发展与扶贫攻坚规划》
2012 年 11 月	《大兴安岭南麓片区区域发展与扶贫攻坚规划》
2012 年 11 月	《燕山-太行山片区区域发展与扶贫攻坚规划》
2013 年 2 月	《吕梁山片区区域发展与扶贫攻坚规划》
2013 年 2 月	《大别山片区区域发展与扶贫攻坚规划》
2013 年 2 月	《罗霄山片区区域发展与扶贫攻坚规划》
2013 年 2 月	《西藏自治区区域发展与扶贫攻坚规划》
2013 年 4 月	《新疆维吾尔自治区南疆三地州片区区域发展与扶贫攻坚规划》
2013 年 2 月	《甘肃省藏区区域发展与扶贫攻坚规划》
2013 年 5 月	《青海省藏区区域发展与扶贫攻坚规划》
2013 年 9 月	《四川省藏区区域发展与扶贫攻坚规划》
2013 年 9 月	《云南省藏区区域发展与扶贫攻坚规划》

资料来源:作者自行整理。

（十一）精准扶贫政策体系的总结与展望

精准扶贫战略实施以来,我国社会经济发展水平迅速提升,对贫困落后地区的政策扶持臻于完善,逐步形成了支持贫困落后地区的政策体系。在"十四五"时期,应该延续目前政策体系的总体取向,创新政策设计,完善政策的实施效果。

第一,产业支持政策。已有的政策文件大致可以划分为两类:一类是从整体入手,分析各个产业门类的发展思路,并分析各个产业统筹发展的问题;另一类是针对具体的产业门类,分析其在改变贫困落后地区现状中应当如何发挥作用。在"十四五"时期,制定相对贫困落后地区产业发展的规划时,应当遵循"一般+特殊"的思路。具体而言,一方面,要依照西部大开发、兴边富民、乡村振兴相关战略的要求,形成总体规划,涵盖农业、现代能源产业、资源加工产业、装备制造业、战略性新兴产业、现代服务业,为各个产业门类的发展指明方向;另一方面,各职能部门需要根据一般性产业发展规划的总体思路,形成具体产业的发展规划。从目前已有的政策文件来看,农业、旅游业的产业专项发展规划已经颁行,为相对贫困落后地区的发展指明了方向。然而,其他产业门类的专项规划还未见出台,这将是"十四五"时期应当重点推进的工作。因此,已有相关政策文件应当予以保留,在此基础上,着重增添新的产业专项规划。

第二,交通发展政策。已有政策文件对各类交通基础设施的发展方式进行了详细论述,在即将到来的"十四五"时期,交通发展的政策重心在于构建网络化空间格局。网络化空间格局的含义有两点:

①实现公路、铁路、空运、水运等多种交通运输方式的无缝衔接。

②贫困落后地区与国内相对发达地区以及境外有关地区的关联,强化对外经济联系。从目前已有政策文件来看,对于各类交通运输方式的发展思路已经非常明晰,但对于上述"网络化"格局的关注还有待进一步深入,"十四五"时期的相关政策文件在此方面应当予以更新。

第三,水利开发政策。2010年以来的水利开发政策已经非常丰富,对各项水利工程进行了系统性、全局性规划。我国气候类型复杂多样,形成典型的湿润区、半湿润区、半干旱区以及干旱区。对于湿润区和半湿润区而言,防洪减灾工程、农村水电工程是重点;对于干旱区和半干旱区而言,农村饮水安全工程是重点。此外,考虑到我国季风性气候的不稳定性,不论是湿润区还是干旱区,都应大力推进农田水利与生态工程建设,保证农业稳产增产,提升贫困落后地区生态环境的质量。因此,现有政策文件予以保留的同时,还应增添针对具体气候区域的专项水利开发政策。

第四,其他基础设施建设政策。除了交通和水利外,针对贫困落后地区的主要是能源、互联网、公共文化基础设施。在即将到来的"十四五"时期,现有政策文件应当予以保留,并细化建设资金筹措、项目运营管理等方面的规定,在适当情况下引入社会资本,通过 BOT 等形式促进公共基础设施建设投资主体的多元化。

第五,教育帮扶政策。百年大计,教育为本,从目前已有的政策文件来看,学前教育、基础教育、高等教育、职业教育均有涉及,为贫困落后地区教育事业的发展指明了方向。已有文件大多为适龄人群某一阶段的教育提供对策,很少有文件将各个阶段的教育统筹起来考察。在"十四五"时期,需要重点做好各个阶段教育的衔接工作,保证政策的延续性,全面提升贫困落后地区的适龄人群的受教育质量。

第六,医疗卫生政策。已有政策文件对医疗卫生体系的完善做出了诸多有益尝试。在"十四五"时期,应当继续坚持这些文件中的具体战略部署,在此基础上,还需要做到以下两点:一方面,对于相对贫困落后地区而言,地方财政力量有限,需要进一步细化关于医疗卫生事业资金来源的规定,为保障人民群众生命健康安全提供必要的物质支持;另一方面,进一步扩大基本医疗保险的覆盖面,让相对贫困落后地区更多的人群享受补贴力度更大的医疗保险。

第七,就业保障政策。贫困落后地区的人口就业问题一直以来都是政策文件关注的重点,同西部大开发、兴边富民、乡村振兴等国家级发展战略一脉相承。在"十四五"时期,对已有文件应当予以保留,同时要针对创业活动出台更具针对性的政策,培育一批创业孵化平台,加大创业补贴力度,完善创业项目的定期考核机制,响应国家"大众创业、万众创新"的号召。

第八,生态环境政策。已有文件对贫困落后地区生态环境的保护进行了周密部署。在"十四五"时期,原有文件应当予以更新,文件的制定要充分贯彻"绿水青山就是金山银山"的基本理念,对接主体功能区国土空间规划。需要强调的是,"十四五"时期需要重点处理好经济发展和生态环境保护间的关系,必要时对生态涵养区的居民实施搬迁,避免出现因生态保护致贫现象的发生。

第九,财税金融政策。财税金融政策主要是解决推动贫困落后地区社会经济发展过程中的资金筹措问题,贫困落后地区各项工作的开展都离不开资金的支持。鉴于此,建议"十四五"时期应将财税金融政策直接作为各个领域政策部署的一个方面,全面服务支撑与具体政策的实施。

第十,具体的相对贫困落后地区政策。各相对贫困落后地区社会经济发展的具体情况存在差异,但均围绕上述几方面提出了相应的对策,总体思路是一致的。在"十四五"时期,各相对贫困落后地区对已有文件中构建的政策框架应当予以保留,在此基础上更新文件中的具体内容。

三、精准扶贫政策的地方实践研究——基于贫困县案例

"精准"是 2013 年底以来我国扶贫开发工作的重中之重。精准扶贫政策具有较高的实践要求。本章最后通过 2016 年 3 月调研的灵丘县、巴里坤县两个贫困县的案例,探究精准扶贫政策在地方的实施过程。总结精准扶贫进程中贫困县的基础条件、致贫原因、关键举措等。

扶贫工作从国家、区域层面,不断深入到县、村、贫困户。随着精准扶贫工作不断推进,结合案例调研,深入了解精准扶贫政策的地方实践,具有重要意义。本章所选择的调研地点——灵丘县、巴里坤哈萨克自治县(以下简称"巴里坤县")属于国家级贫困县,因其特殊的历史地理原因,新中国成立后,一直是需要国家重点扶持的贫困地区。随着灵丘县、巴里坤县的扶贫工作不断推进,对其扶贫开发规律、扶贫工作经验进行系统总结和科学提升,对于积累典型贫困县工作经验、健全扶贫开发机制具有重要意义。

（一）精准扶贫实践的案例现状

1.发展条件

（1）贫困县往往长期以来受不利自然、经济、社会条件的制约,在客观发展条件上存在共性

贫困县往往长期面临着显而易见的恶劣的自然条件、薄弱的经济条件和不利的社会条件,这些条件在客观上造成了贫困县的贫困面貌。例如,地形条件限制、生态环境恶劣、地理位置偏远等自然条件;经济基础薄弱、基础设施和基本公共服务欠缺、政策环境匮乏、人力资本缺乏等经济条件;特殊的历史、文化、人口等社会条件。这些都会导致贫困县经济发展动力不足,低收入人群集中。从区域上说,我国的贫困县多数属于革命老区、民族地区、边疆地区、集中连片贫困地区,这些地区已经成为扶贫攻坚的重点。

（2）就各个贫困县而言,发展条件却是具体而异

灵丘县和巴里坤县的发展条件虽存在一定共性,但它们在区位条件、地形地貌、产业结构、历史文化、资源赋存、人口结构、风土人情等方面又有各自不同的特征。灵丘县处于山西省东北部、京津冀邻域,行政面积 2 730 平方千米。灵丘县地貌以山地、丘陵为主(分别占 85.5%、8%),历史上曾属晋察冀边区抗日革命根据地,农业人口占比高(占 24 万总人口中的 20 万)。2014 年,灵丘县地区生产总值为 31.7 亿元。当地矿产资源丰富,支柱产业金属矿产业态势低迷,产业转型成为经济工作重点。巴里坤县地处新疆东北部边境、天山山脉东段,行政面积广阔,达 36 901 平方千米,山地、戈壁占全县 66%,处于高寒地带。在巴里坤县,哈萨克族占 11 万人总人口的 35%。2014 年,全县地区生产总值为 46.3 亿元,广阔的天然草场和丰富的煤炭、芒硝等矿产资源,使农牧业、煤矿能源业成为其支柱产业。巴里坤县留有西汉的西域都护府、清代的屯垦戍边等历史遗存,其自然条件、民族文化等方面的特殊性是扶贫工作的关注点。

(3) 近年来,贫困地区受惠于国家政策资源的大力扶持,基础设施建设和公共服务的持续加强,形成了良好的脱贫条件

随着国家政策向贫困地区的倾斜,贫困县的生产生活条件和政策环境已经得到改善,贫困县的发展条件、发展机遇与过去十年相比已经截然不同。调研案例中灵丘县、巴里坤县两个贫困县,已经开始走出经济发展的制约,积极挖掘和调动自身特色,它们在资源赋存、自然风光、区位条件、特色产业、民族文化等方面的优势日益显现。

2.致贫原因

(1) 绝对贫困人口在过去是扶贫的主要对象

灵丘县、巴里坤县都是基于农民人均纯收入,开展扶贫开发建档立卡工作。2015 年,灵丘县认定的贫困村为 115 个,贫困村占比 45%。全县建档立卡的贫困人口为 3.11 万人,占总人口的 15%。2015 年,巴里坤县全县确定扶贫开发重点村 14 个,占比 30%。全县核实建档立卡贫困人口 7 703 人,占总人口的 7.3%。两个贫困县都表现为贫困村多、贫困人口覆盖面广的特点。尽管在经济相对发达的地区,"相对贫困"已经在一定程度上进入扶贫视野,但在全面脱贫前,以灵丘县、巴里坤县为代表的中国大部分贫困县,扶贫目标仍是消除"绝对贫困"。

(2) 从个体层面上看,致贫原因不一而足

除了前文讨论的地方发展条件因素,调研发现,因病致贫、因残致贫、因上学致贫、因灾致贫、因缺乏生产技能致贫、因缺劳动力致贫、因缺乏资金和生产资料致贫等都是导致个体贫困的主要类型。在灵丘县,因病致贫、因结婚导致贫困的现象尤为突出。而在巴里坤县,因缺乏资金和生产资料致贫占据主要比例(高达 71.5%),已经严重影响 18~35 岁青年贫困劳动力的脱贫。

（3）贫困不是一个单纯的收入问题，更多深层的原因值得关注

贫困县面临的往往是多维度的贫困。在贫困县"收入贫困"的表象之后，还包含着地区知识资源稀缺、人力资本匮乏的"能力贫困"，年轻人缺乏就业机会和机会平等、社会排斥、话语权缺失等"权利贫困"，这些都成为新时期扶贫工作的关注热点。此外，还有许多拓展的贫困概念，例如人文贫困、认知贫困等未反映在调查问卷和统计数据中。例如，特殊的文化观念、农村的传统思想、年轻人视野狭隘等都对实现脱贫造成了影响。

（二）精准扶贫政策的经验总结

1.因地制宜发展特色产业

因地制宜发展特色产业，成为实现脱贫最富有成效的措施。灵丘县在支柱产业金属、矿产行业低迷的形势下，积极推动产业转型升级，发展新产业、新业态。尤其是灵丘县发挥农业优势，鼓励传统农业向有机农业、生态农业转型，并结合"互联网＋"模式发展涉农电商。灵丘县还结合地方特色，规划建设了八大园区。积极发展有机农业和农业科技园、新材料新能源珍珠岩加工产业、民用航空、光伏产业园、平型关文化园和生态旅游等项目，因地制宜盘活县域经济，带动贫困户脱贫。

巴里坤县通过牲畜养殖、食用菌种植、旅游扶贫等项目，依靠特色产业带动地方经济发展。已有的项目有健坤牧业财政扶贫牲畜托管分红项目、45 万平方米食用菌种植项目、巴里坤湖景区建设项目，以及刺绣机计划、退耕还草、挤奶大厅等项目。巴里坤县有 7 703 名建档立卡贫困人员，通过发展生产脱贫的人数达到 5 200 人。

值得称道的是，作为贫困县特色产业的农业，在扶贫开发中呈现了一、二、三产业融合发展的态势。两个贫困县通过发展有机农产品、农产品加工、生态旅游等，使农业与旅游、健康养生深度融合，拓宽了贫困户的增收渠道。

2.开拓创新新思路新模式

一些贫困县的扶贫工作中出现了新的思路和亮点。

(1)电商扶贫

灵丘县在团中央的帮助下,将地处京津冀邻域的区位优势与"互联网+"的扶贫模式结合,拓展产品和服务的空间。灵丘县构建了两大平台:一是有机农产品 C2C 平台,发展涉农电商。通过物流流程再造,大大缩短农产品运输时间,使灵丘县的农产品能当天到达京津冀客源地。二是家政服务 O2O 平台,结合对本地贫困妇女的职业技能培训,帮助她们去北京从事家政工作,通过劳动力输出实现脱贫。

(2)财政扶贫资金托管分红

根据《中华人民共和国国民经济和社会发展第十三个五年规划纲要》,要"探索资产收益扶持制度,通过土地托管、扶持资金折股量化、农村土地经营权入股等方式,让贫困人口分享更多的资产收益"。灵丘县车河有机社区建设项目,对上、下车河村进行整体改造,发展有机种养业、建设生态旅游设施和新型农居,使得两村 182 人实现整体脱贫。该项目的最大特色在于通过托管的方式,促进了农业产业化,农民可获得分红、在企业打工、农舍出租等多项收入,更符合"增加贫困户的资产性收入"的中央精神。在巴里坤县,财政扶贫资金通过国企托管形式,增加农牧民的资产性收入。健坤牧业财政扶贫牲畜托管分红项目,到 2015 年 6 月已经完成了 1 000 余户特困群体牲畜托管分红发放。

3.推进多种渠道多项工程

灵丘县调动多方力量,开展多种渠道多种方式的扶贫工作。开展扶智政策,着力于解决教育不足、思想观念落后、人力资本不足的问题;与发达地区开展合作,每年选派青年干部去发达地区对调学习;进行整村搬迁,改善山区居住条件恶劣的居民的生产生活条件;发挥团中央等机构和当地致富带头人的扶贫带动作用,在团中央的带动下,灵丘县的涉农电商、家政服务项目成为扶贫工作的亮点。在致富带头人带领下,一部分农民学习大棚蔬菜种植,显著提高了收入。

巴里坤县的扶贫方式多样且富有特色。通过基础设施改造,提高生产生活质量,推进安居富民房建设、饮水管道工程、三塘湖镇防洪坝、高效节水滴灌工程、高标准农田建设、防渗渠道、通村油路、县社会福利中心建设。开展生态扶贫,巴里坤县的很多地方属于限制发展区,根据草场占有面积开展草原生态补偿,将国家转移支付的生态补偿资金落实到人。巴里坤县还设置贫困村临时工、生态管护员等岗位解决部分贫困人口的就业。

4.强调政策执行精准到位

要提高扶贫政策的精准性,提升实施效果,必须真正做到因贫施策。贫困县需要结合当地的自然、社会、经济条件,以及各贫困户产生贫困的具体原因,展开具有针对性的扶贫政策。例如,巴里坤县的扶贫工作中,"精准"已经成为其扶贫工作的突出成绩。巴里坤县精准确定了52个"补短板"项目,使精准扶贫的政策效果大大加强。巴里坤县坚持"一村一法、一户一策、一人一计"的菜单式扶贫,根据每个村、户、人的不同实际,制订不同的计划、措施、方案,使扶贫精准地实施到村到户到人。巴里坤县还结合"访汇聚"活动开展扶贫工作,扶贫工作深入一线群众,并确立了地区和地直部门领导干部联系人和党员干部联系人,严格落实扶贫的工作责任制。

5

扶贫开发战略与政策评价

一、"八七扶贫攻坚计划"政策评价

"八七扶贫攻坚计划"是我国历史上第一个有明确目标、明确对象、明确措施和明确期限的扶贫开发行动纲领。1994 年,国务院提出了在 1994 年到 2000 年 7 年左右的时间里,基本解决当时全国农村存在的 8 000 万贫困人口温饱问题的工作纲领,即《国家八七扶贫攻坚计划》。以该计划的公布实施为标志,我国的扶贫开发进入新的攻坚阶段:在这七年时间里,全国范围内开展了有组织、有计划、大规模的扶贫工作,实现了扶贫方式从救济式扶贫向开发式扶贫的转变。经过多方努力,到 2000 年底,"八七扶贫攻坚计划"目标基本实现,中国的扶贫开发取得了巨大成就,全国农村有 2.2 亿贫困人口基本解决了温饱问题。

(一) 总贫困人口与贫困发生率不断下降

"八七扶贫攻坚计划"覆盖范围广,针对超过 8 000 万贫困人口开展了全方位的扶贫工作。自"八七扶贫攻坚计划"开展以来,我国农村总贫困人口数量与贫困发生率(表 5.1 和图 5.1)均呈现显著下降态势:农村尚未解决温饱问题的贫困人口由 1978 年的 2.5 亿人减少到 2000 年的 3 108 万人,农村贫困发生率从 30.7% 下降到 3.4%。总的来说,"八七扶贫攻坚计划"很大程度上解决了农村贫困人口的温饱问题。

表 5.1　"八七扶贫攻坚计划"部分年份扶持贫困户数、人口数

指标名称	单位	1997 年	1998 年	1999 年	2000 年
当年扶持贫困户数	户	6 192 776	6 693 596	6 076 556	5 994 792
当年扶持贫困人口	人	29 648 488	23 640 987	25 384 939	23 583 187

数据来源:《中国农村贫困监测报告》。

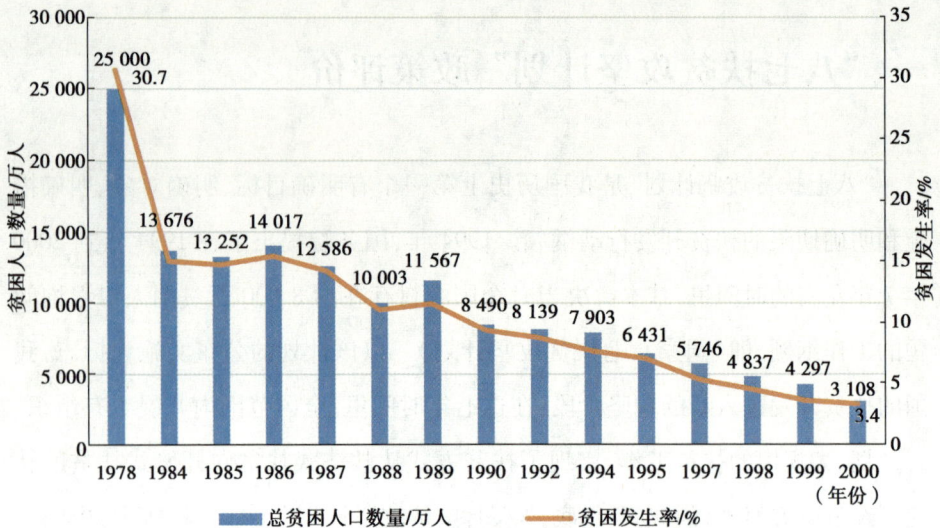

图 5.1 1978—2000 年我国农村总贫困人口数量及贫困发生率

数据来源:《中国农村贫困监测报告》。

此外,"八七扶贫攻坚计划"还着力解决了一些老大难的集中连片贫困地区的温饱问题。沂蒙山区、井冈山区、大别山区、闽西南地区等革命老区群众的温饱问题已经基本解决,一些偏远山区和少数民族地区的经济面貌也有了很大的改变。历史上"苦瘠甲天下"的甘肃定西地区和宁夏的西海固地区,经过七年开发建设,基础设施和生产条件明显改善,农民收入显著提升,贫困状况大为缓解。

(二)人均收入与财政收入大幅提升

"八七扶贫攻坚计划"执行期间,我国贫困地区经济发展速度明显加快。国家重点扶持贫困县农业增加值增长 54%,年均增长 7.5%;工业增加值增长 99.3%,年均增长 12.2%;地方财政收入增加近 1 倍,年均增长 9.19%(表5.2);农民人均纯收入增高,从 488 元增加到 1 338 元,年均增长16.1%,赶上甚至赶超了全国农民人均收入的增长水平。[①]

---

① 根据国家统计局数据计算,1993—2000 年全国农民人均收入年均增长 13.8%。

表 5.2　贫困地区财政收入与人均收入变化（总体情况）

指标名称	单位	1993 年	2000 年	2000 年比 1993 年增减	
				绝对数	%
一、财政收入	万元	—	4 212 733	—	—
其中:地方财政收入	万元	1 489 323	2 755 108	1 265 785	85.0
财政支出	万元	2 625 971	6 950 188	4 324 217	164.7
二、城乡居民储蓄存款余额	万元	8 415 461	32 436 301	24 020 840	285.4
城镇职工年平均人数	人	9 449 577	8 858 396	−591 181	−6.3
城镇职工人均工资	元	2 431	6 613	4 181	172.0
农村居民人均纯收入	元	488	1 338	850	174.2

注:"—"表示缺相关数据。

数据来源:《中国农村贫困监测报告》。

　　从贫困县的人均收入来看,到扶贫攻坚计划结束的 2000 年,大部分贫困县的人均收入较 1993 年大幅上升(图 5.2),且超越贫困线标准,得以摆脱了贫困县的称号。在财政收入方面,七年间多数贫困县的财政收入都翻了至少一番,个别贫困县甚至达到了原有水平的 25 倍之多(图 5.3)。

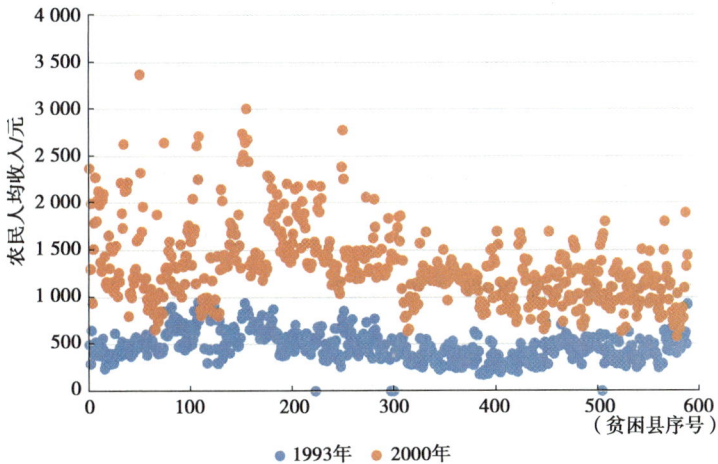

图 5.2　贫困县农民人均收入(分县情况)

数据来源:《中国农村贫困监测报告》。

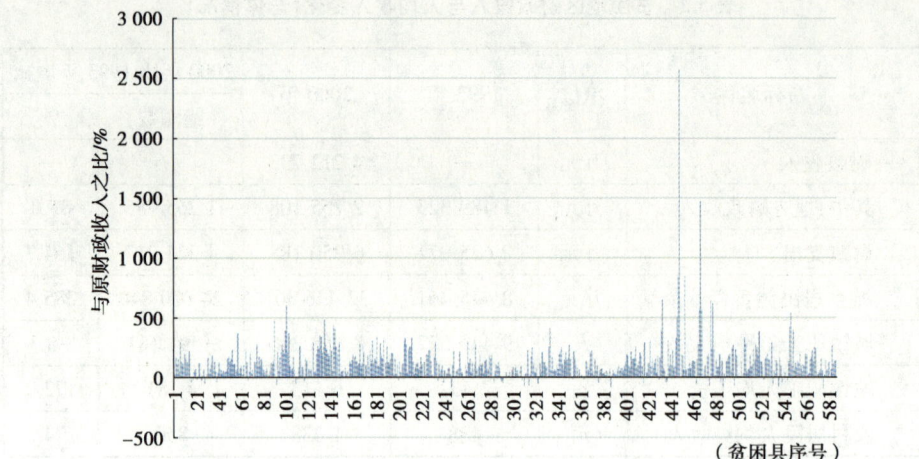

图 5.3　贫困县财政收入增速

数据来源:《中国农村贫困监测报告》。

(三)主要农产品产量提升、农村生活条件改善

在"八七扶贫攻坚计划"推行的 7 年,中国贫困县新增农作物总播种面积 171 万公顷(表 5.3),新建一大批农业基础设施,并大力推广一大批先进农业机械与农业实用技术、农药地膜使用技术,农民种田的科学化水平明显提高(表 5.4),农村生活条件得到了极大改善(表 5.5)。这带动了贫困地区第一产业迅猛发展(图 5.4),主要农产品产量不断迈上新台阶(图 5.5),粮食总产量年均增长率达到了 3.42%,第一产业对经济增长的贡献率不断提高。同时贫困地区民众的生产生活条件明显改善,到 2000 年底,贫困地区通电、通路、通邮、通电话的行政村分别达到 95.5%、89%、69% 和 67.7%。

表 5.3　贫困县农产品播种面积与产量变化

指标名称	单位	1993 年	2000 年	2000 年比 1993 年增减	
				绝对数	%
农作物总播种面积	公顷①	31 806 460	33 513 423	1 706 963	5.4
粮食作物播种面积	公顷	19 022 421	24 462 317	5 439 896	28.6
粮食总产量	吨②	64 200 433	81 228 829	17 028 396	26.5
油料产量	吨	2 999 039	4 602 109	1 603 070	53.5
棉花产量	吨	349 739	427 456	77 717	22.2
糖料产量	吨	8 665 408	11 278 221	2 612 813	30.2
水果产量	吨	3 631 969	7 827 212	4 195 243	115.5
肉类产量	吨	5 506 633	10 749 899	5 243 266	95.2

数据来源:《中国农村贫困监测报告》。

表 5.4　贫困县农业基础设施与技术变化

指标名称	单位	1993 年	2000 年	2000 年比 1993 年增减	
				绝对数	%
农业机械总动力	万千瓦特	4 182	7 287	3 105	74.2
化肥使用量(折纯量)	吨	4 448 264	6 157 176	1 708 912	38.4
农药使用量	吨	82 861	136 432	53 571	64.7
地膜使用量	吨	63 281	147 228	83 947	132.7
农村用电量	万千瓦小时	934 395	1 641 152	706 757	75.6

数据来源:《中国农村贫困监测报告》。

---

① 1 公顷 = 10 000 平方米。

② 1 吨 = 1 000 千克。

表 5.5　农村生活条件改善情况

指标名称	单位	1997 年	1998 年	1999 年	2000 年
新增基本农田	公顷	644 254.4	630 860.5	764 034.5	602 423.3
新增公路里程	千米	54 516.7	55 390.8	67 394.6	45 996.3
新增经济林	公顷	756 966.8	556 708.8	778 841.3	654 677
当年解决饮水人数	人	9 041 948	8 956 647	6 817 918	6 131 419
当年解决饮水困难牲畜头数	头	8 140 767	8 076 276	6 134 233	5 839 804

数据来源:《中国农村贫困监测报告》。

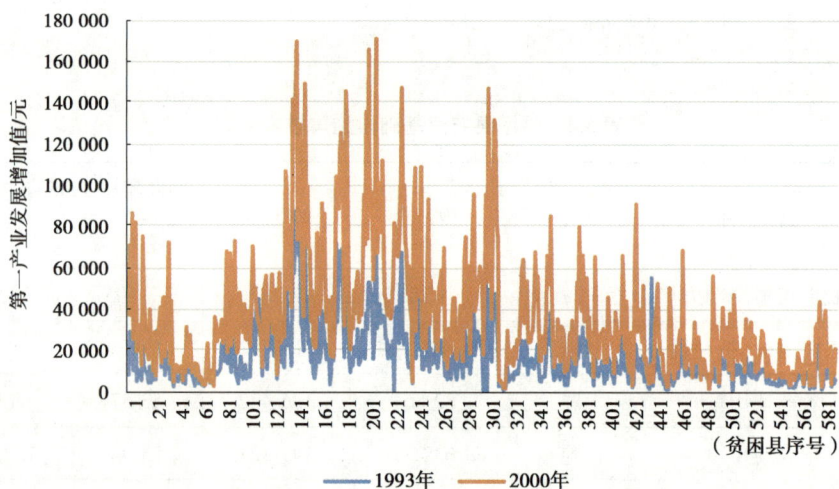

图 5.4　贫困县第一产业发展增加值

数据来源:《中国农村贫困监测报告》。

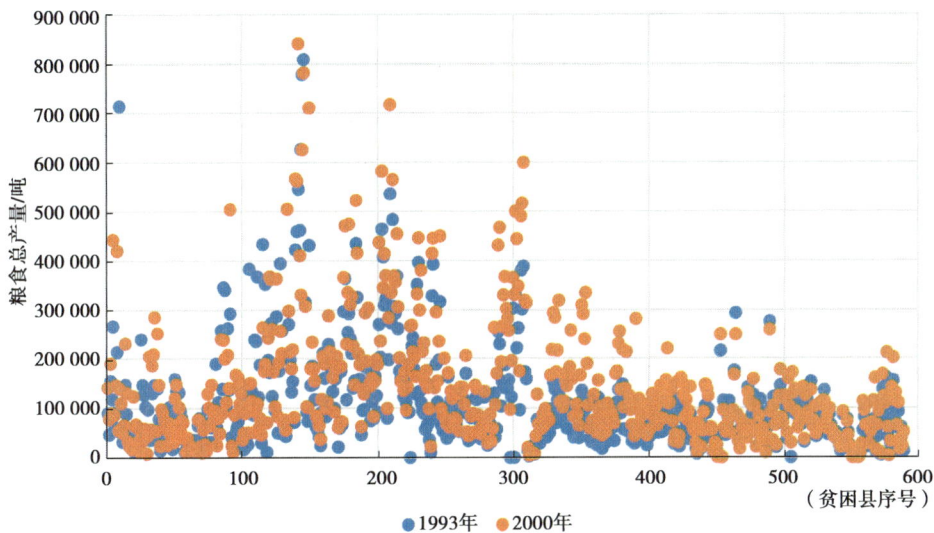

图 5.5　部分贫困县粮食总产量变化情况

数据来源:《中国农村贫困监测报告》。

(四)各项社会事业得到迅速发展

在教育方面,贫困地区的办学条件得到改善,592 个国家重点扶持贫困县中有 318 个贫困县实现基本普及九年义务教育和基本扫除青壮年文盲的目标,普通中学与小学在校生数量、教师配置均呈现上升趋势(表 5.6),意在通过关注少年儿童成长来阻断贫困的代际传递。此外,职业教育和成人教育也发展迅速,有效地提高了劳动者素质和就业技能。

然而,从表 5.6 中可以看到,小学与中学学生数量仍有较大的缺口,这说明在贫困地区小学毕业后就辍学的情况仍时有发生,九年义务制教育尚未能全部落到实处。从表 5.6 中还能发现小学数量的下降,这说明了小学机构精简、教育资源集中的趋势。虽然教育资源的集中有利于提高学校综合实力,但贫困地区、偏远地区的学龄儿童入学较过去变得更加困难了。

在医疗方面,大多数贫困地区乡镇卫生院得到改造或重新建设,缺医少药的状况得到缓解,一大批受过专业培训的医疗卫生技术人员取代了原先遍布农村的赤脚医生(表5.7),为贫困地区的民众提供专业化的医疗服务。

表 5.6　扶贫重点开发县教育事业发展情况

年份	普通中学发展情况			小学发展情况		
	学校数	教师数	学生数	学校数	教师数	学生数
1993	13 015	46.4	242	182 418	113.0	1 036
1994	14 795	46.4	326	192 348	114.7	1 202
1995	14 481	46.4	350	190 374	113.2	1 202
1996	14 362	51.2	371	188 042	110.6	1 229
1997	14 154	53.7	366	179 749	110.1	1 201
1998	14 905	55.7	428	171 849	110.2	1 263
1999	13 606	59.4	460	167 539	113.3	1 231
2000	13 914	62.7	507	162 493	113.3	1 202

注:①教师数指每万人配备专职教师数;

　　②学生数指每万人在校学生数。

数据来源:《中国农村贫困监测报告》。

表 5.7　扶贫重点开发县卫生医疗事业发展情况

年份	医院、卫生院床位数/万床	医院、卫生院技术人员数/万人
1994	28.9	—
1995	28.6	—
1996	29.7	—
1997	30.7	39.3
1998	30.6	40.1
1999	30.8	40.6
2000	30.8	42.6

注:1997 年前医院、卫生院技术人员数统计指标缺失。

数据来源:《中国农村贫困监测报告》。

（五）部门扶贫卓有成效

在"八七扶贫攻坚计划"的实施中,党政机关定点扶贫机制发挥了巨大的作用,各党政部门一方面投入大量扶持资金(表5.8),另一方面发挥自身特点和部门优势,利用当地资源,因地制宜开辟脱贫致富新路子,取得了较为显著的成效。

表5.8 "八七扶贫攻坚计划"部分年份扶贫资金使用情况

指标名称	单位	1997 年	1998 年	1999 年	2000 年
一、扶贫投资总额	万元	1 928 929.6	2 193 634.9	2 601 669.6	2 429 431.8
1.中央扶贫专项贷款	万元	671 860.3	698 179.4	1 118 347.8	1 042 525.6
2.扶贫专项贷款回收再贷	万元	89 273.1	86 595.7	134 895	160 259.4
3.中央财政扶贫资金	万元	130 568.6	194 570.6	229 945.5	276 880.2
4.省地财政扶贫资金	万元	105 185.6	89 550.4	97 334.5	89 720.4
5.地方财政为中央配套资金	万元	63 434.5	52 947.7	36 762.4	40 855
6.国家以工代赈资金	万元	271 305.1	358 741.7	393 431	385 658.9
7.地方为国家以工代赈资金配套资金	万元	137 900	151 432.6	148 974.6	121 400.6
8.接受各种捐款	万元	110 058.8	220 517.4	82 806.1	59 653.8
其中:希望工程捐款	万元	30 609.4	15 282.4	12 282	7 481.8
9.利用外资	万元	174 288.2	167 302.6	188 477.1	182 919.6
10.其他资金	万元	143 525.6	173 797.2	170 695.7	69 558.8
二、实际扶贫投资总额	万元	1 566 226.3	1 769 429.9	2 238 285.3	2 157 943.5
其中:用于项目建设	万元	962 071.5	1 103 932.8	1 323 491.2	1 319 941.2
农广直接贷款	万元	337 994.7	360 632.9	633 410.5	594 613.4

续表

指标名称	单位	1997 年	1998 年	1999 年	2000 年
按行业分:1.农业	万元	656 877.1	741 399.9	1 037 068.9	984 087.9
其中:种植业	万元	322 165.9	349 511.7	497 828.9	471 068.8
林业	万元	69 664.1	80 850.6	105 179.2	100 660.3
牧业	万元	205 364.3	243 015.5	330 765.9	293 389.5
渔业	万元	24 391.7	16 616.8	33 538.2	24 940.3
2.工业	万元	335 218.9	285 666.2	385 605.7	321 517.1
其中:农副产品加工	万元	125 330.6	85 314.2	141 451.4	118 419.4
3.交通运输业	万元	79 890.9	121 294.6	133 176.5	143 816
4.贸易餐饮业	万元	9 908.4	19 092.2	26 114.3	27 509.9
5.卫生教育	万元	71 950.1	74 860.6	75 759.4	76 365.5
6.其他	万元	412 381.1	525 910.8	580 560.7	604 648
其中:基本农田建设	万元	145 593.4	198 498.9	223 370.2	199 405.6
人畜饮水工程	万元	82 469.8	91 185	93 740.2	111 286.6
道路修建	万元	79 091.3	88 964.8	90 666.6	99 840.2
培训及推广	万元	11 384.5	14 312	18 740.1	24 542.6
三、向其他地区输出劳动力人数	人	14 765 176	14 280 745	16 614 325	19 126 642
其中:向外省输出劳动力人数	人	8 643 581	8 210 344	8 702 530	11 238 565
四、项目经营总收入	万元	1 822 493.5	1 598 534.3	1 801 204.6	20 288 809.9
项目利税总额	万元	366 166.1	330 537.6	320 906.4	393 178.2
项目形成固定资产	万元	529 658.8	469 549.8	483 179.8	551 819.3
当年项目吸收贫困户劳动力	人	4 405 659	3 491 118	3 163 827	3 052 405

数据来源:《中国农村贫困监测报告》。

农田水利方面,农业部在武陵山区重点开展农业技术推广扶贫,培育新型杂交抗旱抗虫品种,提高粮食产量;水利部则侧重于在贫困地区建设小型农田水利工程与农村水利水电工程,在人畜饮水、水土保持方面提供技术上的援助。

医疗卫生方面,卫生部在四川等地大力推进基层卫生医疗机构的建设,以控制地方传染疾病;还分批次派遣了大量医务人员前往中西部贫困地区县级医院进行重点帮扶,从而提升贫困地区医务人员的整体水平,缓解贫困群众看病难问题。

交通方面,交通运输部通过下拨车辆购置税资金,支持特困地区国道、省道建设,并着力修建贫困山区道路、隧道桥梁等工程,解决了大批群众的出行难题。

建设用地方面,国土资源部通过实施增减挂钩项目,大力推进贫困地区土地整治工作,大大改善贫困县耕地质量与生产生活条件;在编制下达全国土地利用计划时,对贫困地区给予倾斜,优先保障易地扶贫搬迁、小城镇和产业集聚区建设用地需求,推动了贫困地区的产业发展。

(六)地区对口帮扶硕果累累

在"八七扶贫攻坚计划"执行的七年里,我国初步形成了多层次、多形式、全方位的扶贫协作和对口支援格局,区域发展差距扩大的趋势得到逐步扭转,西部贫困地区、革命老区扶贫开发取得重大进展。在西部地区城乡居民收入大幅提高、基础设施显著改善、综合实力明显增强的同时,国家区域发展总体战略得到有效实施,区域发展协调性增强。

"闽宁模式"是我国在"八七扶贫攻坚计划"中探索出的扶贫协作新路径。1996年,中央确定福建对口帮扶宁夏。在攻坚过程中,闽宁双方建立联席推进、结对帮扶、产业带动、互学互助、社会参与的扶贫协作机制,每年定期召开对口扶贫协作联席会议,确定了把扶贫开发作为重心、产业协作扶贫作为关键、生态环境改造作为基础、激发内生动力作为根本的扶贫方案,扎实推进扶贫工作开展。到 2010 年,已有数以万计的闽商在宁创新创业,几万宁夏贫困群众在福建稳定就业,为推动宁夏经济社会发展发挥了重要作用。

(七)国际组织在华扶贫力度显著提升

国际机构与中国扶贫部门的直接合作始于 1990 年国务院扶贫办与世界银行联合开展的中国农村贫困问题研究。在"八七扶贫攻坚计划"实施期间,大量国际 NGO 和慈善机构进入中国,扶贫领域的国际交流与合作显著提升。它们带来了大量先进的扶贫经验和技术,增加了扶贫开发投入总量,有利于我国推动扶贫理论创新、制度创新,提高扶贫项目管理水平,促进扶贫项目的可持续发展。

在国际组织之中,最有代表性的是世界银行。多年来,它一直是与中国扶贫系统合作开展项目最多、援助规模最大的国际组织。它通过资助大规模的综合性扶贫开发项目(如西南扶贫开发工程)和直接提供技术援助(如黄土高原水土保持项目)的方式,协助贫困地区脱贫。而早在 1979 年 9 月就已经进入中国的联合国开发计划署,则努力探寻通过合理利用而非牺牲自身文化遗产来提升生活水平的脱贫之路,与地方政府合作开展将传统与创新相结合的减贫项目,注重在扶贫工作推进中对地方文化特性的保护。值得一提的是,联合国开发计划署还致力于确保这些扶贫项目的长期可持续性,将工作重心集中在带动少数民族社区成员态度转变之上——"从要我做,到我要做",使他们能够利用获得的知识和技能实现可持续发展。此外,意在利用社会力量推动农村自组织机构发展,组织起农户为主体的新型社区,从而协助贫困人口改善生活的乐施会也广泛活跃在中国贫困村地区。

二、十年扶贫的评价

经过十年(2001—2010年)的扶贫开发,我国扶贫工作取得了可喜的成就,主要表现在贫困人口的减少和贫困发生率的下降。虽然十年扶贫开发工作取得了可喜的成就,但是却无法忽视扶贫工作效益越来越低和贫困人口脱贫越来越难的现状。因此,我们需要对过往十年扶贫开发存在的问题予以总结,以期能通过对过去经验的总结而能对未来的扶贫工作提供指导。

(一)十年扶贫开发的成就

①贫困人口的减少。按国家公布的绝对贫困标准衡量,我国贫困人口从2000年的3 209万人减少到了2008年的1 004万人,绝对贫困人口减少了2 205万人,平均每年减少275万人,贫困人口平均每年减少速率为15%。

②贫困发生率下降。以绝对贫困指标衡量,中国农村的贫困发生率从2000年的3.5%下降到2008年的1%,农村扶贫工作成就显著。

③扶贫重点贫困县。按低收入指标衡量,扶贫重点县的低收入人口从2002年的4 828万人减少到了2010年的1 693万人,贫困人口年均减少391万人。扶贫重点县的贫困发生率从24.3%下降到8.3%,表明贫困已经得到有效缓解。

(二)十年扶贫政策中存在的问题

①扶贫理念问题。虽然资金短缺问题一直是扶贫工作中面临的重点问题,但是还有比资金短缺更为棘手的问题。在十年扶贫开发中,地方政府往往会认为扶贫工作是对扶贫对象的救济和施舍,认为贫困对象是政府的包袱和负担。而贫困主体会因为自己的贫困现状而感到自卑,从而减弱其与外界交流和发挥

自主脱贫能动性的意愿。

②扶贫质量的问题。由于地方政府扶贫评价标准主要为贫困人口和贫困发生率,所以部分地方政府为了提高政绩,在扶贫目标上只注重数量而轻质量,注重短期效益而轻视长期效益,因此导致了贫困群体呈现大进大出的态势。这主要表现为政府始终将工作和扶贫资金的重点放在提高贫困主体的短期收入上,而对其自身发展能力的提高不够重视,例如地方政府的扶贫资金用于农业推广、农村基础设施建设等。但是,地方政府忽略了培养贫困主体自身发展能力和自主能动性,例如对贫困主体及贫困主体下一代的医疗、教育等不够重视。因此,即使解决了温饱问题,每年仍有 20%~30% 的农户返贫。根据《中国农村贫困监测报告 2011》可以看出,2010 年扶贫资金 19% 用于基础设施建设,23.7% 用于改善农民生活条件,社会服务资金仅占 2.6%。因此,对地方政府扶贫开发成绩的考核需要重新确立,督促地方政府注重扶贫质量和树立扶贫长期理念。

③过分重视政府的行为,忽视市场力量和社会力量。长期以来,我国在扶贫攻坚中以政府行为为主,在某种程度上也产生了对政府的"依赖行为",而政府也恰恰充当了家长的角色,这导致在扶贫开发中对市场和社会扶贫的忽视。从实际情况来看,政府大包大揽无法从源头上解决贫困问题,因此需要市场和社会力量的介入。

④重视贫困县贫困村,而轻视贫困户。在十年扶贫攻坚计划中,虽然政府已经意识到了贫困县的财政资金无法全部用于解决贫困户的问题,从而确立了 14.8 万个贫困村,期望将扶贫对象从贫困县转移到贫困村。但是,考虑到政府扶贫资金的投入渠道是以县为单位,所以很大程度上导致了扶贫财政资金无法真正有效用于贫困户上,而且处于非贫困县的人口也会因为项目只瞄准贫困县而失去援助。

⑤注重资本输入而忽视人力资本挖掘。十年扶贫攻坚期间以资本输入为主,而轻视对人力资本开发。根据《中国农村贫困监测报告 2011》可知,在 2010

年,全国贫困县扶贫资金投入中只有2.6%用于人力资本提升方面,而这些资金中1.7%用于资助儿童入学和扫盲教育,0.9%用于技术推广和培训。人力资本培养资金投入不足可能会造成有自主脱贫意愿的贫困户无法通过自身能力而脱贫。

(三)十年扶贫机制中存在的问题

①在扶贫对象上没有形成动态的精准的识别和瞄准机制。在十年扶贫攻坚中,扶贫瞄准的对象主要为贫困村,而没有精确瞄准到贫困户身上。在国家确定的贫困县中,实际上平均只有27.8%的农村人口生活在贫困线下。因此,这种资金瞄准使用很可能会出现资金漏出现象,况且这还不考虑贫困乡政府对资金的挪用。此外,即使扶贫资金落实到贫困村,也是基本用于贫困村基础设施改造和危房改造等工程中。例如,《中国农村贫困监测报告2011》统计,有42.7%的扶贫资金用于农村基础设施建设和贫困户生活条件改善上。此外,还存在项目选择偏离贫困目标的行为。在扶贫资金使用中,基本上是资金跟着项目走。在十年扶贫攻坚中,贫困村先确定项目,然后根据项目政府每年划拨资金。由于贫困农户处于弱势地位,这种方法很可能会给富裕农民带来很大的收益,而将贫困户排除在外。根据数据分析,以工代赈更有利于人口较多的村,而人口较少的村不容易得到项目。

②在扶贫资金项目选择中,还没有形成多元化、突出重点的机制。地方政府在扶贫资金的项目选择上较为单一,过多的资金用在了基础设施建设和贫困户生活条件改善上,致使真正对农户收入有长久增加的项目投入不足。中央政府划拨资金用途较为严格,从而导致基层政府资金使用缺乏灵活性,因此对用于增加农户经营性收入的项目投资不足。况且,扶贫资金以工代赈投入比例很大,但这些项目缺乏营利性和持久性,贫困村的那些致富带头人的项目可能因为资金短缺而无法产生带动效应。因此,政府扶贫资金使用要根据区域和贫困

县实际情况灵活调整,以便真正发挥资金效力。

③在扶贫内容上重视改善供给,轻视刺激需求。根据扶贫项目资金使用可以看出,在十年攻坚中扶贫资金主要用于改善人民生活条件、贫困村基础设施和以工代赈中,这些资金主要是用于改善贫困户生活条件和居住条件,实际上是改善供给。这些资金无法拉动区域经济的发展,从而只是输血而无法给贫困区域产生造血功能。因此,扶贫资金只能发挥短期效益,无法产生长期效益。

三、精准扶贫政策评价

(一)全国贫困问题显著改善

1.全国贫困标准不断提升,贫困人口下降

改革开放以来,我国贫困人口不断下降,贫困标准线不断提高。从 1978 年的 100 元上升到 2010 年的 2 300 元。根据 2010 年的贫困线标准,1978 年的贫困人口数量高达 77 039 万人,贫困发生率为 97.5%,2010 年为 16 567 万人,贫困发生率为 17.2%,到 2013 年,降至 8 249 万人,贫困发生率为 8.5%。2013 年底,根据贫困人口减少的现状和扶贫工作的精细化要求,国家实施了精准扶贫战略,各级各政府部门将扶贫作为一项重要的政治任务重点攻坚克难,取得了重大成就。到 2019 年底,贫困人口降至 551 万人,贫困发生率降至 0.6%。

2.贫困地区经济社会和生产生活条件改善

贫困地区经济、财政收支额、居民储蓄存款余额及金融机构各项贷款额的增速都大于全国平均水平。如表 5.9 所示,2011—2019 年,贫困地区生产总值增速大于全国 1.2%,财政收入年均增速超过全国 5.3%,公共财政支出增速超过

全国 2.4%,居民储蓄存款和金融机构各项贷款余额年均增速分别超过全国 3.4%和 4.9%。

表 5.9 贫困地区经济财政和金融发展情况

	单位	2011年	2012年	2013年	2014年	2015年	2016年	2017年	年均增长率/%	
									贫困地区	全国
地区生产总值	亿元	36 637	42 491	47 773	52 357	55 607	60 214	64 605	9.9	8.7
第一产业增加值	亿元	8 979	10 197	11 108	11 910	12 668	13 347	13 451	7.0	6.1
第二产业增加值	亿元	16 019	18 804	21 082	22 560	22 463	23 776	25 256	7.9	5.5
第三产业增加值	亿元	11 641	13 490	15 583	17 887	20 477	23 091	25 897	14.3	12.1
公共财政收入	亿元	1 833	2 345	2 987	3 348	3 561	3 897	4 083	14.3	9.0
公共财政支出	亿元	10 427	13 023	14 612	16 172	18 811	20 529	22 616	13.8	11.4
居民储蓄存款余额	亿元	23 414	28 729	33 710	38 771	44 250	50 585	56 019	15.6	12.2
年末金融机构各项贷款余额	亿元	16 759	20 889	25 863	30 557	36 195	42 747	47 945	19.1	14.2

数据来源:贫困地区数据来自《中国农村贫困监测报告 2019》,全国数据根据国家统计局数据计算整理。

实施精准扶贫以来,贫困地区的农业、工业和医疗保健事业得到较快发展。如表 5.10 所示,农业机械总动力 2017 年比 2013 年增长 11.9%,畜牧养殖和经济型作物产量提升,油料产量增加 10.3%,肉类总产量增长 4.8%。工业企业单位数量 27.5%,规上工业总产值增长 44.2%。医疗方面,医疗机构床位数增长 40.1%,各种社会福利收养性单位床位数增长 15.9%。

表 5.10　2013—2017 年我国贫困地区第一、二产业及医疗保健事业发展情况

指标名称	单位	2013 年	2014 年	2015 年	2016 年	2017 年	增长率/%
一、农业生产情况							
农业机械总动力	万千瓦特	23 427	24 662	25 740	25 514	26 210	2.8
粮食总产量	万吨	13 689	13 813	14 041	13 931	14 012	0.6
油料产量	万吨	885	890	920	954	977	2.5
肉类总产量	万吨	2 318	2 423	2 422	2 402	2 430	1.2
二、工业生产情况							
规模以上工业企业单位数	个	25 287	27 226	30 187	30 508	32 248	6.3
规模以上工业总产值	亿元	45 125	51 809	54 497	60 087	65 074	9.6
三、医疗保健							
医疗卫生机构床位数	万床	86	96	104	111	121	8.9
各种社会福利收养性单位数	个	9 372	10 202	10 421	10 314	10 169	2.1
各种社会福利收养性单位床位数	万床	69	78	81	82	80	3.8

数据来源:《中国农村贫困监测报告 2019》。

3.扶贫重点县和集中连片特困区贫困状况好转

扶贫重点县和集中连片特困地区的贫困发生率和贫困人口数量持续下降。如表 5.11 和表 5.12 所示,到 2019 年,全国扶贫重点县的贫困发生率降至 1.5%,贫困人口由 2011 年的 6 112 万人降至 2019 年的 307 万人。连片特困区贫困发生率由 20% 降至 1.5%(表 5.13)。截至 2019 年 5 月中旬,全国共有 436 个贫困县脱贫摘帽,占全部贫困县的 52.4%。

表 5.11　2011—2019 年扶贫重点县分地区农村贫困发生率

单位:%

地区	2011 年	2012 年	2013 年	2014 年	2015 年	2016 年	2017 年	2018 年	2019 年
合计	29.2	24.4	20.2	17.5	13.7	10.5	7.6	4.3	1.5
河北	28.5	24.1	21.7	19.8	14.1	10.5	7.4	3.9	0.7
山西	28.8	23.8	21.8	18.8	14.3	11.0	7.9	4.7	1.2
内蒙古	24.5	19.7	16.1	13.4	9.3	6.6	4.8	1.9	0.8
吉林	20.4	14.6	13.6	12.9	10.8	9.0	6.8	4.1	1.6
黑龙江	28.1	3.3	20.7	21.7	17.9	12.4	8.3	4.9	0.6
安徽	20.7	18.1	15.9	13.0	10.8	8.1	5.7	3.0	0.9
江西	31.9	26.4	19.4	15.5	12.2	8.6	6.3	3.2	0.8
河南	22.5	18.0	15.1	12.1	9.6	7.9	6.1	3.4	1.3
湖北	28.7	24.3	17.7	14.8	12.0	9.6	6.4	3.8	1.3
湖南	37.5	29.2	22.6	22.4	16.6	12.3	9.3	5.0	1.9
广西	28.7	22.0	20.7	15.8	14.0	9.4	7.4	4.6	1.8
海南	19.2	12.2	12.5	15.9	14.4	11.2	8.1	3.7	—
重庆	13.5	12.3	10.3	9.7	7.9	4.0	2.0	1.3	—
四川	27.9	23.1	19.9	17.0	11.9	8.5	5.6	3.2	1.5
贵州	35.4	29.2	25.1	20.1	16.0	12.6	9.0	5.6	1.8
云南	36.2	30.7	24.9	22.8	18.7	15.5	11.4	6.7	2.3
陕西	26.2	22.3	19.6	17.1	13.7	10.5	7.2	3.9	1.2
甘肃	45.1	38.6	29.9	26.3	20.1	16.4	12.5	7.3	2.8
青海	30.8	24.5	21.3	16.8	15.6	10.3	7.6	3.6	2.1
宁夏	22.4	17.4	16.1	14.4	11.1	8.7	6.5	3.4	1.4
新疆	30.7	24.0	17.1	19.5	15.7	13.0	9.7	6.6	2.1

注:"—"表示缺相关数据。

数据来源:《中国农村贫困监测报告》。

表 5.12　2011—2019 年扶贫重点县分地区农村贫困人口

单位:万人

地区	2011 年	2012 年	2013 年	2014 年	2015 年	2016 年	2017 年	2018 年	2019 年
河北	358	304	274	235	167	124	87	46	9
山西	160	134	123	104	79	61	44	26	6
内蒙古	153	134	110	95	66	46	34	13	6
吉林	22	16	15	14	12	10	8	4	2
黑龙江	93	79	70	73	61	42	28	17	2
安徽	395	311	296	248	205	155	108	57	16
江西	317	268	201	159	129	90	67	34	9
河南	488	391	324	264	218	181	138	78	30
湖北	326	278	203	169	137	110	73	43	14
湖南	379	299	232	208	168	124	94	51	19
广西	252	193	183	143	125	84	66	41	16
海南	15	10	9	12	11	9	6	3	—
重庆	116	103	97	83	68	35	17	11	—
四川	384	320	275	236	165	117	77	44	21
贵州	722	622	535	440	353	279	200	124	40
云南	782	672	543	469	380	316	232	136	47
陕西	312	266	231	188	151	116	80	43	13
甘肃	602	514	395	346	265	217	164	96	37
青海	61	53	46	36	27	18	13	6	4
宁夏	47	36	33	30	23	18	13	7	3
新疆	127	103	84	97	83	69	52	35	11
合计	6 112	5 105	4 279	3 649	2 893	2 219	1 603	915	307

注:"—"表示缺相关数据。

数据来源:《中国农村贫困监测报告》。

表 5.13　2013—2019 年十四个片区贫困发生率

单位:%

片区名称	2013 年	2014 年	2015 年	2016 年	2017 年	2018 年	2019 年
六盘山区	24.1	19.2	16.2	12.4	8.8	5.6	2.6
秦巴山区	19.5	16.4	12.3	9.1	6.1	3.6	1.0
武陵山区	18	16.9	12.9	9.7	6.4	3.8	1.7
乌蒙山区	25.2	21.5	18.5	13.5	9.9	6.2	2.0
滇黔桂石漠化区	21.9	18.5	15.1	11.9	8.4	5.3	1.4
滇西边境山区	20.5	19.1	15.5	12.2	9.3	5.8	2.3
大兴安岭南麓山区	16.6	14	11.1	8.7	6.6	3.5	0.7
燕山-太行山区	17.9	16.8	13.5	11	7.9	4.5	1.2
吕梁山区	21.7	19.5	16.4	13.4	8.4	4.6	1.4
大别山区	15.2	12	10.4	7.6	5.3	3	1.0
罗霄山区	15.6	14.3	10.4	7.5	5	3.2	1.0
西藏区	28.8	23.7	18.6	13.2	7.9	5.1	1.4
四省藏区	27.6	24.2	16.5	12.7	9.5	5.6	1.8
南疆四地州	20	18.8	15.7	12.7	9.1	5.9	1.7
全部片区	20	17.1	13.9	10.5	7.4	4.5	1.5

注:2013—2017 年数据来自《中国农村贫困监测报告》,2018 年和 2019 年数据由作者根据地区数据
　　测算。

进一步以各县、市、区统计公报、政府工作报告为基础,补充省、市、州统计
年鉴数据,并用年增长率补齐少量缺失数据,从而获取了除西藏区、新疆南疆三
地州及四省藏区的玛曲县、河南蒙古族自治县、兴海县、都兰县和冷湖镇外的 12
个片区 577 个县域 2015—2018 年的可支配收入数据。根据这些数据,对我国集
中连片贫困区情况进行分析。

片区县之间人均可支配收入的最大值是最小值的 5 倍多,2015 年为 5.31,2018 年为 4.97,呈下降态势。片区内部的最大、最小值差异在 1.01～1.42,小于片区之间的差异。差距最大的是四省藏区和六盘山区,差距最小的是吕梁山区和六盘山区。片区内部差异基本呈现缩小的态势,如四省藏区内 2015 年、2018 年农村居民人均可支配收入的比值分别为 3.55 和 2.35。可以看出,片区县的收入差距正在缩小。片区县农村人均可支配收入分布也呈纺锤形结构,但这种情况将很快有所改变。由表 5.14 可知,2015—2020 年,低收入级别的连片数减少,中、高收入级别的连片数量增加。

表 5.14　577 个连片县农村人均可支配收入分布

收入分级	2015 年	2016 年	2017 年	2018 年	2020 年
大于 10 000 元	26 个	66 个	162 个	314 个	487 个
5 000～10 000 元	529 个	500 个	409 个	264 个	87 个
5 000 元以下	22 个	11 个	6 个	4 个	3 个

数据来源:根据相关年份的《中国县域统计年鉴》和各县(市、区)统计公报或政府工作报告整理。表 5.15—表 5.27 的数据来源与此同。

集中连片贫困的农村人均收入分配情况呈现较明显的聚集和空间梯度分布态势,其中收入较高的多来自四省藏区,较低的主要来自吕梁地区。2018 年收入末 10 名中有 8 名来自吕梁山区,分别为:吉县、岚县、临县、兴县、汾西县、永和县、大宁县、石楼县(另外 2 名是来自六盘山区的东乡族自治县和积石山保安族东乡族撒拉族自治县)。从 2015 年至 2018 年,片区县的收入有明显的变化,2018 年的收入最高水平远高于 2015 年,更多县域迈入 1 万元以上的收入范围内。按照现有的人均可支配收入增长率计算,到 2020 年,将有更多县域农村居民人均可支配收入超过 1.5 万元,个别县将超过 2 万元。

表 5.15—表 5.27 是除西藏区和新疆南疆三地州外的集中连片贫困区县农村居民人均可支配收入情况。可以看出,2018 年,多数片区的人均可支配收入

比 2015 年有较大的提升。

表 5.15　六盘山区农村人均可支配收入分布

六盘山区收入分级	2015 年	2018 年
4 000~6 000 元	19 个	2 个
6 000~8 000 元	29 个	21 个
8 000 元以上	13 个	38 个

表 5.16　秦巴山区农村人均可支配收入分布

秦巴山区收入分级	2015 年	2018 年
4 000~6 000 元	7 个	0 个
6 000~8 000 元	28 个	7 个
8 000 元以上	40 个	68 个

表 5.17　武陵山区农村人均可支配收入分布

武陵山区收入分级	2015 年	2018 年
4 000~6 000 元	6 个	0 个
6 000~8 000 元	39 个	3 个
8 000 元以上	19 个	61 个

表 5.18　乌蒙山区农村人均可支配收入分布

乌蒙山区收入分级	2015 年	2018 年
4 000~6 000 元	0 个	0 个
6 000~8 000 元	30 个	1 个
8 000 元以上	8 个	37 个

表 5.19　滇桂黔石漠化区农村人均可支配收入分布

滇桂黔石漠化区收入分级	2015 年	2018 年
4 000~6 000 元	3 个	0 个
6 000~8 000 元	53 个	2 个
8 000 元以上	24 个	78 个

表 5.20　滇西边境山区农村人均可支配收入分布

滇西边境山区收入分级	2015 年	2018 年
4 000~6 000 元	5 个	0 个
6 000~8 000 元	27 个	5 个
8 000 元以上	24 个	51 个

表 5.21　大兴安岭南麓山区农村人均可支配收入分布

大兴安岭南麓山区收入分级	2015 年	2018 年
4 000~6 000 元	2 个	0 个
6 000~8 000 元	13 个	3 个
8 000 元以上	4 个	16 个

表 5.22　燕山-太行山区北部农村人均可支配收入分布

燕山-太行山区北部收入分级	2015 年	2018 年
4 000~6 000 元	7 个	0 个
6 000~8 000 元	11 个	3 个
8 000 元以上	4 个	19 个

表 5.23　燕山-太行山区南部农村人均可支配收入分布

燕山-太行山区南部收入分级	2015 年	2018 年
4 000~6 000 元	2 个	0 个
6 000~8 000 元	9 个	4 个
8 000 元以上	0 个	7 个

表 5.24　吕梁山区农村人均可支配收入分布

吕梁山区收入分级	2015 年	2018 年
4 000~6 000 元	11 个	8 个
6 000~8 000 元	2 个	5 个
8 000 元以上	7 个	7 个

表 5.25　大别山区农村人均可支配收入分布

大别山区收入分级	2015 年	2018 年
4 000~6 000 元	0 个	0 个
6 000~8 000 元	1 个	0 个
8 000 元以上	35 个	36 个

表 5.26　罗霄山区农村人均可支配收入分布

罗霄山区收入分级	2015 年	2018 年
4 000~6 000 元	0 个	0 个
6 000~8 000 元	20 个	0 个
8 000 元以上	3 个	23 个

表 5.27　四省藏区农村人均可支配收入分布

四省藏区收入分级	2015 年	2018 年
4 000~6 000 元	18 个	0 个
6 000~8 000 元	16 个	16 个
8 000 元以上	43 个	61 个

(二)贫困地区居住条件显著优化

精准扶贫以来,在相关政策的引导和支持下,中央财政对农村危房改造补助资金的倾斜力度不断加大。2014—2016 年,农村危房改造资金占扶贫投资的比重为 6.5%~7.7%。2016 年,中央财政预算安排的农村危房改造补助资金266.9 亿元,用于支持各地完成 314 万户贫困农户危房改造任务,重点加大低保户、农村分散供养特困人员、贫困残疾人家庭和建档立卡贫困户四类群体的扶持。2017 年,扶贫办实施贫困户危房改造 190 万户,中央补助标准由户均 8 500元提高到 1.4 万元。2018 年,完成 115 万户建档立卡贫困户危房改造任务,中央和地方补助力度加大。一系列政策措施及资金支持为贫困地区农户最基本的住房安全等问题提供了保障,贫困地区住房条件及居住环境得到明显改善。

1.户均住房面积增加,住房质量显著提高

2018 年,贫困地区农村居民户均居住面积 145.1 平方米(图 5.6),相较 2014年增加 18.3 平方米,年均增加 4.6 平方米;居住钢筋水泥混凝土房或砖混材料房的农户比重为 67.4%,相较 2014 年增加 18.8 个百分点,年均增加 4.7 个百分点。

居住竹草土坯房的农户比重不断下降。如图 5.7 所示,2019 年全国农村贫困地区居住竹草土坯房的农户比重仅为 1.2%,相较 2014 年下降 5.4 个百分点;连片特困地区和扶贫重点县也明显下降,2019 年居住竹草土坯房的农户比重分别为 1.2% 和 1.3%,相较 2014 年分别下降 5.8 和 5.7 个百分点。

图 5.6　农村贫困地区农户住房情况

数据来源:《中国农村贫困监测报告》。

图 5.7　居住竹草土坯房的农户比重

数据来源:《中国农村贫困监测报告》。

分省份来看,22 个省份中已有 16 个省份居住竹草土坯房的农户比重降至 2.0%及以下;新疆、内蒙古、吉林、宁夏、黑龙江下降较为明显,2019 年相较 2014 年分别下降 22.0%、16.3%、15.3%、15.0%和 11.9%。连片特困地区中,大别山区和南疆四地州已无农户居住在竹草土坯房中。

2.农村饮水安全巩固提升

农村饮水困难以及饮食安全是农村生活的首要问题,水利脱贫实施以来,农村饮水取得了很大的成效。贫困地区饮水无困难的农户比重从 2013 年的 81% 增加到 2019 年 95.9%(图 5.8),比重有了很大的提升,但仍存在将近 4% 的农民存在饮水困难的问题。

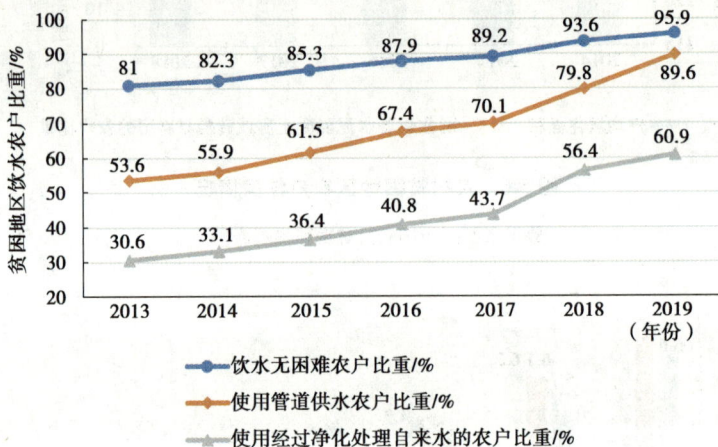

图 5.8 贫困地区农村安全饮水情况

数据来源:《中国农村贫困监测报告》。

饮水安全方面,贫困地区使用管道供水的农户比重从 2013 年的 53.6% 增加到 2019 年的 89.6%,年均增长速度为 6%。尽管增长速度较快,但仍存在较大比重的农户未使用管道供水,直接从自然界取饮用水,有较大的安全隐患。贫困地区使用经过净化处理自来水的农户比重从 2013 年的 30.6% 增加到 2019 年的 60.9%,年均增长率为 5.05%。尽管增长速度很快,但是绝对水平很低,有将近五分之二的农民无法使用经过净化处理的自来水。

3.贫困居民的居住环境不断改善

所在自然村垃圾能集中处理的农户比重明显提升。如图 5.9 所示,2019 年全国农村贫困地区所在自然村垃圾能集中处理的农户比重为 86.4%,相较 2014 年增加 51.2%,年均增长超过 10%;2014 年,连片特困地区和扶贫重点县所在自然村垃圾能集中处理的农户比重均低于整体水平,经过 5 年的建设,2019 年基本与全国农村贫困地区整体水平接近。分省份来看,22 个省份中 11 个省份占比超过全国平均水平,其中江西和河南表现较为突出,自然村垃圾能集中处理的农户比重分别为 98.4% 和 97.7%;河南、重庆、新疆增长较为明显,2019 年相较 2015 年分别增长 59.6%、59.2% 和 50.9%。连片特困地区中,罗霄山区垃圾能集中处理的农户比重最高为 97.8%。

图 5.9　所在自然村垃圾能集中处理的农户比重

数据来源:《中国农村贫困监测报告》。

独用厕所的农户比重稳定增加。如图 5.10 所示,2019 年全国农村贫困地区独用厕所的农户比重为 96.6%,相较 2014 年增加 3.5%;连片特困地区 2014 年独用厕所的农户比重低于整体水平,5 年间增加 4.0% 达到 96.5%;扶贫重点县 5 年间增加3.7%,2019 年与全国农村贫困地区水平接近。分省份来看,22 个省份中 16 个省份占比接近或超过整体水平,其中黑龙江、吉林和重庆表现较为突出,独用厕所的农户比重分别为 99.6%、100% 和 99.7%;海南增长较为明显,2018 年相较 2014 年增加 29.4%。连片特困地区中,南疆四地州独用厕所农户比重最高为 99.0%。

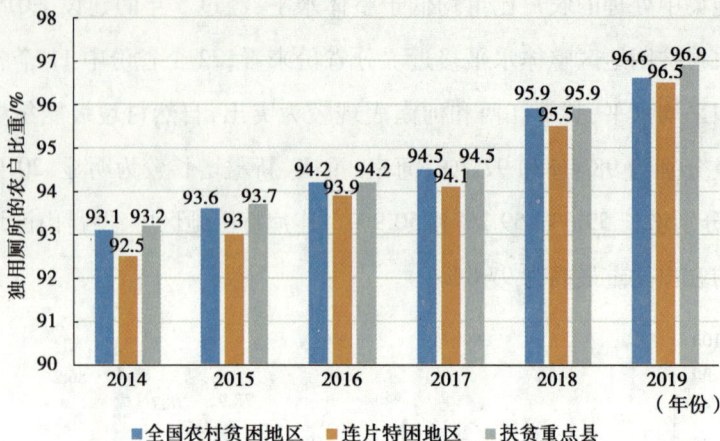

图 5.10　独用厕所的农户比重

数据来源:《中国农村贫困监测报告》。

(三)交通基础设施建设水平显著提高

1.铁路建设扶贫、运输扶贫双管齐下

国家重点支持中西部地区铁路建设,一大批路网干线、大能力通道、国土开发性铁路陆续开工建设或建成投产。截至 2015 年底,中西部地区铁路营业里程为 9.22 万千米(西部地区 4.8 万千米),占全国的 76.2%,其中高铁 1.27 万千米(西部地区 4 424 千米),占全国的 64.1%。2016 年,国家在中西部及连片贫困地区累计完成基建投资 4 435 亿元,新线投产 2 954 千米,其中高铁 1 694 千米。2017 年以来,中西部地区新开工铁路项目投资规模占全国的 30%,14 个集中连片特困地区新开工项目投资规模占全国的 22%。中西部地区持续大规模铁路建设,不仅拉动了当地经济发展,也为改善这些地区发展环境和条件提供了重要支撑。与此同时,铁路运输注重国家铁路的公益性运输优先原则,在对贫困地区的旅游开发、重点货物运输、农民工运输等方面的倾斜力度不断增大。

2.高速公路网络日渐完善

高速公路能够将贫困地区接入国家交通的大动脉中,是带动贫困地区快速发展的重要条件。经过多年的努力,贫困地区的高速公路建设成效显著。例如,2015 年,贵州率先在西部地区实现县县通高速。2019 年末,四川秦巴山集中连片贫困地区实现县县通高速公路。

3.农村公路建设成就巨大

农村公路是贫困地区通向外界首要渠道,农村公路建设是扶贫中的重点内容,近年取得了很大的成就。如图 5.11 所示,2013 年贫困地区所在自然村通公路的农户比重为 97.8%,到 2018 年已经发展为 100%,实现了贫困地区农村通公路的全覆盖,为农民出行提供了基础保障。

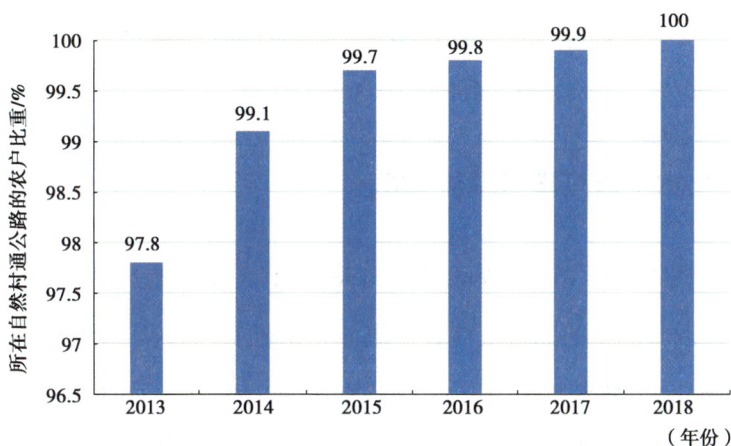

图 5.11　2013—2018 年贫困地区所在自然村通公路的农户比重

数据来源:《中国农村贫困监测报告》。

注:2018 年已经为 100%,2019 年亦是如此。

农民出行条件逐步改善。如图 5.12 所示,2013 年贫困地区所在自然村进村主干道路硬化的农户比重不足 90%,截至 2019 年底,贫困地区 99.4%的乡镇和 98.8%的建制村通了硬化路,农民出行的条件得到了极大的改善,有效解决了贫困地区"出行难"问题。截至 2019 年底,贫困地区农村 98%的乡镇和 94%的建制村通客车。贫困地区所在自然村能便利乘坐公共汽车的农户比重从 2013 年的 56.1%增加到 2019 年的 75.8%,农民出行的便利程度不断增加。

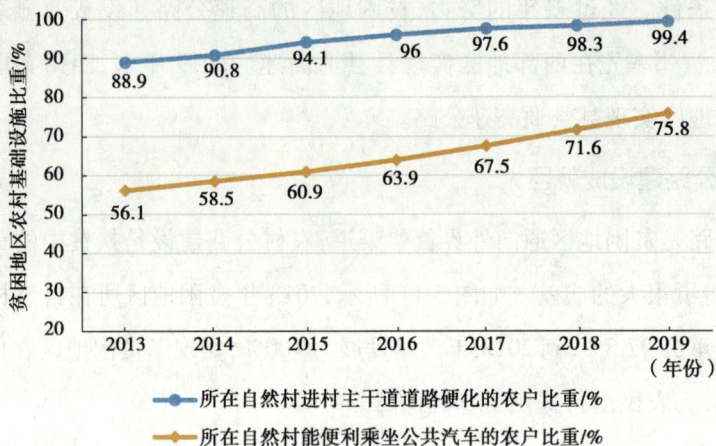

图 5.12　2013—2019 年贫困地区农村交通设施情况

数据来源:《中国农村贫困监测报告》。

(四)信息化水平提高丰富脱贫模式

为落实"宽带中国"战略,工信部通过持续实施"通信村村通工程"和宽带中国年度专项行动,不断完善电信普遍服务补偿机制,深入实施贫困村信息化工作,进一步缩小"城乡数字"鸿沟。支持包括燕山-太行山片区在内的集中连片特困地区宽带发展,提高农村信息化水平,积极推进连片特困地区已通电行政村的通信基础设施建设。2016 年,工信部、财政部组织实施了两批电信普遍服务试点工作,并将优先支持贫困地区、革命老区作为一项重要标准。共支持包括集中连片特困地区、革命老区等重点区域在内的 184 个地市开展试点,部署了 10 万个行政村网络光纤到村建设和升级改造,其中包括约 3.1 万个建档立卡贫困行政村,中央财政和企业投资超过 300 亿元,一年内部署的行政村通宽带建设任务超过了"十二五"时期任务总和。继续实施"宽带中国"示范城市创建,通过示范引领带动贫困地区宽带建设发展,2016 年共支持罗霄山、大别山、武陵山、乌蒙山、秦巴山和六盘山和西藏等集中连片特困地区的 11 个地市作为示范城市。2018 年,工信部组织试点示范部署电信普遍服务试点工作,协调中央财政和电信企业累计投入 500 多亿元,对特殊贫困地区加大财政补贴比例,共支持 13 万个行政村(其中建档立卡贫困村 4.3 万个)宽带网络通达和改造升级。同时,积极配合有关部门推进教育、医疗、电子商务等领域的宽带应用,联合卫健委推进"互联网+健康扶贫"试点;配合教育部开展农村学校联网攻坚行动。2018 年,发改委安排中央预算内投资支持农村信息基础设施建设,并统筹推动落实,配合中央网信办等部门印发《2018 年网络扶贫工作要点》,组织召开2018 年全国网络扶贫工作视频会议、全国深度贫困地区网络扶贫工作现场推进会暨网络扶贫凉山行活动。

1.宽带网络实现贫困地区大规模覆盖

截至 2018 年 6 月底,12.29 万个建档立卡贫困村中已有 11.5 万个实现宽带网络覆盖,覆盖率达到 94%,已提前超额实现《"十三五"脱贫攻坚规划》宽带网络覆盖目标。2019 年底,农村贫困地区通宽带的农户比重达到 97.3%,相比2015 年增长 25.5%,年均增长 6.4%(图 5.13)。

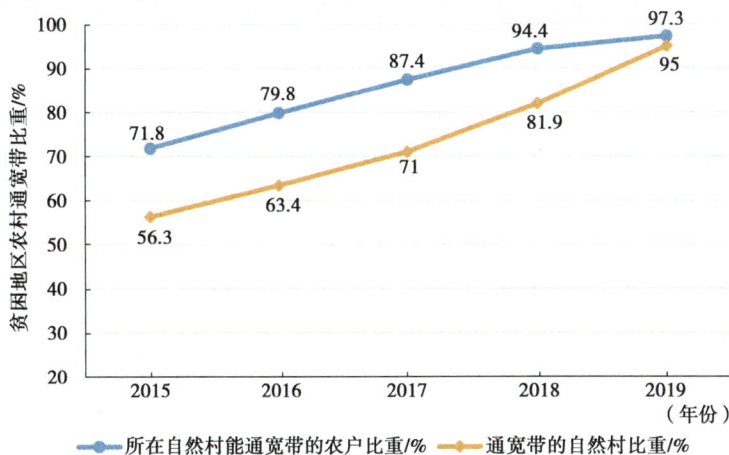

图 5.13　农村贫困地区通宽带情况

数据来源:《中国农村贫困监测报告》。

分省来看,大部分省份贫困地区通宽带的农户比重均在 90%以上,吉林、黑龙江、湖北、新疆已经实现宽带农户全覆盖,河北和安徽的宽带农户覆盖率也较高,分别为 99.8%和 99.1%;海南、四川、西藏、宁夏相较 2015 年覆盖率得到较大程度提高,增长均在 40%以上,尤其是西藏宽带覆盖率增加速度尤为显著,2015 年通宽带的农户比重仅为 6%,在 2019 年,行政村宽带覆盖率就达到了 100%。14 个连片特困地区中,10 个地区宽带覆盖率已经达到 90%以上,西藏区、乌蒙山区、四省藏区和吕梁山区虽未达到 90%以上的覆盖率,但是近年来保持了较快的增长,2015 年至 2018 年年均分别增加 20.5%、12.3%、8.8%和 6.1%。

2.大部分地区实现电话全覆盖

截至 2018 年,农村贫困地区通电话的农户比重达到 99.9%(图 5.14),相比 2014 年增长 0.7%;通电话的自然村比重达到 99.2%,相比 2014 年增长4.0%。分省来看,除西藏和青海外,其他地区均已达到电话全覆盖,西藏和青海通电话的农户比重分别为 98.8%和 95.9%;云南、内蒙古和陕西相比 2014 年覆盖率得到较大程度提高,分别增加 12.9%、12.5%和 12.3%。连片特困地区中,除西藏区和四省藏区外,其他地区均已达到电话全覆盖,四省藏区通电话的农户比重最低,为 95.4%。

图 5.14 农村贫困地区通电话情况

数据来源:《中国农村贫困监测报告》。

3.有线电视信号覆盖率稳步提升

截至 2018 年,农村贫困地区通有线电视信号的农户比重达到 98.3%(图 5.15),相比 2014 年增长 9.6%,年均增长 2.4%;通有线电视信号的自然村比重达到 88.1%,相比 2014 年增长 13.1%,年均增长 3.3%。分省来看,除西藏和青海外,其他地区有线电视信号农户覆盖率均在 97% 以上,西藏和青海通有线电视信号的农户比重较低,分别为 82.3% 和 75.5%;海南增长尤为明显,从 2015 年的 67.4% 到 2018 年增加 32.6%,农户覆盖率达到 100%。连片特困地区中,大兴安岭南麓山区和南疆四地州已经实现有线电视信号农户全覆盖,其他地区覆盖水平整体较高,四省藏区覆盖率较低为 85.3%。

图 5.15　农村贫困地区通有线电视信号情况

数据来源:《中国农村贫困监测报告》。

4.电商产业发展迅速

通信基础设施建设为贫困地区居民提供了连接世界、实现脱贫致富的重要渠道。推动了农村电商产业的发展,通过发展农村特色产业扶贫,增强贫困地区内生动力,电子商务网点的运营,能够吸收各类贫困人口就业。2018 年,国家级贫困县在阿里巴巴平台网络销售额超过 630 亿元。其中,超过 100 个贫困县网络销售额达到或超过 1 亿元。截至 2018 年底,拼多多平台注册地址为国家级贫困县的商户数量超过 14 万家,年订单总额达 162 亿元,预计带动当地物流、运营、农产品加工等新增就业岗位超过 30 万个,累计触达并帮扶 17 万建档贫困户。

此外,通信基础设施的建设促进远程教育、远程医疗、电子政务等服务的推广普及,使城市优质教育、医疗等公共服务资源加快向贫困地区延伸。

6

区域协调发展与脱贫攻坚

一、区域协调发展理论及影响因素

(一)区域协调发展理论

区域经济发展是区域内总产出不断增加、区域产业结构及空间结构不断优化、区际引力与辐射能力不断提高的过程。区域经济发展强调的是在特定的地域空间上的经济发展,具有时间与空间相结合的特殊属性。

2020年,我国现行标准下农村贫困人口实现脱贫,贫困县全部摘帽,区域性整体贫困得到解决。但不可否认,刚刚摆脱绝对贫困并不意味着贫困落后地区的经济发展水平能迅速与发达地区比肩,地区间的经济差距仍客观存在,如何解决贫困落后地区的经济发展问题是当下的重要课题。贫困落后地区由于资源禀赋和历史遗存等原因,经济水平长期低位徘徊。要想脱离困境,实现经济良好发展,就必须选取兼顾可行性与有效性的经济学理论作为指导,完成赶超和跨越。根据学派的区别,区域发展理论大致分为:历史经验学派、现代学派和主流经济学派。

1.历史经验学派区域发展理论

历史经验学派由经济学家通过西方国家的发展历程总结而来,其代表性理论有输出基础理论、区域发展的倒"U"型假说等。

(1)输出基础理论

输出基础的概念最先由城市规划者们所采用,他们用它来预测城市经济的短期变化趋势。该概念后来被美国经济史学家诺思在《区位理论与区域经济增长》(1955)中用来预测区域经济的长期变化趋势,从而形成了区域经济发展的输出基础理论。该理论将经济划分为二,即一个输出基础部门(包括所有的区域外部需求导向的产业活动)和一个自给性部门(包括所有的区域内部需求导向的产业活动），通常假定，自给性部门不具备自发增长的能力。输出基础部门则随着外部需求的扩大而扩张，当它为地方经济带来额外收入时，其他部门也会随之相应扩张。区域总收入（或总就业）水平的变化可以通过"输出"需求的变化来测定，即通过输出基础部门的扩张与由地方乘数所决定的总体经济扩张之间的比例关系来进行测定。对区域输出需求的增加能对区域经济产生乘数效应，这不仅会导致输出产业投资的增长，也会导致对其他经济活动的投资增长。

因此，按照诺思的观点，一个区域要求得发展，关键在于能否在该区域建立起输出基础产业。输出基础理论由于其简明实用并具有可操作性而受到了区域经济研究者的广泛关注，被用来分析区域发展的成因或预测区域发展的趋势。

（2）区域发展的倒"U"型假说

区域经济发展不平衡问题一直困扰着许多国家的区域经济发展进程。对区域经济不平衡发展趋势较早进行实证研究的有美国经济学家威廉姆森。他在《区域不平等与国家发展过程》一文中，根据其在 20 世纪 50 年代对 24 个国家有关区域差异的实证研究结果提出了区域发展的倒"U"型假说。根据威廉姆森的倒"U"型理论，积极活动的空间集中式极化是国家经济发展初期不可避免的现象，但由此而产生的区域差异将随着经济发展的成熟而最终消失。这一结论在 20 世纪 60 年代后期和 70 年代前期被区域发展理论家所接受，并把它看成发展中国家将会出现的或应该通过政策干预使之出现的模式。倒"U"型假说的内在含义是经济发展与区域差异之间的相互作用和相互依赖。具体地说，在经济发展的初期阶段，趋于差异的扩大是经济增长的必要前提。因为用于国家经济发展的资源在此阶段是有限的，只有将有限的经济资源集中在较少的区域使用才能实现最迅速的经济进步，否则将导致经济效率的损失。而在经济发展的后期阶段，可供支配利用的经济资源比较充裕，因而鼓励新增长点出现的可能性增大，新的增长点的出现不仅可以缩小区域差异，而且能促进国家整体经济发展水平的进一步提高。

2.现代学派区域发展理论

20 世纪 50 年代中期至 60 年代末期,受发展经济学中结构主义思潮的影响,区域发展理论也表现为以城市化和工业化为核心。其中,最有影响的区域发展理论有增长极理论、核心-边缘理论。

(1)增长极理论

韦伯工业区域发展理论中提出的聚集概念,逐步被人们广泛接受,并被看作区域优势的重要组成部分。在此基础上,法国经济学家佩鲁在 20 世纪 50 年代提出了著名的增长极理论。他在《略论增长极概念》中写道:"增长并非同时出现在所有的地方,它以不同的强度首先出现于一些点或增长极上,然后通过不同的渠道向外扩散,并对整个经济产生不同的终极影响。"佩鲁的原始增长极概念的出发点是抽象的经济空间而非普通的地理空间。佩鲁把经济空间定义为一个包含着多种作用力的场,从而说明经济的增长极是各种经济力量的向量核心。佩鲁认为,作为受力场的经济空间与增长极概念关系最为密切,它由若干中心所组成。各种离心力或向心力分别指向或发自这些中心。在区域内某个中心点上配置不断扩大的工业综合体,将会形成一个新增长极,吸引其他经济活动也朝这一极核靠拢。

经济学家布德维尔认为经济空间是经济变量在地理空间之上的运用,通过空间概念的转换,把增长极概念同城镇联系起来。据此,布德维尔认为:"区域增长极是配置在城市的一组扩张性产业,能通过其影响范围而引导经济活动的进一步发展",推进性产业可以对区域经济产生两种类型的增长效应:第一,"里昂惕夫乘数效应",主要通过经济中所存在的产业或企业之间的相互依存关系而发生;第二,"极化效应",即推进性产业或企业的建立或产出的增加会导致原区域中未曾配置的其他产业活动的出现。

经济学家赫希曼在其代表作《经济发展战略》(1958)中进一步弥补了增长极理论机制上的缺陷,分析了城市中心与周围腹地之间的相互关系。他认为中心对腹地具有一系列直接的经济影响,有利的影响称为"涓滴效应",不利的影响称为"极化效应"。赫希曼认为,从长期来看,地理上的涓滴效应将足以缩小中心与腹地之间的差距。因为,一旦企业的增长在国家领土的一部分生根,它显然会产生一种力量来影响国家领土的其他部分。这种趋势的不可避免性部分是由于增长中的"极"会产生聚集不经济,从而促使工业的分散。并且,国家作为一只新型的"看不见的手"具有一种均衡机制,当极化效应超过涓滴效应而暂时占据优势时,周密的经济政策将试图纠正这种情况。

(2)核心-边缘理论

美国城市与区域规划学者弗里德曼,他最早在其代表性著作《区域发展政策》中提出了核心-边缘理论的基本思想。弗里德曼指出,发展是经由一个断断续续而又累积的创新过程而发生,并通过一系列体制改革而展现出一个社会的创造性潜力。发展来源于相对很少几个"变革中心",这几个中心位于某个信息场内具有最高潜在相互作用的点上。创新经由这几个中心扩散到具有低一些潜在相互作用的地区。"核心区"是主要创新变革中心,其余所有地区都构成"边缘区",它们依赖核心区,其发展取决于核心区的制度。核心区往往是通过支配效应、信息效应、心理效应、现代化效应、联动效应和生产效应等几种主要反馈效应而巩固其对边缘区的支配地位。空间系统是在核心区能左右其他各地区所有人的重大决策时存在的,核心区位于一种从省级到世界的多层级空间系统内,边缘区既由于行政管理组织又由于供给和市场联系而依赖于核心区。创新从核心区到边缘区的扩散,使得核心区的增长促进相关空间系统的发展。然而,当核心区与边缘区之间紧张关系加剧并最终阻滞核心区的发展时,只有加速核心区的扩展效应并削减边缘区对核心区的依赖才能得以缓和。总之,弗里德曼的理论涉及所有的空间,尤其是把文化和政治过程纳入到经济发展过程中,并把各具体地区的变量看成一个更大系统的组成部分,而不是一种孤立的现象。

3.主流经济学派经济发展理论

进入 20 世纪 80 年代以来,在国际上,迈克尔·E.波特(Michael E. Porter)、保罗·R.克鲁格曼(Paul R. Krugman)等著名主流经济学家开始介入空间或区域问题的研究。最有影响的理论包括:以波特为代表的产业集群理论,以克鲁格曼等为代表的新经济地理学等。

(1)产业集群理论

哈佛大学商学院教授波特从 20 世纪 80 年代开始对产业集群进行了研究,形成了集群学派区域发展理论。他在其代表性著作《国家竞争优势》(1990)中,对加拿大、德国、意大利、日本、美国的产业集群现象进行了研究,并从企业竞争优势的角度对集群现象进行了理论分析。他提出,国家竞争优势的产业是通过一个高度本地化过程创造和发展起来的,这些产业的竞争优势主要体现在能够进行持续的创新和升级,而产业的创新和升级关键取决于"钻石模型":一国的生产要素条件,需求条件,相关支撑产业,以及企业战略、结构与竞争等四个方面因素的相互配合,并通过地理集中而大大得以强化。因此,集群是指在一国内一群有着纵向紧密联系的企业,它们在整个产业内的紧密协作能有效地提升整个产业的竞争力,并进而提升产业所在国家的竞争力。

波特继而在论文《集群与新竞争经济学》(1998)中进一步对产业集群理论进行了阐述。他首先将集群具体定义为:"在某特定领域中,一群在地理上毗邻并相互关联的企业和相关法人机构,它们以彼此的共通性和互补性相互联结。"波特认为,集群产生于多种因素,比如历史传统、已有的供应商渠道和相关产业(甚至集群)、一两个具有创新精神的大企业、偶然事件等。集群一旦形成,一种"自我强化循环"机制就推动其自然成长。随着集群的不断壮大,内部新的企业、产业会不断地产生和消亡,地方制度也不断完善,从而增强了集群所在地区的竞争力。波特认为,政府作为产业政策的制定者应该制定适宜的集群发展政策,政府应加强和建立现存的和正在出现的集群,而不是努力去创造一个全新的产业集群。

（2）新经济地理学

自 20 世纪 80 年代末期以来，克鲁格曼开始致力于"新经济地理学"的研究。他最早在其著名论文《收益递增与经济地理》中对其"新经济地理"思想进行了初步讨论，并在随后发表的一系列论著中进行了更深入的阐述。他认为，以前主流经济学由于缺乏分析"规模经济"与"不完全竞争"的工具，导致空间问题长期被排斥在主流经济学之外。现在，由于"规模经济""不完全竞争"等分析工具的发展，可望将空间问题纳入主流经济学的范畴。克鲁格曼的新经济地理学主要研究报酬递增规律如何影响产业的空间集聚，即市场和地理之间的相互联系。他的基本观点是，产业在空间上的分布不均匀性是报酬递增的结果。他运用一个简单的"核心外围"模型来分析一个国家内部的产业集聚的形成原因。在该模型中，处于中心或核心的是制造业地区，外围是农业地区，区位因素取决于规模经济和交通成本的相互影响。假设工业生产具有报酬递增的特点，而农业生产的规模报酬不变，那么随着时间的推移，工业生产活动将趋向于空间集聚。

克鲁格曼还进一步详细地论述了产业集聚的形成过程。他首先肯定了早期马歇尔的外部经济性思想，认为它使经济活动在地理位置上趋向集中，接着重新诠释了马歇尔的观点，认为产业地方化现象有三个原因，分别与基本要素、中间投入品和技术的使用有关，它们都产生了来自供应方面的外部经济性。第一，劳动力市场的"蓄水池"效应。在同一个地方，来自同一行业的多数企业的聚集能集中越来越多的技术工人，帮助企业克服种种不确定性，加上规模经济的作用，报酬递增的效应便出现了。第二，中间投入品效应。一种产业长期集聚一地，可以吸引许多提供特定投入和专业化服务的供应商，并使之逐渐成为地区的生产中心；并由于规模经济和范围经济的作用，这种生产中心规模越大，越能吸引许多有效率的供应商。第三，技术的"外溢"效应。如果关于新技术、新产品和新工艺的信息在一个地区内部相对于在远处更容易流动和获得，那么聚集在一个产业里的企业相对于较远离该地区的企业在理论上更容易获得正的外部性效应。可见,报酬递增同时以规模经济和正外部性形式出现,在产业集聚的形成进程中起着关键作用。前者使产业在特定区域集中,后者使不同企业和相关产业集中,造成地区专业化。这样,产业的空间集聚和区域专业化成为克鲁格曼使用报酬递增原则来分析产业集聚现象的两大依据。

(二)区域发展差距的影响因素

我国区域发展差距存在且扩大的事实,是由历史、自然、经济以及社会等多方面原因共同引起的。关于我国区域发展差距形成原因或相关影响因素的研究有:研究区域发展差距形成的总体原因;研究特定区域间差距形成的原因,如东西部之间或南北之间差距形成的原因;研究某一具体因素对区域发展差距的影响等。

1.区域发展差距形成的总体原因

李立华(2004)从制度因素、区位因素、政策因素、基础设施因素和思想意识因素入手,分析了造成区域经济发展差距的原因:各地区的制度安排不完全相同,制度变迁具有较强的路径依赖性,因此制度因素的差异必然会影响各个地区的发展;区位因素包括生态环境因素、地理位置因素以及社会环境因素等;政策因素是一种主观因素,比如我国在改革开放初期实施的是向东部沿海地区倾斜的不平衡发展政策,就加剧了我国东西部经济不平衡的格局;基础设施落后使得交通能力差、信息传播滞后,这制约着地区的发展;不同地区的文化传统、思想观念不同,传统保守的思想会制约地区的发展。

刘夏明、魏英琪和李国平(2004)认为地区发展战略、全球化和经济自由化以及要素市场的扭曲相互交织,对地区差距的形成产生了重要的影响。其中,发展战略和政策可能只是形成地区差距的一个必要而非充分条件;全球化和经济自由化会显著影响经济增长,但如果各地未融为一体,这种影响可能会扩大地区差距;由于我国没有有效的资本市场和劳动力市场,要素流动受到限制,这种扭曲也是造成差距拉大的原因之一；此外还有地区特定因素和累积性因果循环等。

贺灿飞和梁进社（2004）认为大多数研究对区域经济差异的原因解释局限于描述性分析，为了更全面地分析原因，他们采用计量模型，对时间序列和横截面数据进行统计分析，发现改革开放政策、参与全球化程度、市场化程度以及城市化进程等是导致中国区域经济差距时空变化的显著原因，持续的改革开放政策、积极参与经济全球化、快速的城市化进程和市场化进程、海陆空交通的大幅度改善等，都导致了20世纪90年代以来中国省区经济差距和地带内差距的扩大。

管卫华、林振山和顾朝林（2006）对1952—2002年区域发展差距的形成原因进行了分尺度分析。结果表明，区域差异和要素投入差异之间的关系较为复杂，从业人员和投资水平的区域差异会引起区域发展差异，但区域差异也会引起要素投入环境差异，进而导致要素投入水平的差异变化。

王涛（2007）指出造成区域经济差距扩大的原因是多方面的，既有历史积累的原因，也有现实博弈的因素，主要包括：自然资源禀赋、产业结构转换、市场化进程、中央政府政策、人力资本积累。类似地，华小全（2011）总结出以下几个促使区域发展差距扩大的主导因素：自然资源禀赋、物质资本的积累、市场化进程、地理区位和基础设施、市场化和要素流动、产业结构的变迁、地方政府竞争、区域发展战略。

江孝君（2019）指出，推动区域经济差异时空格局演化的驱动因素主要包括区位因素、经济因素、社会因素及政治因素。其中区位因素发挥基础性作用，主要包括自然区位、经济区位和行政区位等方面因素；经济因素发挥决定性作用，主要包括经济基础、经济结构和经济活力等方面因素；社会因素发挥关键性作用，主要包括社会基础、社会服务及社会保障等方面因素；政治因素发挥推动性作用，主要包括制度基础、发展战略及政策支撑等方面因素。

2.东西部区域发展差距的形成原因

关于东西部区域发展差距的形成原因,现有研究基本上也是从以上所述的几个角度进行分析。李仙(2017)总结了决定我国东部和中西部之间发展差距的三大因素,分别为自然条件、社会因素和地方文化因素。其中,自然因素包括区位条件、自然资源和自然生态环境,东部地区具有良好的地理区位条件,在生产成本和运输成本上占据优势,且非农产业在东部沿海省份形成集聚,并通过循环累积机制促成路径锁定,这些都拉大了东部与中西部地区的工资和经济发展水平的差距。社会因素包括国家发展战略、产业布局政策、体制改革,东部得到了政策上的倾斜,在发展经济方面拥有更大的自主权,并优先发展了具有竞争力的劳动密集型和资本密集型产业,这些都促使东部在改革开放早期增长迅速,与中西部拉开差距;2003年后,国家实施的西部大开发、东北老工业基地振兴和中部崛起战略使得中西部的经济增速开始提高并超过东部,区域间发展差距有了缩小的趋势。地方文化差异包括发展历程、人口素质、教育水平、民风习俗,区域文化差异是造成发展差距的重要原因之一,而且,东部地区的知识技术、教育资源、创新能力、人力资本在发展中得以积累,这种优势进一步拉大了东部与中西部区域经济发展水平的差距。

蔡昉和都阳(2000)的研究结果显示:对人力资本的投资、是否能够更充分利用市场机制以及开放程度的差异都是造成地区间经济增长差异的重要原因。中西部地区需要加强对人力资本的积累、市场机制的作用以及对开外放程度的重视,否则与东部的发展差距将继续拉大。贺灿飞和梁进社(2004)认为市场化、利用外商直接投资以及交通设施的改善是20世纪90年代以来三大地带之间的差距拉大的最主要原因。

王小鲁和樊纲(2004)从资本、人力资本和劳动力在各地区间的流动和配置状况、制度变革(市场化进程)在不同地区的差异、结构变动(城市化)等几个方面解释区域发展差距形成的原因。比如,资本持续不断地流入东部,一方面加速了东部地区的经济增长,扩大了地区差距;另一方面也在逐渐缩小东西部的资本边际生产率差距,减弱资本向东部流动的趋势,进而减少东部与中西部之间的增长率差距。

3.南北区域发展差距的形成原因

研究南北差距问题的文献主要从产业、要素、制度等多个角度来揭示南北发展差距形成的原因。南北发展差距无疑是由多种因素共同作用所造成,其中,既有体制机制障碍和外部环境变化所导致的市场活力不足,也有要素投入缓慢导致的内生动力减弱,还有结构性矛盾引起的资源配置失灵等条件的限制。

许多对南北差异的研究停留在问题表面,部分或缺乏数据的支撑。比如,陈龙(2002)指出所有制结构、区域工业产业结构、固定资产投资水平、市场发育的成熟和开放程度、地理位置、国家政策以及经济体制、思想观念等是南北差距扩大的主要原因。南北地区的所有制结构,即国有经济和非国有经济的比重,与南北地区差距的扩大是正相关的;"南轻北重"的产业结构以及北方内部的轻重工业比例严重失衡,这不利于北方经济的发展;南北双方在全社会固定资产投资上的差距拉大,南方的基础设施和经济规模等较北方更好,进一步扩大南北方的差距;南方省份,尤其是东南沿海的省份,紧邻经济活跃的港澳台地区和东南亚,而与北方省份接壤的国家和地区相对来说经济较不发达;改革开放后,国家经济建设重心南移,政策优先在南方地区进行试点,这进而使得南方地区更早形成关于市场经济等思想观念。以上因素都是南北发展差距的原因,但该研究缺乏定量分析、数据支撑不足。

盛来运、郑鑫和周平等(2018)构建了包括要素投入、经济结构、制度变革等变量的计量经济学模型,来分析各类因素对南北增速差异的作用机制和影响程度。具体地,北方资本存量增长缓慢是南北增速差距扩大的首要原因;北方经济体制机制改革滞后是导致南北经济差距的重要原因;此外,北方劳动力数量下降较快、经济结构相对不合理、社会文化、研发投入、营商环境、基础设施、公共服务等都对南北经济差距产生一定影响;人力资本水平则在一定程度上缩小了南北经济差距。

李善同、何建武和唐泽地(2019)从价值链分工的角度考察我国南北经济发展差距,结果显示,北方对投资的依赖程度较高,而近年来的全国投资增速放缓引起了北方经济的大幅度下滑,且高度依赖投资拉动的重工业价值链使得北方经济增速下滑后难以恢复,南北方发展差距因此呈现扩大趋势。

杜宇和吴传清(2020)着重从增长极的视角来揭示南北地区经济差距扩大的原因,通过分析得出,产业结构优化与新旧动能转换、国内外市场发展水平、要素承载能力三个方面的差异是导致南北差距拉大的重要原因。产业结构优化与新旧动能转换差异包括:高技术制造业发展差异、工业转型发展差异、工业创新增长差异。国内外市场发展水平差异包括:政府对经济的干预成效差异、要素市场发展水平差异、开放型经济发展水平差异。要素承载能力差异包括:人口和就业承载能力差异、水资源承载能力差异、公路网络通达性差异。

4.某一具体因素对区域发展差距的影响

本部分研究着重关注某一具体因素对区域发展差距的影响。蔡昉、王德文和都阳(2001)实证分析的结果表明,生产要素市场,特别是劳动力市场发育滞后导致资源配置扭曲在地区间存在着差异。劳动力市场的扭曲影响配置效率,由此产生的效率差异是促使我国地区之间收入差距扩大的深层原因。李国平和范红忠(2003)认为我国地区经济差距的主要原因,不是生产过多地集中到了核心发达区域,而是在1965—2001年里,生产向东部沿海不断集中,人口没有相应地向那里集中,造成核心发达区域生产与人口分布高度失衡。王淑娟、王笛旭和李豫新(2015)引入新古典增长模型来分析劳动力流动对新疆区域经济差距的影响,结果显示:物质资本投资增加和市场化程度提高会扩大新疆区域间的发展差距;劳动力流动规模扩大和对外开放程度的提高能够缩小新疆区域间的发展差距,且劳动力流动能够加速新疆区域经济发展差距的收敛。

孙海刚(2007)把政策性因素和市场化因素引入到地区经济增长模型中,从实证上验证了市场化因素在地区差距形成中的主导作用。东部地区依靠优惠政策获得了先发优势,更早确立了中国社会主义市场经济体制,从而拉开了与中西部的发展差距。所以,当经济发展到一定程度后,不能只靠优惠政策来推动,而是要靠提高市场化程度来推动。孙晓华、李明珊和王昀(2015)构建了决定地区经济发展的半对数模型,采用夏普利值分解法对地区经济发展差异进行分解,结论是市场化改革对地区经济发展具有明显的正效应,并且市场化对地区经济发展差距的平均贡献度达到了13.18%,说明市场化改革是导致我国地区发展不平衡的原因之一。

严成樑(2016)在估算了产业结构变迁对我国经济增长的贡献度的基础上,将产业结构变迁引入MRW框架中,考察其对我国区域经济发展差距的贡献,结果表明,相对于物质资本投资、人力资本、人口增长和技术差异而言,产业结构变迁对我国东部地区和中西部地区经济发展差异的作用力度更大。汪晨、万广华和张勋(2019)推导出一种基于对基尼系数的分解方法,将收入不均等的变化分解为由结构变迁引起的结构性成分和其他因素引起的集中性成分。实证结果显示,以工业化为特征的结构变迁带来了中国区域差异的上升,但结构性成分呈减弱的趋势,直至基本消失。从三个产业来看,农业的发展可以减缓区域差异的发展,而制造业和服务业的发展会拉大区域发展差距,区别在于制造业原来起主导作用,现在影响一直下降,服务业的影响则在不断强化,已超过其他两个产业。吴芳(2020)通过面板分析模型和系统GMM估计模型分析了2007—2018年我国服务业集聚程度与区域经济之间的关系,结果显示,服务业集聚程度的提高能够促进区域经济差异的缩小。一方面,服务业集聚带来规模经济和技术进步,这能够缩小区域经济差异;另一方面,服务业集聚也会带来竞争,进而拉大区域经济差异。服务业中不同的行业对区域经济差距的作用也不相同。

关于交通基础设施这一因素,刘生龙和胡鞍钢(2011)使用引力方程,利用我国2008年省际货物运输周转量数据进行实证分析,结果显示,我国交通基础设施的改善对促进区域经济一体化起到积极影响。因此,要改善我国区域发展不平衡、实现区域经济一体化,加强对落后地区的交通基础设施建设很有必要。

叶昌友和王遐见(2013)采用空间面板模型研究的结果表明,我国交通基础设施建设和交通运输业发展对经济增长具有明显作用,因此大力支持中西部交通基础设施建设进而缩小东西部经济差距是一个明智之举。罗能生和孙利杰(2019)使用空间杜宾模型的分析结果显示,整体上看,交通发展会缩小我国区域间及经济差距,促进区域间的经济平衡,但是分地区来看,交通发展的影响具有地区差异性。

刘那日苏和张建江(2019)认为对自然资源的过度依赖是区域陷入不平衡发展的重要原因之一。他们采用我国省际面板数据和省内城市层面数据样本,实证研究了自然资源依赖对区域发展不平衡的影响和作用机制,结果显示二者密切相关,且资源依赖对区域发展不平衡的影响存在明显的门限效应。适度的资源开放有助于缩小区域发展差距,但如果资源依赖度超过一定阈值后自然资源反而会加剧区域内部发展不平衡,且过度的资源依赖是通过扩大区域开放度、强化政府干预和挤出科技创新投入这三个途径加剧区域发展不平衡。

二、区域发展差距的测度

(一)区域差距的指标体系的研究设计

1.省级高质量发展指标体系

本节以"创新、协调、绿色、开放、共享"五大发展理念为理论指导,构建中国省级高质量发展指标体系。从五大发展理念切入,将经济总量、创新、绿色、协调、开放、共享作为五个一级指标层,为全面、充分地反映一级指标代表的设计理念,在每个一级指标下设二级指标,每个二级指标对应 1 至 2 个三级指标,共计个 16 三级指标(表 6.1)。权重设置见表 6.2。

表 6.1　中国省级高质量发展评价指标体系

目标层	一级 指标层	二级 指标层	三级 指标层	单位	属性
区域高质量发展指标体系	经济总量	经济增长强度	人均 GDP	元	正向
		投资水平	全社会固定资产投资额	亿元	正向
		消费水平	人均消费支出	元	正向
			社会消费品零售总额占 GDP 比重	%	正向
	创新	创新投入水平	研发经费内部支出占 GDP 比重	%	正向
			每万人研发人员全时当量	人·年	正向
		创新产出水平	每万人专利申请授权数	件	正向
		创新成果转化水平	技术市场成交额占 GDP 比重	%	正向
	绿色	节能减排	单位 GDP 废水排放量	吨/万元	负向
		绿色生活	建成区绿化覆盖率	%	正向
			生活垃圾无害化处理率	%	正向
	协调	产业协调水平	第三与第二产业产值比	%	正向
		城乡协调水平	城镇化率（城镇常住人口/常住总人口）	%	正向
	开放	对外开放水平	进出口总额占 GDP 比重	%	正向
			实际使用外资金额	亿美元	正向
	共享	人民生活水平	人均可支配收入	元	正向

表 6.2　指标值处理过程中的权重设置

指标	一级指标 （发展指标）	二级指标 （目标层）	三级指标 （指标层）
权重	均等权重	均等权重	均等权重

2.地级市高质量发展指标体系

2020 年之后,我国贫困问题由绝对贫困转向相对贫困,因此对于相对贫困落后区域的认定、识别和瞄准,应当建立在对全国全部区域的整体划分基础上。同时,在我国贫困问题由绝对贫困变成相对贫困之后,需要考虑的反贫维度增多,不能用简单的居民收入来划定。因此对于相对贫困落后地区的认定、识别和瞄准也应该从更加全面的维度展开。这里综合考虑以下三个维度的指标对地级相对落后区域进行划分:第一,经济规模。地区经济规模的大小直接反映了地区的经济实力,能直接反映地区的发展程度。第二,居民生活。经济发展的最终诉求就是居民生活水平不断提升,尤其是落后地区居民生活水平的提升更值得关注。第三,基础设施和公共服务。基础设施和公共服务体现地区经济发展的潜力,能够进一步吸引更多的产业项目和劳动力。

衡量区域发展水平可以借鉴瑞士洛桑国际管理学院的国际竞争力指数综合评价方法,考虑数据可得性,确定地级发展质量综合指数,见表 6.3。

表 6.3　地级市发展质量综合指数及权重

一级指标及权重	二级指标及权重	单位
经济规模 (40%)	人均地区生产总值(40%)	元/人
	人均地方财政收入(30%)	元/人
	工业化水平(30%)	万元
居民生活(30%)	人均社会消费品零售额(100%)	元/人
基础设施与公共服务 (30%)	每万人医疗卫生机构床位数(50%)	床/万人
	人均图书藏量(50%)	册/万人

计算综合指数所需的二级指标多是从人均角度衡量,以此反映地级市的经济发展质量,并运用此综合指数计算基尼系数和泰尔指数来判断各地区的发展差距。其中,工业化水平是第二与第三产业产值加总,用以表示工业与服务业发展水平。

3.县市旗区发展测度综合指标

考虑县市旗区综合经济实力、居民收入与消费能力、公共服务与基础设施等情况，根据数据可得性，制定县市旗区发展指标体系，见表6.4。

表 6.4 县市旗区综合发展测度指标体系

一级指标	指标	权重/%
综合实力	人均GDP	40
人民生活	人均社会消费品零售额	40
公共服务	万人床位数	20

4.测算方法

区域发展差距的定量研究大致起源于20世纪20年代初，1922年意大利经济学家基尼（Corrado Gini）根据国民收入分配洛伦兹曲线（Lorenz curve）定义并提出了计算收入不平等程度的基尼系数。之后近50年，以收入分配基尼系数为代表的区域经济差距问题一直是经济学界关注的热点问题。

区域经济差距根据测量指标处理的不同可分为绝对差距和相对差距，绝对差距是指衡量区域经济发展水平的指标在量上的偏离程度，多用标准差、极差来测度；相对差距是指衡量区域经济发展水平的指标在比值上的偏离程度，多用相对极差、变异系数、基尼系数来测度。根据测量重心的不同可分为区域内部差距和区域间差距，主要使用泰尔指数中的二次分解实现对各区域内部和区域间差距的量化。

（1）区域经济绝对差距测度方法

①标准差（Standard deviation）。

标准差是指一组数据的标准值与其平均值差的平方和平均后的平方根，能

够反映一个数据集的离散程度,是衡量区域经济发展水平绝对差距的一种常用方法。公式为:

$$S = \sqrt{\sum_{i=1}^{n} (Y_i - \overline{Y})^2 / n} \tag{6.1}$$

式中,Y_i 为第 i 区域的人均 GDP 值,$\overline{Y}$ 为所有区域人均 GDP 的均值,n 为区域个数。

②极差(Range)。

极差是人均 GDP 最高区域与最低区域之差,反映的是区域间人均 GDP 变化的最大绝对幅度。公式为:

$$R = Y_{max} - Y_{min} \tag{6.2}$$

式中,Y_{max} 是所有区域中人均 GDP 的最大值,Y_{min} 是所有区域中人均 GDP 的最小值。

(2)区域经济相对差距测度方法

①相对极差(Relative range)。

极差是计算一组数据最大值和最小值之间的差距,能够反映一组数据的最大差异,但容易受到极端值的影响。相对极差等于极差除以平均值,公式为:

$$RR = (Y_{max} - Y_{min}) / \overline{Y} \tag{6.3}$$

式中,Y_{max} 是所有区域中人均 GDP 的最大值,Y_{min} 是所有区域中人均 GDP 的最小值,$\overline{Y}$ 是所有区域人均 GDP 的均值。

②变异系数(Coefficient of variation)。

变异系数是标准差与平均值相比后的相对量,呈现的是区域经济指标与经济平均水平的差异程度,是衡量区域经济发展水平相对差距的一种常用方法。公式为:

$$CV = \sqrt{\sum_{i=1}^{n} (Y_i - \overline{Y})^2 / n} \bigg/ \overline{Y} \tag{6.4}$$

式中,Y_i 为第 i 区域的人均 GDP 值,$\overline{Y}$ 为所有区域人均 GDP 的均值,n 为区域个数。

③基尼系数(Gini coefficient)。

基尼系数是指国际上通用的、用以衡量一个国家或地区居民收入差距的常用指标。常用的区位基尼系数其实是一种相对基尼系数,它将区域差距两两相加,再除以全部区域个数平方和区域指标均值后得出。能够从收入不平等的角度反映区域间发展的差距。卡克瓦里(1980)根据相关理论定义的区位基尼系数公式如下:

$$G = \frac{1}{2n^2\overline{y}} \sum_{i=1}^{n} \sum_{j=1}^{n} |y_i - y_j| \qquad (6.5)$$

式中,y_i 和 y_j 分别表示第 i 区域和第 j 区域的人均 GDP 值或人均收入,$\overline{y}$ 为所有区域人均 GDP 或人均收入的均值,n 为区域个数。这种基尼系数其实是使用洛伦兹曲线以及 45 度线相交夹住的面积与等腰直角三角形面积的比值。取值范围为[0,1],越接近 1 表示收入越不平等,说明收入差距或经济发展差距程度越大。

基尼系数原本用以衡量收入差距,而近年来已广泛应用于各类指标中,其中,基尼系数在 0.2~0.4 表示收入差距较为合理;小于 0.2 表示收入差距较小;大于 0.4 意味着收入差距过大;超过 0.6 则认为会引起社会动荡。

④泰尔指数(Theil index)。

泰尔指数又称为泰尔熵标准(Theil's entropy measure),是泰尔在 1967 年提出的运用信息理论中熵的概念计算收入不平等的方法。作为衡量个人之间或者地区之间收入差距(或者称不平等度)的指标,这一指数经常被使用。泰尔指数用来衡量一组经济指标在不同时间、区域和层次范围内的差异。与变异系数相比,泰尔指数在估计区域差异时,可将区域总体差异分解为区域间差异和区域内差异两部分,并测算其对各自总差异的贡献率,从而判断出总体差异的主

要来源。泰尔指数越大,表明差距越大;泰尔指数越小,表明差距越小。公式为:

$$T = \sum_i \left(\frac{y_i}{y}\right) \log\left(\frac{y_i/y}{p_i/p}\right) \tag{6.6}$$

式中,y_i 为第 i 区域的 GDP 值,p_i 为第 i 区域的人口数,y 为所有区域的 GDP 总值,p 为所有区域的人口总数。

若以省级行政区为基本区域单元,则表示全国总体差距的泰尔指数公式为:

$$T_p = \sum_i \sum_j \left(\frac{y_{ij}}{y}\right) \log\left(\frac{y_{ij}/y}{p_{ij}/p}\right) \tag{6.7}$$

式中,y_{ij} 为第 i 区域第 j 省的 GDP 值,p_{ij} 为第 i 区域第 j 省的人口数,y 为所有区域的 GDP 总值,p 为所有区域的人口总数。

表示区域差距的泰尔指数公式为:

$$T_{pi} = \sum_j \left(\frac{y_{ij}}{y_i}\right) \log\left(\frac{y_{ij}/y_i}{p_{ij}/p_i}\right) \tag{6.8}$$

式中,T_{pi} 代表 i 区域的省际差距,y_{ij} 为第 i 区域第 j 省的 GDP 值,p_{ij} 为第 i 区域第 j 省的人口数,y_i 为第 i 区域的 GDP 值,p_i 为第 i 区域的人口数。

泰尔指数与其他衡量区域经济差距的测度方法相比,最大的优点是可以将区域经济的总体差距分解为各区域内部差距和区域间差距,从而获知区内差距与区间差距对总差距的贡献程度,将(6.7)式分解为:

$$T_p = \sum_i \left(\frac{y_i}{y}\right) \sum_j \left(\frac{y_{ij}}{y}\right) \log\left(\frac{y_{ij}/y_i}{p_{ij}/p_i}\right) + \sum_i \left(\frac{y_i}{y}\right) \log\left(\frac{y_i/y}{p_i/p}\right)$$

$$= \sum_i \left(\frac{y_i}{y}\right) T_{pi} + T_{br}$$

$$= T_{wr} + T_{br} \tag{6.9}$$

式中,y_{ij} 为第 i 区域第 j 省的 GDP 值,p_{ij} 为第 i 区域第 j 省的人口数,y_i 为第 i 区

域的 GDP 值，p_i 为第 i 区域的人口数，y 为所有区域的 GDP 总值，p 为所有区域的人口总数，T_{wr} 代表区域内省际差距，T_{br} 代表区域间差距。

20 世纪 70 年代开始，人们逐渐认识到健康、教育和公共福利等因素对居民生活的重要性，相关研究已不再仅仅局限于经济收入对比，考察对象和指标选取更多地倾向于社会领域。

1975 年美国海外发展委员会的大卫·莫里斯（David Morris）提出了生活质量指数（Physical Quality of Life Index，PQLI）的概念和算法。PQLI 由婴儿死亡率、平均寿命和 15 岁以上人口识字率 3 项指标构成，按同样的权数平均算出。PQLI 从一个侧面反映一国或地区的人口健康状况和生活水平，常被应用于人口学和社会医学的研究中，用于评价欠发达国家或贫困地区的居民营养、健康和公共卫生状况。PQLI 计算简单，易于理解，但未能反映全部社会福利，尤其不具测度"发展"的功效。

1990 年联合国开发计划署（UNDP）发布的《人类发展报告》，针对仅采用人均 GDP 单一指标衡量人类发展的局限性，首次采用了由巴基斯坦籍经济学家马赫布·乌尔·哈克（Mahbubul Haq）和印度籍经济学家阿玛蒂亚·森提出的人类发展指数（Human Development Index，HDI）。HDI 考虑了健康、教育和国民收入 3 个要素，测算指标包括人均 GDP、预期寿命、成人识字率和综合入学率。HDI 在方法论上吸取了 PQLI 合理的内核，增补了人均 GDP。尽管 HDI 和 PQLI 被当作世界通用的指标，但自发表或公布以来对它们的改进和完善从未停止。

2005 年经济学人智库（Economist Intelligence Unit，EIU）提出了一个新的生活质量指数，指数的计算基于 2005 年在 111 个国家和地区开展的一项反映主观生活满意度和客观生活质量的调查，包括物质福利、健康、政治稳定和安全、家庭生活、社区生活、气候和地理、就业率、两性平等和政治自由等指标。

2010 年 UNDP 对 HDI 的指标和算法进行了改进：一是改用实际人均 GDP

(即购买力平价指标)替代人均GDP,二是增加了平均受教育年限,三是对各变量最大、最小值的选择进行了修正。

历史地看,国际上关于区域发展差距的研究呈现从单要素、单指标走向多要素、多指标综合测度的发展趋势。

中国的区域发展差距研究在20世纪80年代以前,因经济社会数据的保密性,相关研究成果极为少见,规模性的工作始于20世纪80年代中后期。国内的研究虽取得了长足的进步,但总体上仍属于国际研究的后继跟进,尤其在要素和指标选择方面没有形成符合国情的完整体系,更未提出有别于国际的综合指标构建和测度方法。显然,建立符合国情、涵盖多要素、由多指标构成的指标体系已成为中国区域发展综合研究和追赶国际前沿的重要基础工作。

(二)省级高质量发展差距分析

考虑到数据的可得性,根据中国省级高质量发展评价指标体系和测算方法,我们计算了2006—2018年省级层面的高质量指数及六个维度的分指数。2006—2018年各省份的年均高质量发展指数与二级分指数见表6.5。

总体来看,我国各省份高质量发展水平存在明显的非均衡特征,呈现出"东高西低"的态势。年均高质量发展指数排名前10的省份中,东部沿海发达省份占据八席,其中北京和上海分别以65.3和54.5分列全国第一、第二位。东部沿海发达省份广东、江苏、浙江、天津、山东、福建分列全国第三至第八位。前十名中东北仅有辽宁入围,排名第九,西部仅有重庆入围,排名第十,无中部省份入选。中西部省份的高质量发展水平处于全国靠后的位置,排名最后十位的省份中,有八个来自西部省份,约占西部全部省份的三分之二。

表6.5　2006—2018中国省级年均高质量发展指数及二级分指数

排名	高质量发展总指数		高质量发展二级分指数										
			经济总量		创新		绿色		协调		开放		共享	
1	北京	65.3	北京	44.7	北京	77.0	北京	90.9	北京	85.7	上海	51.0	上海	54.2
2	上海	54.5	上海	42.9	上海	38.6	江苏	81.8	上海	64.6	广东	49.1	北京	51.7
3	广东	42.8	江苏	41.3	天津	31.5	山东	81.4	天津	49.6	北京	42.0	浙江	43.1
4	江苏	42.7	山东	39.2	浙江	30.1	天津	78.5	海南	40.5	江苏	35.8	江苏	34.0
5	浙江	41.5	浙江	39.0	江苏	28.7	浙江	77.6	广东	40.0	浙江	22.8	广东	33.4
6	天津	41.1	广东	37.2	广东	23.7	海南	77.1	辽宁	36.4	天津	21.5	天津	32.4
7	山东	33.8	辽宁	33.1	陕西	18.1	江西	76.9	浙江	36.3	福建	17.7	福建	30.2
8	福建	33.5	天津	33.1	山东	15.1	福建	76.8	黑龙江	35.1	辽宁	13.1	山东	27.0
9	辽宁	32.1	湖北	32.6	福建	14.4	上海	76.0	江苏	34.7	山东	12.9	内蒙古	24.2
10	重庆	28.7	福建	30.5	湖北	14.2	陕西	75.6	福建	31.7	海南	7.9	辽宁	24.2
11	湖北	27.8	河南	28.1	辽宁	12.9	重庆	74.1	重庆	31.2	重庆	7.2	湖南	22.1
12	海南	27.3	四川	28.1	重庆	12.6	广东	73.6	内蒙古	30.0	新疆	5.7	重庆	22.0
13	陕西	26.9	吉林	27.2	安徽	12.2	内蒙古	73.4	吉林	28.3	江西	5.2	湖北	20.2
14	内蒙古	26.6	湖南	26.5	四川	11.1	辽宁	73.2	湖北	27.9	四川	5.0	广西	20.2
15	四川	26.2	河北	26.4	湖南	9.0	河北	73.1	山东	27.2	安徽	4.9	安徽	20.1
16	湖南	26.1	黑龙江	26.0	黑龙江	8.6	四川	72.5	宁夏	26.6	广西	4.8	云南	19.9
17	安徽	25.5	内蒙古	25.5	甘肃	8.3	湖南	71.2	山西	26.5	河北	4.6	河北	19.6

续表

排名	高质量发展总指数	高质量发展一级分指数												
		经济总量		创新		绿色		协调		开放		共享	
18	河北	25.4	重庆	25.3	吉林	7.8	安徽	70.7	湖南	25.0	黑龙江	4.3	海南	19.4
19	江西	24.9	安徽	23.5	河南	7.4	河南	70.3	陕西	23.1	湖北	4.2	陕西	19.4
20	黑龙江	24.7	山西	22.4	山西	7.0	山西	69.8	河北	22.3	吉林	3.7	江西	19.3
21	山西	24.6	陕西	21.9	江西	6.9	贵州	69.7	江西	21.9	河南	3.6	四川	19.1
22	河南	24.3	广西	20.6	河北	6.5	云南	69.1	新疆	21.9	云南	3.6	河南	18.8
23	吉林	24.0	江西	19.0	宁夏	6.1	湖北	67.9	青海	21.9	陕西	3.2	山西	18.7
24	云南	22.4	云南	17.9	青海	5.6	西藏	66.5	安徽	21.8	山西	3.0	宁夏	18.2
25	广西	22.3	甘肃	16.8	内蒙古	4.7	新疆	65.7	四川	21.2	湖南	3.0	吉林	18.0
26	宁夏	21.5	海南	16.3	云南	4.3	青海	64.7	广西	20.9	西藏	3.0	西藏	17.8
27	新疆	21.1	西藏	14.8	贵州	3.9	宁夏	63.8	甘肃	20.5	甘肃	2.5	新疆	17.5
28	贵州	20.9	贵州	13.8	广西	3.9	广西	63.5	云南	19.9	宁夏	2.4	贵州	17.0
29	青海	20.3	新疆	13.0	新疆	3.1	吉林	59.3	贵州	19.6	内蒙古	1.9	青海	16.5
30	西藏	20.0	宁夏	12.3	海南	2.6	黑龙江	58.2	河南	17.5	贵州	1.4	黑龙江	15.9
31	甘肃	19.4	青海	12.1	西藏	1.0	甘肃	52.9	西藏	16.9	青海	0.8	甘肃	15.3

数据来源：根据各省份统计年鉴数据计算。

为了更加全面、深刻地认识中国各省份高质量发展情况，我们进一步结合二级指标测算结果，对比分析 2015—2018 年中国 31 个省份在经济总量、创新、绿色、协调、开放、共享上的发展水平。六个二级指标在各省份的分布虽然呈现出一定程度的差异性，但差别并不是很大，呈现出相似的趋势。具体来说，在经济总量维度上，与高质量发展水平表现的特点相似，排名前十的省份中，东部省份占据八席，排名倒数后十位的省份中，仅有东部的海南省入围，其余均为中西部省份，其中西部省份有八个，这表明西部地区在经济增长、投资水平和消费水平上均比较薄弱。在创新维度上，北京和上海表现突出，稳居前两位，排名前六位的均为东部省份，中部、西部和东北分别各有一个省份入围前十名，排名后十位的省份中有八个西部省份，这表明西部地区在技术进步、创新投入、创新产出和创新成果转化上均比较落后。在绿色维度上，北京仍然排名第一，值得注意的是，在其他维度上排名靠前的广东等省份在绿色维度上的排名仅位于中游水平，这表明东部发达省份的高质量发展水平虽然整体较高，但在绿色发展上仍然短板突出。在协调维度上，同样表现出东高西低的特点，作为直辖市的北京和上海表现突出，值得注意的是，在排名后十位的省份中，中部省份占到了两席，其中河南排名倒数第二，这表明中部省份在产业结构优化升级和城镇化推进上非常薄弱，协调发展水平较低。在开放维度上，排名前八位的均为沿海省份，东部省份占据八席，排名后十位的省份中，有八个来自西部地区，这表明西部省份在对外开放、利用外资上仍然比较欠缺，这无疑严重拖累了其高质量发展水平。在共享维度上，排名靠前的均为东部发达省份，上海排名第一，排名后十位的省份中，有六个来自西部地区，这些省份的经济发展薄弱，贫困人口较多，是在打赢脱贫攻坚战中比较难啃的硬骨头，未来仍需通过帮扶措施，增强内生发展能力，补齐共享发展上的短板。

（三）地级市高质量发展区域差距

以人均经济指标作为衡量地级市经济发展水平的基本标准，能够反映基于地区的以人为本的城镇化发展理念,以此为计算标准进行区域发展质量和差距的量化分析。首先,基于经济发展综合指数的计算结果,按照指标值降序将排名前 20% 和后 20% 的地级市分别称为发展较好和发展较差的地级市,剩余则为发展中等的地级单位。具体而言,经济发展质量较高的地级市主要集中在东部地区,所占比例高达 70%,而分布在其余板块的发展质量高的地级市主要是各省份的省会,如西安、成都、呼和浩特、长春、乌鲁木齐等,还有资源型城市如包头、克拉玛依等。发展质量较差的地级市主要集中在西部和东北地区,特别是西部地区的甘肃、青海、西藏、云南、贵州等经济发展质量较差的地级市呈现连片特征,东北地区的黑龙江省发展质量偏低。就发展水平两极而言,高水平城市通常在市场化程度较高、资源禀赋流通便捷、区位条件较理想的区域,低水平城市主要分布在胡焕庸线左侧,城市发展水平受区域影响较大。

此外,东西差距依旧明显,各省内部差距异质性较强,因而区域差距依旧普遍存在。具体来看,山东、江苏、浙江、福建、广东、江西、湖南、湖北、河南、河北、辽宁等省份整体发展水平处于全国中上水平,且各省均有一个经济中心城市,如青岛市、苏州市、杭州市、厦门市、深圳市、南昌市、长沙市、武汉市、郑州市、唐山市、大连市等。其次,陕西、山西、内蒙古、四川、宁夏、青海、新疆、贵州、云南、吉林等省份的内部发展异质性显著,如陕西省西安市与商洛市,山西省太原市与吕梁市,内蒙古自治区鄂尔多斯市、包头市与乌兰察布市、赤峰市,四川省成都市与甘孜藏族自治州、阿坝藏族羌族自治州等,宁夏回族自治区银川市与中卫市,青海省海西蒙古族藏族自治州与海南藏族自治州等,新疆维吾尔自治区乌鲁木齐市、克拉玛依市与阿泰勒地区、吐鲁番地区等,贵州省贵阳市与黔南布依族苗族自治州,云南省昆明市与大理白族自治州、普洱市等,吉林省长春市与白城市。甘肃、黑龙江、西藏、广西等省份整体发展水平较低,部分省份的地级市处于低水平洼地——天水市、大兴安岭地区、阿里地区、河池市等地级市。

继而,利用 2015—2018 年地级市经济发展质量综合指数,计算变异系数和泰尔指数,以此进一步确定经济发展差距。其中,变异系数能够直观反映经济发展的空间分异,变异系数越大,说明差距越大;变异系数越小,说明差距越小。

从表 6.6 中能够发现:一是从整体上看,全国变异系数 2015—2016 年呈下降态势,但 2017 年出现反弹,2018 年再次下降,且数值低于 2015 年和 2016 年,表明城市间发展差距总体呈现减小态势。二是从板块看,各板块变异系数均总体呈现下降态势。将各板块按照变异系数从高到低排列,依次为东北、东部、中部、西部地区。三是从各省份看,多数省份的变异系数相较过去有所减小,存在着经济发展差距逐渐减小的趋势,城市高质量发展的协同度明显提升,充分体现出新时代区域协调发展战略的卓越成效。

表 6.6 2015—2018 年变异系数结果

年份	变异系数			
	2015	2016	2017	2018
全国	0.582	0.565	0.646	0.559
东北	0.477	0.468	0.517	0.476
辽宁	0.553	0.570	0.615	0.610
吉林	0.306	0.307	0.391	0.338
黑龙江	0.571	0.526	0.545	0.481
东部	0.515	0.480	0.569	0.528
河北	0.378	0.352	0.388	0.330
江苏	0.597	0.588	0.619	0.524
浙江	0.405	0.403	0.460	0.394
福建	0.597	0.436	0.722	0.544
山东	0.448	0.452	0.514	0.448

续表

	变异系数			
广东	1.127	1.122	1.251	0.915
海南	0.055	0.006	0.024	0.544
中部	0.591	0.568	0.659	0.529
山西	0.522	0.511	0.627	0.497
安徽	0.590	0.486	0.523	0.465
江西	0.488	0.472	0.611	0.415
河南	0.564	0.564	0.640	0.542
湖北	0.676	0.670	0.784	0.607
湖南	0.709	0.707	0.767	0.648
西部	0.649	0.643	0.723	0.618
内蒙古	0.618	0.694	0.657	0.610
广西	0.527	0.523	0.652	0.504
四川	0.642	0.591	0.656	0.565
贵州	0.853	0.812	1.030	0.849
云南	0.787	0.848	1.007	0.728
西藏	0.677	0.642	0.565	0.551
陕西	0.651	0.612	0.755	0.479
甘肃	0.685	0.660	0.779	0.624
青海	0.788	0.826	0.951	0.703
宁夏	0.761	0.715	0.767	0.603
新疆	0.149	0.155	0.138	0.587

数据来源:根据各省份及地市统计年鉴计算。

从表6.7能够发现：一是从整体上看，全国经济发展差距逐渐减小，表明区域发展政策取得了一定成效。同时，东部和西部地区的泰尔指数高于其余板块，表明区域内部存在的差异较大，而东北和中部差距较小，这主要是由于东部和西部分别是全国最富裕和最贫穷的地区，区域内的经济差距会更加明显。二是从各省份看，多数省份的泰尔指数相较过去有所减小，且基本趋势与变异系数相同。其中，广东与新疆的泰尔指数高于其余省份，表明区域内部发展水平存在较大差距，但产生差距的原因可能存在不同：广东主要是由于深圳虹吸效应显著，从而导致省内差距较明显，而新疆则是由于地理、人口、产业因素等限制不同地级市发展存在较大差距。上述发现符合前文地级市经济发展质量综合指数的可视化结果，即东部地区地级市发展程度最高，西部地区整体上最差。同时，这也符合我国区域经济发展的客观现实。

表 6.7　2015—2018 年泰尔指数结果

年份	2015	2016	2017	2018
全国	0.476	0.466	0.493	0.447
东北	0.151	0.133	0.185	0.237
辽宁	0.101	0.100	0.108	0.186
吉林	0.098	0.103	0.093	0.104
黑龙江	0.228	0.186	0.360	0.410
东部	0.447	0.419	0.424	0.388
河北	0.152	0.126	0.156	0.128
江苏	0.237	0.233	0.250	0.315
浙江	0.154	0.154	0.176	0.363
福建	0.221	0.082	0.282	0.163
山东	0.279	0.284	0.376	0.275
广东	0.811	0.725	0.706	0.630

续表

年份	2015	2016	2017	2018
海南	0.471	0.488	0.475	0.227
中部	0.350	0.320	0.364	0.292
山西	0.189	0.191	0.238	0.317
安徽	0.574	0.424	0.352	0.310
江西	0.423	0.446	0.503	0.369
河南	0.278	0.275	0.314	0.263
湖北	0.195	0.196	0.312	0.179
湖南	0.195	0.192	0.230	0.169
西部	0.651	0.675	0.742	0.687
内蒙古	0.462	0.642	0.484	0.574
广西	0.226	0.221	0.278	0.225
四川	0.224	0.212	0.237	0.195
贵州	0.409	0.381	0.798	0.547
云南	0.258	0.305	0.314	0.247
陕西	0.267	0.141	0.190	0.133
甘肃	0.754	0.699	0.427	0.722
青海	0.122	0.135	0.191	0.089
宁夏	0.214	0.188	0.455	0.373
新疆	0.627	0.970	0.719	0.371

数据来源:根据各省份及地市统计年鉴计算。

（四）县区级区域发展差距

县市旗区作为我国行政单位基本单元,也是我国区域经济的基本单元。区级行政区的发展差距比省和地级市刻画得更加细致。

分析区域说明:根据民政部官方网站,2018年全国县级行政区共计2 851个县市区旗,列入分析的共计2 824个,其中县1 471个、市363个、旗52个、区938个。27个区县因缺乏统计数据,未纳入分析,除福建省泉州市金门县外,其余均为黑龙江的区级行政单位,不属于贫困地区,它们是:黑龙江齐齐哈尔的龙沙区、建华区、碾子山区,黑龙江鸡西市梨树区、麻山区,黑龙江鹤岗市向阳区、工农区、南山区、兴山区,黑龙江伊春市伊春区、友好区、西林区、翠峦区、新青区、美溪区、金山屯区、五营区、乌马河区、汤旺河区、带岭区、乌伊岭区、红星区、上甘岭区,黑龙江佳木斯市向阳区、前进区、东风区。

本部分数据来源:相关年份的《中国县(市)经济统计年鉴》《中国县域统计年鉴》,各省、市、县统计年鉴,调查年鉴、县市旗区的统计公报、政府工作报告、政府官网等。

1.全国层面

（1）总量指标的差距

这些地区的综合实力差距较大,从总量指标看,GDP实力差距在几千倍,社会消费品零售总额差距在1 000倍左右,床位数地区最大值与最小值比为8 000多,远大于GDP差距。从人均指标的最大、最小值倍数关系看,人均GDP的地区最大值是地区最小值的100多倍,人均社会消费品零售额是300倍左右,万人床位数大于150倍。人民生活水平和公共服务的差距远大于经济实力的差距。

通过计算2015—2018年县域地区生产总值、社会消费品零售总额、医疗卫生机构床位数的极差(表6.8),发现在此时期全国县域总量指标的极差值呈扩大态势。

表6.8 2015—2018年全国县域总量指标的极差

年份	地区生产总值/亿元	社会消费品零售总额/亿元	医疗卫生机构床位数/床
2015	9 268	2 510	26 873
2016	10 200	2 650	27 847
2017	11 200	3 360	29 605
2018	12 294	4 382	32 905

（2）均量指标的差距

从均量指标上看（表6.9），2015—2018年县域人均地区生产总值、人均社会消费品零售总额、人均医疗卫生机构床位数的标准差均出现了不同程度的提升，分别由2015年的48 209、20 935、32.99上升至2018年的53 160、25 010、34.74，2018年的标准差分别为2015年的1.10倍、1.19倍、1.05倍，说明在均量指标层面，县域发展差距同样呈现扩大态势。

表6.9 2015—2018年全国县域均量指标的标准差

年份	人均地区生产总值/(元·人$^{-1}$)	人均社会消费品零售总额/(元·人$^{-1}$)	人均医疗卫生机构床位数/(床·(万人)$^{-1}$)
2015	48 209	20 935	32.99
2016	48 920	22 168	33.39
2017	51 437	23 686	34.17
2018	53 160	25 010	34.74

比较而言，从全国总体情况看，人均医疗机构床位数的地区差距最小，而人均社会消费品零售额的地区间差距略小于人均GDP的地区间差距。这里要注意的一点是，社会消费品零售总额和人均床位数都是按照常住人口来计算的。在常住人口本地化态势下，这种计算是有意义的。但对于贫困地区，由于常住

人口往往少于户籍人口,如果用户籍人口计算,贫困地区人均床位数会降低而发达地区的人均床位数会增多,从而全国人均床位数的地区间差异很可能会增大。

(3)综合发展指数差异

按照 40%、40%、20% 的权重,分别合成 2 个综合发展指数:

A 类综合发展指数 = 40%×地区生产总值标准化值 + 40%×社会消费品零售总额标准化值 + 20%×医疗卫生机构床位数标准化值。

B 类综合发展指数 = 40%×人均地区生产总值标准化值 + 40%×人均社会消费品零售额标准化值 + 20%×万人医疗卫生机构床位数标准化值。

对比 A 类和 B 类发展指数,可以看出,我国综合发展指数在县域层面的差距同样呈扩大态势,其中 A 类综合发展指数的标准差由 2015 年的 0.039 3 攀升至 2018 年的 0.049 7,B 类综合发展指数的标准差由 2015 年的 0.066 0 提升至 2017 年的 0.073 4(图 6.1)。

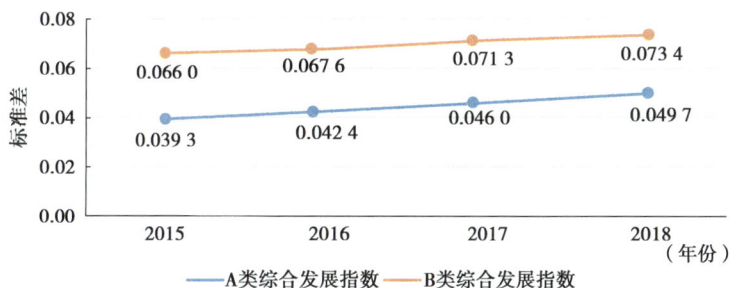

图 6.1　2015—2018 年综合发展指数的标准差

2.各省份县市旗区发展差距

进一步计算出各省 2018 年主要人均指标的标准差。按照 2018 年人均地区生产总值标准差由大到小进行排名,前五位的省份依次为浙江、北京、天津、上海、新疆,后五位的省份分别是吉林、贵州、海南、西藏、云南、河北(图 6.2);按照 2018 年人均社会消费品零售总额标准差由大到小排名,前五位的省份依次为浙江、上海、福建、江苏、辽宁,后五位的省份分别是贵州、甘肃、云南、河北、新疆(图6.3);按照2018年万人医疗卫生机构床位数由大到小排名,前五位的省份依次为浙江、上海、河南、吉林、辽宁,后五位的省份分别是江西、贵州、宁夏、西藏、福建(图6.4)。总体上看,东部省份内部区县差距更大,西部省份内部区县差距相对较小,这主要是由于西部省份区县发展水平总体不高。

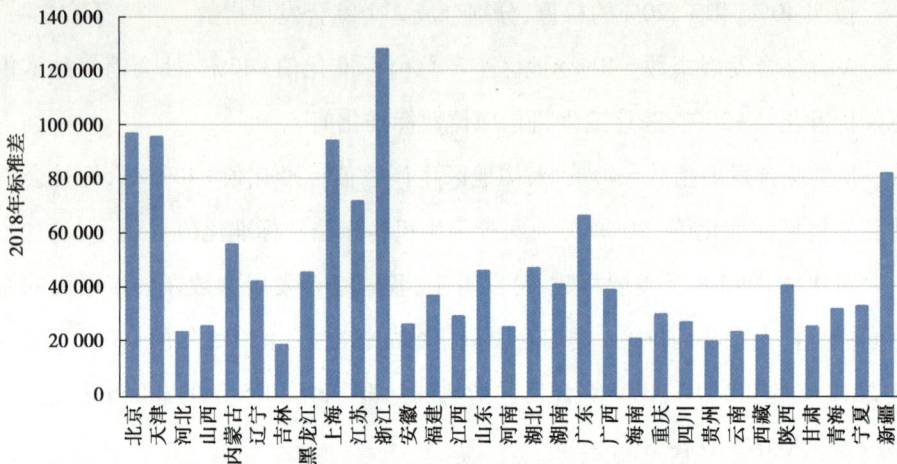

图6.2　2018年各省份县域人均GDP的标准差

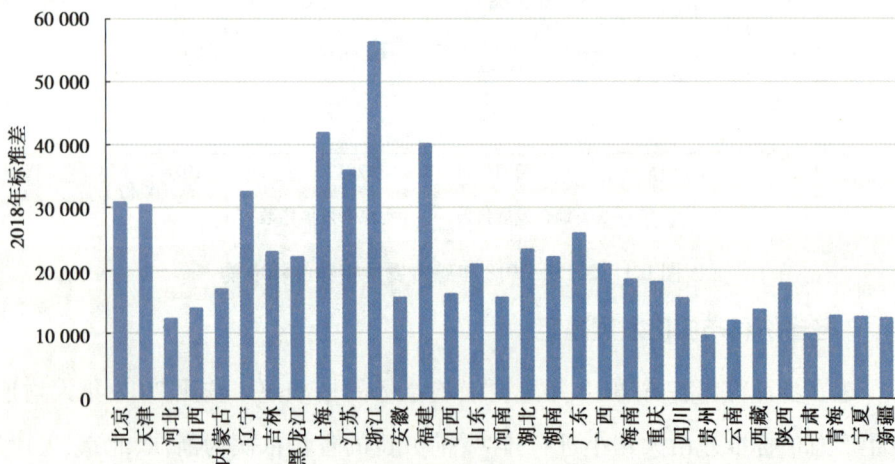

图6.3　2018年各省份县域人均社会消费品零售总额的标准差

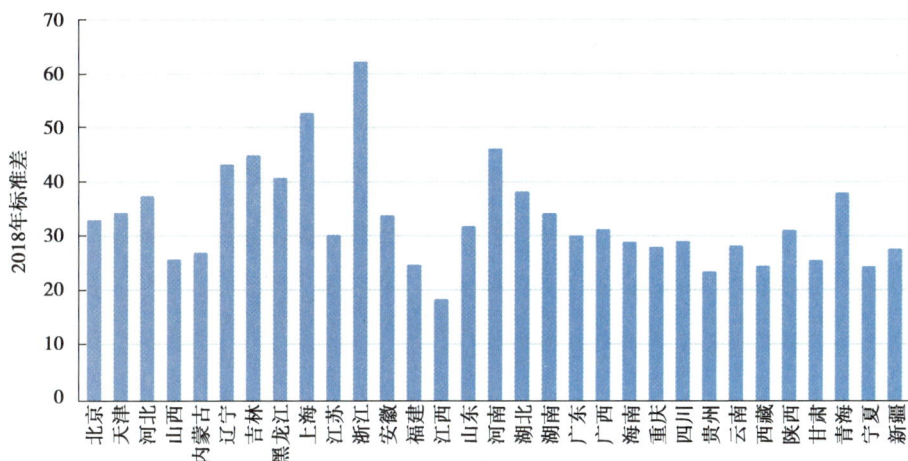

图 6.4　2018 年各省份县域人均医疗卫生床位数的标准差

将各县市旗区人均 GDP、人均社会消费品零售额、人均医疗卫生机构床位数进行排序,按照县市旗区数量进行五等分,分为最低、较低、中等、较高和最高,除中等水平地区仅有 564 个地区外,其余类别均有 565 个县市旗区。

在人均地区生产总值方面,较低和最低的地区主要产生在各省的边界地区,云南省、四川省、甘肃省、山西省、黑龙江省、河北省、西藏自治区、广西壮族自治区、新疆维吾尔自治区、湖南省最低收入县市旗区数量较多,其中,甘肃(54.65%)、西藏(52.70%)、云南(46.51%)、青海(46.51%)是最低数量占全省县市旗区比重最大的地区。另外,四川、河北、贵州、河南和山西、黑龙江、广西的较低人均 GDP 县区级地区占比也较大。总体上看,我国农村居民收入较低的地方主要分布在西藏自治区、新疆西南部、青海东南部和东部、甘肃东南部、陕西省、山西周边、宁夏南部、贵州周边、四川西北部和周边、云南、广西、江西南部、河南和湖北、安徽交界处,河北北部、内蒙古东南部、黑龙江东北部沿边地区和黑龙江与吉林近边境的交界地带。

在人均社会消费品零售额方面,最低和较低地区连片分布,其中,西藏、新疆、青海东南部、甘肃南部、四川北部、云南、贵州、广西、湖南西南部、江西东南部、安徽北部、陕西和山西的周边、内蒙古东部、黑龙江西北部是大量存在着人均社会消费品零售额最少和较少的地区。

在万人医疗卫生机构床位数方面,广东省、西藏自治区、山西省、广西壮族自治区、黑龙江省、安徽省、辽宁省、江西省、河北省、甘肃省医疗卫生床位稀缺。其中,西藏人均床位数最低的数量在各省中比例最高,达到 62.16%,山西、广西、黑龙江等三省的人均床位数最低县区数量也较多,超过了省内县区数量的 30%,分别达到了 36.13%、38.74%、34.31%。西藏地区人均床位数处于全国中等及以下水平地区的比例超过 80%。

三、区域协调发展视角下的脱贫攻坚举措

(一)加大对贫困地区开发的财政支持

1.加大对贫困地区的财政转移支付力度

通过财政资金带动社会资金补齐贫困地区基础设施建设的短板。中央财政应增加对贫困地区专项扶贫资金,加大教育医疗保障等转移支付,加大对贫困地区县级财政的支持力度。加大贫困地区基础设施的投入,提高改善贫困地区的发展能力。推进沿边铁路、公路和机场建设,加强边疆地区与内陆地区的经济联系,让边疆地区更好地融入内地市场。改善贫困地区生产生活条件,保障贫困地区交通内通外联。推进实现基本公共服务均等化。

2.通过产业发展基金促进贫困地区产业发展

设立贫困地区产业发展基金,增强相对贫困落后地区发展的内生动力。财政资金作为种子资金的扶持,撬动社会资金促进贫困地区的产业发展。贫困地区需要将本地区丰富的资源等生产要素转化成为具有比较优势的产业,产业发展基金将有助于突破贫困地区产业发展的瓶颈。

通过产业发展基金引领贫困地区在推进产业扶贫工作中科学把握产业发展规律,符合市场规律运行的要求,提高相对贫困落后地区营商环境,增强产业链和产业集群招商能力,加强企业孵化平台建设,加大创业补贴力度。通过贫困地区产业发展基金明确主导产业、带动主体和脱贫人口,争取做到愿意发展产业的贫困人口全覆盖。探索相对贫困落后地区特色农业规模化生产和产业运营的条件。加强对复杂地形条件下小型农业机械、小型运输机械等机械化操作的技术培训,实现贫困地区产业规模化经营。

3.财政转移支付资金支持贫困地区加大科学技术应用

现代科学技术的应用和普及需要一定的资金投入,贫困地区经济实力有限,需要中央政府加大财政转移支付力度,加快贫困地区对新技术的应用以及普及。具体而言,科技部门组织大专院校、科研院所派遣有实践经验的专家和中青年知识分子组成科技开发团,提高贫困地区产业开发的技术水平。

继续加大对贫困地区网络基础设施建设的投入,普及互联网知识,利用新技术、新手段、新方法,搭建新平台,创造新资源。强化通信网络设施的建设,增强通信网络在相对贫困落后地区群众生产生活中的作用。推进数字图书馆的建设和数字信息资源的应用,加大贫困地区对互联网经济知识的普及加强产业、产品和服务的数字化、平台化、品牌化建设,利用数字技术和平台经济以及文化创意推动产业融合发展,提升产业价值链。

贫困地区在主动承接发达地区产业转移的同时,也应积极关注世界科学技术的前沿,加大现代科学技术的普及。产业发展基金可引导鼓励相对贫困落后地区的工业发展,选择合适的扶贫项目,通过"互联网+"打造特色产业研发、供销、包装设计到物流服务的全产业链一体化发展,充分利用相对贫困落后地区的特有资源、发挥比较优势,发展符合当地实际情况的产业。

（二）充分发挥制度优势，建立反贫困的长效机制

1.推进地区对口支援建设模式制度化

地区对口支援建设模式经过长期的实践证明有利于推动区域协调发展、加强区域合作、优化产业布局、拓展对内对外开放新空间，也是实现先富帮后富、最终实现共同富裕目标的重要举措。建立和完善发达地区对相对贫困地区的产业发展援助机制，构建跨行政区的相对贫困地区的金融机构合作机制。可以说，发达地区对口支援贫困地区发展，是推动区域协调发展、协同发展、共同发展的大战略，是加强区域合作、优化产业布局、拓展对内对外开放新空间的大布局，是实现先富帮后富、最终实现共同富裕目标的大举措。

2.构建普惠性社会保障制度，实现每一个人公平发展的权利

国家统筹贫困地区的社会保障，由中央划拨专项资金补助贫困地区的基本生活保障。具体而言，全国统筹村最低生活保障制度、新型农村合作医疗制度、农村新型养老保险制度、农村"五保"供养制度、农村医疗救助、灾害救助等。目前碎片化的社会保障制度主要是由省级或者市级政府管理实施，社会保障政策没有实现全国统一管理、统一标准和统一实施，导致贫困地区基本公共服务发展长期滞后，贫困地区经济发展环境较差，贫困地区人民群众公平发展的权利没有得到有效保障。未来国家应该加强社会保障制度的全国统筹安排，补齐贫困地区基本公共服务的短板，加强社会保障支出，防止已经脱贫的群众再度返贫。

3.加大贫困地区教育投入，提升贫困地区的人力资本

加大对贫困地区的教育投资，扩宽贫困地区人民群众的知识面，开阔他们的视野。通过兴办教育，提高义务教育质量，普及科学文化知识，加大对贫困地区九年义务教育的扶持力度，提高农村义务教育家庭经济困难寄宿生生活补助标准，扩大中等职业教育比重，不断提升贫困地区人力资本含量。通过扶贫党

员干部的带头示范作用,鼓励贫困地区人民群众为美好生活努力奋斗,勤劳生产,为他们提供生产和生活上的便利。

在基本公共服务方面缩小与全国平均水平的差距,利用新闻发布会、政策宣讲会、产业扶贫推介会等形式,大力宣传就业扶贫优惠政策,引导贫困地区人民群众积极从事社会生产。考虑适当减免贫困地区税收,为贫困地区人民群众营造良好的生产氛围。

(三)创新扶贫模式,实现精准扶贫的可持续性

1.实现全面脱贫与乡村振兴有效衔接

加快推进农村土地制度和社会保障等相关制度改革,优先在贫困地区典型县域开展政策试验和制度改革试点,激发贫困地区要素资源市场,释放发展活力。加快推进农村土地管理制度改革,结合贫困地区土地利用特点及问题,重视盘活贫困地区农村低效闲置土地,建立跨区域的耕地占补平衡制度,增加农民资产性收入,减少扶贫项目土地使用限制。

2.改变救济式扶贫,提高贫困地区发展能力

在扶贫工作的初期,经济发展对反贫困有很好的效果,但经济增长并不意味着能解决贫困问题,贫困问题还涉及社会公平正义的问题。我国的反贫困战略过分注重物质投入,对贫困人口的健康和教育问题明显忽视,这种救济式扶贫造成广大贫困人口一直处于一种被动的接受状态。因此,应将扶贫政策与国家的现代化治理能力制度建设结合起来,从解决社会公平正义的角度,加大对贫困地区公共服务建设的投入力度,强化贫困地区与发达地区的经贸往来,形成全国统一高效的市场,改善贫困地区经济发展环境,提高贫困地区人口素质,健全贫困地区市场和法治环境。

3.在贫困地区优先实验农村产权制度改革

通过产权改革,让利于民,尝试在贫困地区优先实施农村产权制度改革,增

加农民财富,扩大农民财产性收入。加快推进农村土地管理制度改革,结合贫困地区土地利用特点及问题,重视盘活贫困地区农村低效闲置土地。

(四)制定新的区域协调发展战略,统筹贫困地区发展

1.重新划定扶贫的空间尺度,促进贫困地区产业发展

以县级为单位开展扶贫,具有瞄准性较强、县域内部发展差距不大、县级政府拥有国有建设用地出让权等优势。但是随着扶贫发展的实践,扶贫产业发展的瓶颈暴露出以县级为单位的扶贫空间尺度在扶贫产业发展方面存在着局限性。县级政府的管理能力有限,对中央政府提出的区域发展战略实施能力不足,需要上级政府下沉支持以实现中央政府的宏观战略部署。因此,有必要将地级市和县域相结合,进行相对贫困地区的划分,这样可以弥补以县级单位为扶贫的产业发展动力不足,国家宏观战略在基层执行力不足的问题。

首先地级市和县域相结合能提高对口扶贫模式的实现能力。其次地级市相对县级政府财政能力更强,在扶贫产业规划和发展方面更具有经验,贫困地区市级政府下沉更有利于大项目、产业链的发展,有利于形成市场机制条件下的产业联动、配套发展。

2.充实基层扶贫队伍,提升扶贫干部的专业化水平

由于扶贫工作的复杂性和长期性,根据我国长期积累的扶贫经验,将可复制可借鉴的经验在全国范围内推广,提高贫困地区基层干部的扶贫专业化水平。未来,国家应加大扶贫干部专业化的素质培训,实现基层扶贫干部队伍的专业化和现代化。同时,由于基层扶贫干部工作任务繁重,应提高基层扶贫干部的薪资待遇,健全基层扶贫干部的考核与晋升机制。

构建一批专业化的扶贫队伍,长期服务于国家的扶贫战略,充分发挥社会主义制度的优越性,妥善解决在经济发展过程中发展差距过大、收入分配恶化的问题。

3.注重精神帮扶，提高扶贫资金使用效率

为了从根本上解决贫困问题，未来应注重贫困人口的精神帮扶，引入社区参与机制，通过集体的力量激发贫困群众的经济发展潜能，实现能力扶贫与物质扶贫并重。提高扶贫资金的利用率，应当建立起扶贫资金的管制和监督机制。在农村地区的扶贫资金使用管理中，建立起公开透明的管理机制，确保所有的扶贫资金使用行为和管理活动都是公开、公正、透明的，防止出现腐败死角。设置专门进行扶贫监督和评估的部门，同时要加强公众外部监督和舆论监督，确保扶贫资金的使用阳光透明。建立起真正有效的扶贫监督机制，能够有效避免扶贫资金不到位、被挪用或截留的现象发生。规范扶贫机制，杜绝寻租现象。

7

城乡统筹与脱贫攻坚

一、城乡扶贫的理论与经验

（一）我国城市贫困研究现状

李姗姗等（2015）认为城市贫困应该包括 3 个层次的内涵：一是城市居民衣、食、住、行、教育、医疗等基本生活需求未能得到满足的状况；二是在经济社会发展水平相近的一定地域空间内，相对于其他社会群体而言，生活处于较低水平的群体；三是包含社会文化、心理需求、能力机会等难以量化要素的精神贫困。就城市贫困的趋势而言，城市贫困行业固化，多数城市贫困人口从事采掘业、建筑业、纺织业、低端制造业、批发零售业等附加值低的劳动密集型行业；城市贫困人口空间固化，今已逐步固化成了以零散分布、外部环绕为特征的城市贫困人口分布；城市贫困群体固化，城市贫困人口因经济资源匮乏，无力支付维护社会关系的成本而被迫放弃其社会交往的权利，边缘化于主流社会，在贫困代际传递的作用下，贫困群体的社会关系固化在极小的社会空间。梁汉媚等（2011）发现三条形成城市贫困的相互影响的机制链条，即由于产业结构调整和经济体制的转轨、社会保障不完善和政府财政实力较弱以及人力资本偏低和市场需求高三方面引发城市贫困。

学者对城市贫困的区域分布、城市特点等进行分析。袁媛等（2016）采用2007—2011 年中国 352 个地级及以上城市贫困的空间演化、分布的差异特征，发现贫困人口总量略有增长，贫困人口分布整体呈现均衡化趋势；从区域看，西部地区的城市贫困人口集聚加剧，贫困加深区较多；从城市看，小城市、资源型城市和少数民族聚居型城市是构成贫困加深区的主要类型。李姗姗等（2015）发现 2012 年城市贫困人口主要分布在中西部资源型城市、东北老工业基地和西部少数民族地区；从行业分布来看，城市贫困人口主要分布在技术水平偏低的劳动密集型行业;从城市等级分布来看,大城市以支出型贫困为主,中小城市以收入型贫困为主。

为了对城市贫困进行治理,我国出台了一系列政策,主要包括预防性政策、救济性政策和开发性政策:预防性政策着力于防止城市贫困发生或降低城市贫困发生概率,包括最低工资制度、社会保险制度等;救济性政策重点在于减少城市贫困产生后的负面影响和损害,主要包括最低生活保障制度、贫困救助补贴等;开发性政策致力于消除城市贫困群体的脱贫障碍,使其脱贫机会得到拓展,主要是完善就业服务,实施再就业培训,职业扶贫教育制度的实施等。

(二)我国部分地区的经验借鉴

就我国城乡统筹扶贫的实践来看,主要侧重于将城乡低保家庭纳入扶贫工作范围,或通过转移至城市的方式,使农民转变为农民工,为其创造就业条件。例如,广东省江门市围绕“精准扶贫、精准脱贫”的工作思路,加强社会救助和精准扶贫政策衔接,改变了过去只以农村贫困村、贫困户为帮扶对象的传统做法,实现扶贫对象城乡全覆盖,通过对低保标准和扶贫标准的并轨,统一城乡贫困标准,将城乡低保家庭全部纳入精准帮扶范围。内蒙古自治区乌兰察布市化德县对农村两类贫困人口采取有针对性的“三个转移、三个集中”的“三三制”城乡统筹扶贫模式,即对有劳动能力的贫困人口,一部分转移进城就业,集中从事第二、第三产业;一部分转移到中心村,集中从事现代农牧业开发;对没有劳动能力的贫困人口,转移到中心村互助幸福院,实行集中互助供养,保障基本生活。

目前,对农民工进行专项扶贫的政策较少,但由于国家大力推进精准扶贫,一方面,借助产业扶贫等方式,部分扶贫人口实现转移就业,一定程度上扩大了农民工的总体数量,提高了农民的收入水平。例如,2016 年贵州省农民工月平均收入为 3 245 元,年收入约 3.9 万元,以“四口之家、一人务工”的标准测算,年人均收入 9 735 元,远远超出 3 146 元的脱贫标准。另一方面,由于政策支持,农民工积极参与回乡创业。农民工积累了多年工作经验,不仅有一定的资金积累,还有技术支撑和一定的创业条件。因此,部分地区大力扶持农民工返乡创业。例如 2015 年玉林市邮政储蓄银行发放小额贷款 131 万元,支持 20 名农民工创业,带动 150 多人就业,市总工会贴息 14 万多元,有力地推动了农民工创业致富。2016 年开封市人社局支持返乡农民工创业担保贷款行动计划启动,以解决返乡创业农民工资金短缺,促进其成功创业为根本目标,与精准扶贫紧密结合,加大对返乡农民工创业担保贷款扶持力度,使一大批有创业要求、具备一定创业条件的农民工通过贷款扶持成功创业。

(三)发达国家的经验借鉴

城市贫困是世界范围内的重要议题。自 20 世纪 70 年代以来,由于经济重构和社会转归,在工业化的城市体系之中,出现了大批失业、在业低收入、无保障等在内的贫困人口。

根据绝对贫困和相对贫困的含义,贫困线也分为两种:一种是以绝对的物质指标去衡量的绝对贫困线,例如美国联邦政府建立的一套计算贫困线的方法反映的就是绝对贫困,是根据足以买到维持基本生存所需食物的收入量计算的,最低食物预算即仅够购买维持人们生活所需最低限度的食品的开支,乘以 3 就得贫困线;另一种是从社会其他成员生活水平中测量的相对贫困线,例如有些学者认为贫困的收入水平是全国中等收入的一半,从而相对贫困线就相当于全体社会成员平均收入的 50%。英国的贫困线以中等家庭收入为标准,一般统计低于这个标准的 50%、60% 或 70% 的人口。

针对城市贫困,国外针对个人扶贫的主要经验为扩大就业和建立社会福利制度。失业问题是导致城市贫困的主要原因之一,因而扩大就业就成为各国反城市贫困的主要对策之一。社会福利制度在一些国家是作为兜底政策进行保障,而在一些国家是作为保障生活质量的制度。但高福利给欧洲国家带来了巨大的财政压力,并造成对福利的依赖性。此外,英美还有针对地区开发的扶贫模式以及针对脱贫能力开发的扶贫模式。

英国城市反贫困政策包括贫困人口政策和贫困地域政策两类。贫困人口政策是针对贫困人口的反贫困对策,目前主要包括社会保障制度和可持续就业政策两个方面。社会保障制度包含社会保险、社会救助和专项津贴三部分。可持续就业政策通过强制性再就业培训和增加就业培训支出等措施,增强贫困者持续就业能力;通过增加公共投资和吸引外资企业等措施,为贫困者创造就业机会。贫困地域政策是针对贫困人口聚居区的反贫困对策,是英国政府化解城市贫困的主线之一,主要经历了物质环境改善和社区发展复兴两个阶段。物质环境改善阶段主要通过拆除贫民窟、重建公共住房、向卫星城疏散贫困人口等措施,改善贫困群体的住房设施和居住环境。社区发展复兴阶段采取物质性环境改造与经济社会环境改善相结合的方式,对城市贫困社区进行改造更新,增强社区发展能力。

美国贫困救助在演变过程中因受到积极福利主义等理论的影响,其管理策略的精细化特性日益凸显,主要体现为对贫困者在进行精细分类的基础上实行个性化救助、将各种救助措施整合衔接以保障预期效果、通过多种激励措施动员社会力量参与救助以满足贫困者精细化救助需求等。例如,《社会保障法》规定,贫困救助对象主要为陷入严重生存危机者,具体为老年人、儿童、残疾人、失业人员、盲人及依靠他人生活者等。《经济机会法》除政府创造就业机会外,还倡议创建"社区行动规则",以充分发挥社区在就业促进中的作用。《国家和社区服务信任法》,规定了政府对社区参与扶贫服务予以资金帮助,并制定了促进其发展的措施。

此外,与非政府组织(NGO)的合作是扶贫的重要手段。20世纪60年代以来,随着约翰逊政府"向贫困宣战",美国历史上影响范围最大、最为全面和系统的反贫困政策诞生,其间NGO在城市贫困社区发展中,负责贫困人口的教育、培训以及咨询等服务,直到21世纪初,政府在反贫困和福利等公共问题上充当决策者、资金提供者和指导者的角色,而NGO则负责资金的项目分配和具体用途,包括贫困项目的策划和实施,以及实物和资金的落实等。20 世纪末,里根政府于 1993 年又颁布了《联邦受援区和受援社区法案》,启动了美国历史上最大规模、覆盖农村和城市 500 多个地区的社区扶贫计划。次年 12 月,联邦政府住房和城市发展署分别批准 6 个城市受援地区和 65 个城市受援社区,农业部批准 3 个农村受援地区和 30 个农村受援社区,联邦政府拨出大量资金用于改善城市居住环境,刺激农业发展,开发农村资源,加强对贫民的就业培训和技能教育等,以提高他们获得可持续发展的能力。

(四)评析与总结

目前,随着 2020 年我国绝对贫困的消除,新阶段城乡统筹扶贫受到关注。学术界对城市贫困的研究成果丰富,较多地探讨城市贫困的类型、测度、扶贫方式等。我国城市贫困主要衡量标准依然是居民最低生活保障线,但以收入为尺度的衡量标准逐渐转向多维指标,准确测度城市多维贫困的指标体系尚未建立。我国城市扶贫制度涵盖城市低保、医疗、就业、教育、住房等诸多层面,但仍以户籍为约束条件,导致农民工无法被纳入城市扶贫体系中。由于农民工是城市常住人口,其生活和工作地点均在城市,将其排除在城市扶贫体系之中无法满足现实要求。农民工与家庭的居住方式分为两种:一种为家庭成员随居到城市,另一种为家庭成员仍居住在农村,这给以家庭为贫困测度单位的体系增加了难度。城市贫困发生率较高的行业为采掘业、建筑业、纺织业、低端制造业、批发零售业等附加值低的劳动密集型行业。由于缺乏劳动技能,劳动力市场议价能力较低,农民工大多从事于上述劳动密集型行业。因此,农民工的贫困问题值得关注,但目前我国并没有针对农民工的扶贫体系,而针对农民工的扶贫实践局限于帮扶农民工返乡创业、为其提供就业培训等。

发达国家扶贫经验主要包括兜底政策和扶持政策。针对没有劳动能力的人群,实施较高程度的社会保障。针对有劳动能力的人群,对其实施就业帮扶。此外,发达国家与 NGO 的合作程度较高,且社区扶贫计划应用广泛,值得我国借鉴。由于中外国情相异,国外户籍制度在扶贫体系中影响较小,但农民工类似于美国拉美裔移民,其劳动力市场表现、社会融入程度等较差。拉美裔人口脱贫需要通过美国联邦政府和地方政府的政策导向,以确保拉美裔移民的就业和劳动权益,需要通过教育、通过学习亚裔移民文化中的优秀品质,以提升自身素养。这对我国农民工摆脱贫困状况具有借鉴意义。

二、城乡统筹扶贫对象的识别

(一)城乡统筹扶贫客体的识别

近年来,我国户籍制度改革不断推行,二线城市以购房、就业和缴纳 3 年以上"三险一金"作为落户标准,比如南京、武汉、成都。一线城市户籍制度管理仍缺乏弹性,尤其是北京和上海,户籍制度更倾向于经营阶层,"人户分离"的情况较为严重。理想的户籍制度应该是自动登记制度——以人口流动并长期居住地为户籍登记地,现实情况则恰恰相反,原因在于我国较大的区域差距和城乡差距。农民工作为我国城市经济发展的建设者,往往因为户籍问题而无法享受与城市居民同等的公共服务。农民工在城市的发展问题成为城乡统筹形势下我国扶贫的主要对象。

以往的贫困通常以收入短缺或者消费能力不足作为衡量贫困的主要依据,这也是过去经济水平欠发达情况下,贫困常与饥荒相联系的缘故。随着我国经济不断发展,我国平均收入水平已经迈入中等收入国家之列,尤其是"十二五"期间,我国人均 GDP 已经达到 7 800 美元。过去的贫困标准存在这样的弊端:消费水平过低和指标过于单一。根据马斯洛需求层次理论,人的需求从低到高分别是生理、安全、社会、尊重和自我超越,遵循了从温饱到小康再到富裕的发展规律。研究城市中农民工的贫困问题就不是一个单一维度的静态贫困问题,必须考虑农民工及其家人的生存和发展问题。根据阿玛蒂亚·森关于多维度贫困的理论,用可行能力分析贫困。他认为,可行能力被剥夺才是贫困的本质,收入仅仅是识别贫困的一个指标;同时,收入对可行能力的影响可能不是线性的,应该从可行能力的角度来分析贫困问题。1990 年,联合国开发计划署构建了基于受教育水平、健康状况和生活水平三个维度的人类发展指数(HDI)。布戈尼(1997)和柴可诺维奇(1998)详细讨论了多维贫困的测算方法,艾卡和福斯特(2008)提出了测度多维贫困的 A-F 方法,既能解决多维贫困的量化识别问题,又能实现理论构建与实证检验的双向互动。新型城镇化下我国应该加大对于城市农民工的扶贫力度,构建一套完整的扶贫政策体系,从权力贫困、精神贫困、能力贫困、资产贫困和福利贫困等多个维度来进行扶持,保障城市的建设者——农民工——也享受到城市化带来的红利。

目前,我国以地域空间为界对贫困人口进行帮扶。随着绝对贫困消除,我国新阶段扶贫将由绝对贫困转向相对贫困,扶贫主战场由农村转向城乡,扶贫客体由农村贫困人口转向所有贫困群体。此外,随着城市化进程加快,城乡人口流动日益频繁,贫困问题在城乡之间转移融合,流动人口贫困已成为贫困的重要组成部分。

城市流动人口主要分为三类:一类是城市间的流动人口,一类是从农村短期内流动到城市的人口,一类是从农村长期流动到城市的人口。第三类人群的生活重心属于城市,但由于扶贫体系以户籍为标识单位,农业转移人口脱离了农村扶贫体系,且无法加入城市救助体系,针对这类人群的扶贫体系十分薄弱。因此,我们在分析城乡贫困人口界定差异的基础上,以处于"中间地带"的农业转移人口为新阶段城乡统筹扶贫的客体进行讨论。

1.城市贫困人口

对城市贫困人口的界定,目前主要依据各地城市的最低生活保障线,人均可支配收入低于当地"低保线"的人口即为贫困人口。

就贫困人口的组成来看,改革开放前,我国城市贫困人口主要指城市"三无"人员,即无生活来源、无劳动能力、无法定赡养或抚养人员。随着我国改革开放和市场经济发展、企业经营状况分化和所有制改革,城市人口收入状况逐渐分化,城市低收入群体包括失业人员、灵活就业人员等。

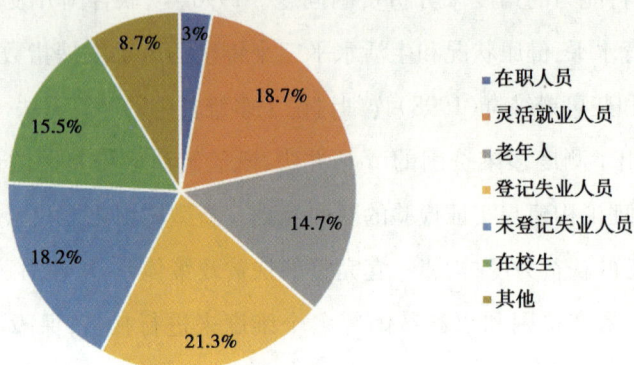

图 7.1　2010 年城市低保对象分布

数据来源:根据民政部统计数据整理。

如图 7.1 所示,2010 年城市低保对象主要包括登记失业人员(21.3%)、未登记失业人员(18.2%)、灵活就业人员(18.7%)、在校生(15.5%)、老年人(14.7%)。失业人员总计占比达 39.5%。由此可见,劳动力市场表现是导致贫困的关键因素。缺乏劳动能力、未参与劳动力市场的人是低保人员的主体。

各城市最低生活保障线主要与地方经济发展程度、财政状况、消费水平等相关,差距明显。如表 7.1 至表 7.4 所示,2017 年北京市城乡低保标准为家庭月人均 900 元,城乡低收入家庭认定标准为家庭月人均 1 410 元,而 2016 年这两个标准分别是 800 元和 1 050 元。浙江省 2015 年城市低保标准为 653 元,省内各区县最高为 744 元,最低为 528 元。河南省 2016 年上半年城市低保标准为 400 元。遵义市 2017 年城市低保标准为 559 元。地区差距显著。

表 7.1　北京市 2014—2017 年城乡低保标准和低收入家庭认定标准

单位:元/(人·月)

年份	城市低保标准	农村低保最低标准	城乡低收入家庭认定标准
2014	650	560	850
2015	710	670	930
	城乡低保标准		城乡低收入家庭认定标准
2016	800		1 050
2017	900		1 410

数据来源:根据北京市民政厅网站数据整理。

表 7.2　2015 年浙江省各地低保标准

单位:元/(人·月)

地区	城市	农村	地区	城市	农村
全省平均数	653	570	临安市	585	440
杭州市			建德市	612	490
上城区	744		桐庐县	612	490
下城区	744		淳安县	600	480
西湖区	744	744	温州市		
江干区	744	744	鹿城区	765	575
拱墅区	744		龙湾区	765	575
滨江区	744	744	瓯海区	765	575
市本级	744	744	洞头区	765	575
萧山区	744	744	乐清市	670	503
余杭区	744	744	瑞安市	681	511
富阳市	618	495	永嘉县	620	470

续表

地区	城市	农村	地区	城市	农村
平阳县	635	635	温岭市	702	572
苍南县	626	480	玉环县	695	695
文成县	625	535	天台县	660	530
泰顺县	625	535	仙居县	661	534
绍兴市			三门县	660	530
市本级	630	570	宁波市		
越城区	630	570	海曙区	744	
柯桥区	630	570	江东区	744	
上虞区	630	570	江北区	744	744
诸暨市	630	570	镇海区	744	744
嵊州市	611	493	北仑区	744	744
新昌县	611	493	鄞州区	744	744
衢州市			慈溪市	664	664
柯城区	612	459	余姚市	664	664
衢江区	612	459	奉化市	612	612
江山市	612	459	宁海县	612	612
常山县	612	459	象山县	612	612
开化县	612	459	市本级	744	744
龙游县	612	459	嘉兴市		
台州市			南湖区	664	664
椒江区	692	550	秀洲区	664	664
黄岩区	692	550	市本级	664	664
路桥区	692	550	嘉善县	664	664
临海市	692	528	海盐县	664	664

续表

地区	城市	农村	地区	城市	农村
海宁市	664	664	浦江县	612	459
平湖市	664	664	磐安县	528	396
桐乡市	664	664	舟山市		
湖州市			定海区	664	664
德清县	615	615	普陀区	664	664
长兴县	615	615	岱山县	664	664
安吉县	615	615	嵊泗县	664	664
吴兴区	664	664	市本级	664	664
南浔区	664	664	丽水市		
开发区	664	664	市本级	612	459
金华市			莲都	612	459
婺城区	665	532	龙泉	528	396
金东区	665	532	青田	612	459
开发区	665	532	云和	552	552
兰溪市	585	468	庆元	528	396
义乌市	640	640	缙云	601	451
东阳市	664	512	遂昌	528	396
永康市	664	498	松阳	528	396
武义县	585	468	景宁	528	396

数据来源:根据浙江省民政厅网站数据整理。

表 7.3   2016 年上半年河南省低保标准

地区	低保对象人数/万人	人均保障标准/个	人均补助水平/(元·(人·月)$^{-1}$)
城市	99.9	400	240
农村	385.5	2 900	127

数据来源:根据河南省民政厅网站数据整理。

表 7.4   2017 年遵义市低保标准

地区	城市/(元·(人·月)$^{-1}$)	农村/(元·(人·年)$^{-1}$)
全市平均	559	3 562
红花岗区	600	3 612
汇川区	600	3 612
播州区	600	3 612
新蒲新区	600	3 612
仁怀市	600	3 612
赤水市	600	3 612
其他	532	3 528

数据来源:根据遵义市民政局网站数据整理。

就全国而言,如图 7.2 所示,2010—2019 年我国城市低保平均标准逐年上升,由 2010 年每人每月 251.2 元上升到 2019 年每人每月 624 元,增幅超过一倍。2010—2019 年,低保户低保人数从 1 145 万户、2 310.5 万人下降为 524.9 万户、860.9 万人,说明我国城市低于最低生活水平的人数显著下降。由于低保人数下降,2010—2019 年,城市低保资金呈先上升后下降态势,从 524.7 亿元变为 519.5 亿元。

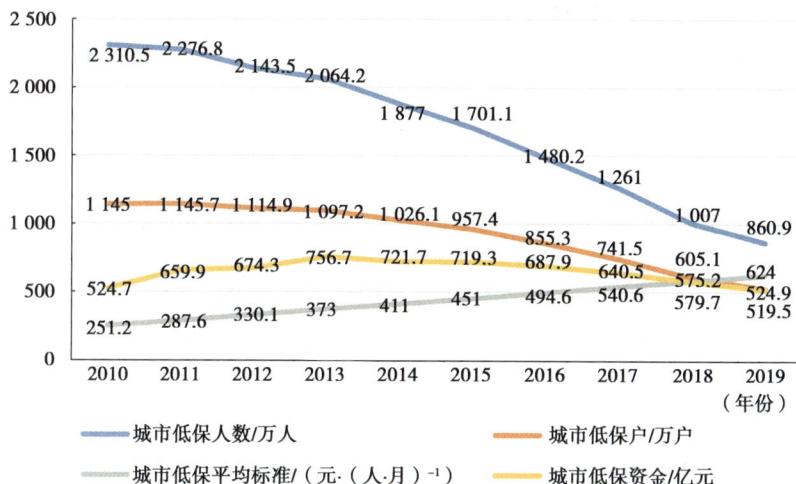

图 7.2　2010—2019 年城市低保主要数据

数据来源:根据民政部发布的历年《社会服务发展统计公报》整理。

相对于农村,城市下岗从业人员更易受到社会的排斥和边缘化,因此其致贫原因也区别于农村。下岗失业人员是城市贫困的主要构成,而新增劳动力与城市就业市场的供求关系失去平衡所产生的大量失业人口是城市相对贫困的后备军。随着城市化进程加快,农业转移人口已大量涌入城市,参与到劳动力市场竞争中。由于劳动力供给明显增加,相对贫困的后备军存量明显加大。但由于目前城市低保认领具有户籍属性,这就将广大农业转移人口排除到社会救助体系之外,其最低生活得不到保障。

2.农村贫困人口

目前,我国对农村贫困人口的帮扶主要通过精准扶贫,为贫困人口建档立卡,并通过发展生产、移民搬迁、教育扶贫、生态扶贫等手段实现精准脱贫。《中国农村扶贫开发纲要(2011—2020)》指出扶贫对象为在扶贫标准以下具备劳动能力的农村人口,这说明我国农村扶贫对象针对通过政策支撑有能力摆脱贫困状态的人群。目前,国家扶贫标准是 2 300 元(按照 2011 年不变价)。在此基础上,各地大多制定了本地区的扶贫标准。从在各地调查的情况看,全国平均扶贫标准高于全国平均农村低保标准。

2010 年之前,我国重点关注绝对贫困。国家统计局将贫困线定义为在一定的时间、空间和社会发展阶段的条件下,维持人们的基本生存所必须消费的物品和服务的最低费用。2010 年之后,我国进入全面小康阶段的扶贫攻坚战,出台了《中国农村扶贫开发纲要(2011—2020)》《关于打赢扶贫攻坚战的决定》《"十三五"扶贫攻坚规划》等,将农村作为我国扶贫主战场。2011 年,将农民人均纯收入 2 300 元作为新的国家扶贫标准。对贫困人口的识别以其实际生活水平和"两不愁三保障"为依据,将以收入为单一衡量指标与多维指标结合,采取精准识别、精准帮扶的方式,实现贫困人口的全面小康。

我国农村脱贫攻坚战已取得决定性胜利,自 2013 年以来累计减少贫困人口 9 300 多万,年均减贫 1 000 万以上。至此,我国 832 个贫困县全部脱贫。

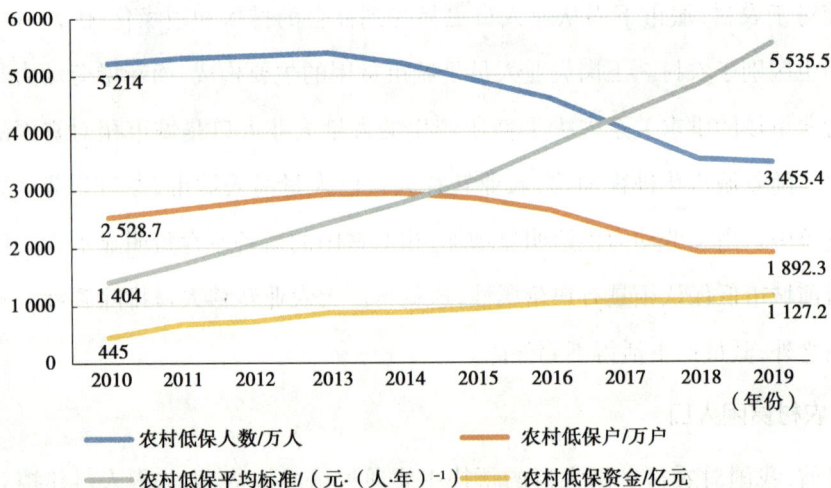

图 7.3　2010—2019 年农村低保主要数据

数据来源:根据民政部发布的历年《社会服务发展统计公报》整理。

农村最低生活保障标准由县级以上地方人民政府按照能够维持当地农村居民全年基本生活所需的吃饭、穿衣、用水、用电等费用确定。由图 7.3 可知,2010—2019 年我国农村低保户从 2 528.7 万户减少到 1 892.3 万户,同时低保人数由 5 214 万人下降到 3 455.4 万人，低保资金由 445 亿元上升至 1 127.2 亿元，农村低保平均标准由每人每年 1 404 元上升至每人每年 5 535.5 元。

在绝对贫困消除的背景下，新阶段扶贫工作将更关注"二线合一"或两线互相协调。2009 年，《中共中央　国务院关于 2009 年促进农业稳定发展农民持续增收的若干意见》提出："坚持开发式扶贫方针，制定农村最低生活保障制度和扶贫开发有效衔接办法。"此后，各地积极开始试点工作。例如，河北省民政厅印发《关于发布全省农村最低生活保障标准调整预警信息的通知》，要求各地要研究制定扶贫线和低保线"两线合一"的实施办法。贵州省制定《贵州省城乡低保减量提标方案》，通过城乡低保减量提标，确保城乡低保标准、保障范围与全面小康社会建设进程相适应。

因此，新阶段城乡统筹扶贫重点考虑贫困线和低保线的相互配合或"二线合一"问题。但通路情况较差、自然灾害频发、收入水平低下、劳动力状况不佳是中国贫困村的主要致贫因素。在农村基础设施相对较差、自然生态状况不佳、就业机会较少等情况下，农业人口大量向城市转移，收入显著提高，脱离农村扶贫体系，成为城市扶贫和农村扶贫的"中间地带"，其贫困问题值得关注。

3.农业转移人口

农业转移人口规模巨大，已成为社会建设和经济发展的重要力量。如图 7.4 所示，2019 年农民工总量达到 29 077 万人，增长 0.8%。农民工平均年龄为 40.8 岁，比上年提高 0.6 岁。从年龄结构看，40 岁及以下农民工所占比重为 50.6%，比上年下降 1.5%；50 岁以上农民工所占比重为 24.6%，比上年提高 2.2%，近五年来占比逐年提高。从农民工的就业地看，本地农民工平均年龄 45.5 岁，其中 40 岁及以下所占比重为 33.9%，50 岁以上所占比重为 35.9%；外出农民工平均年龄为 36 岁，其中 40 岁及以下所占比重为 67.8%，50 岁以上所占比重为 13%。

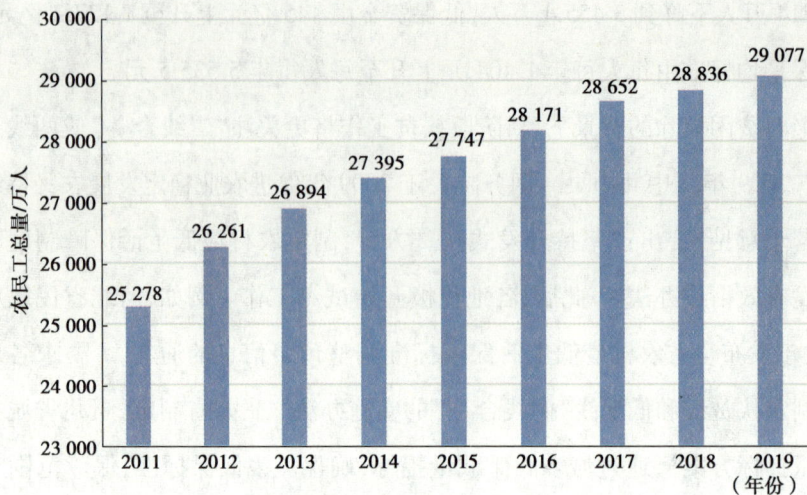

图 7.4　农民工总量

数据来源:统计局《2019 年农民工监测调查报告》。

图 7.5　2019 年分行业农民工月均收入

数据来源:统计局《2019 年农民工监测调查报告》。

如图 7.5 所示,2019 年农民工月均收入 3 962 元,比上年增加 241 元,增长 6.5%,农民工集中就业的六大行业月均收入均稳定增长。其中,交通运输、仓储和邮政业农民工收入较高,为 4 775 元/月,增速为 7.4%,其次为建筑业、制造业,住宿餐饮业农民工工资较低,为 3 289 元/月,增速为 4.5%,工资增速最低的是居民服务修理和其他服务业,增长 4.2%。

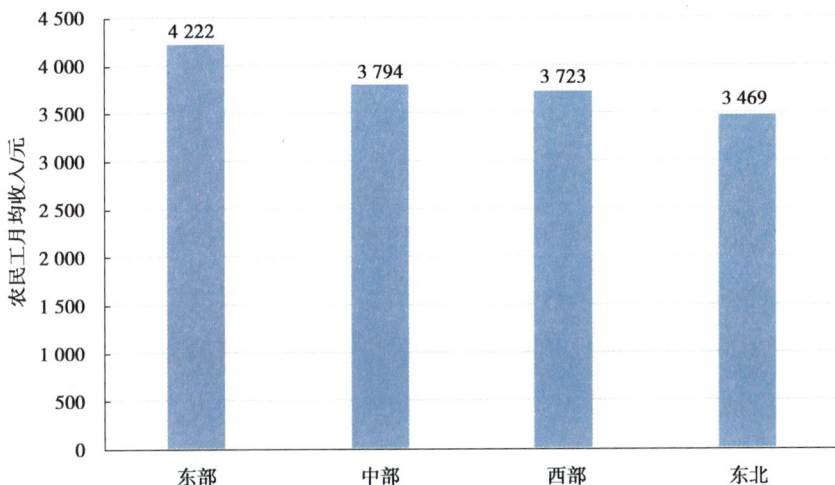

图 7.6　2019 年各地区农民工月均收入

数据来源:统计局《2019 年农民工监测调查报告》。

分地区看,如图 7.6 所示,在东部地区务工的农民工月均收入 4 222 元,在中部地区务工的农民工月均收入 3 794 元,在西部地区务工的农民工月均收入 3 723 元,在东北地区务工的农民工月均收入 3 463 元。在东部地区务工的农民工月均收入增速分别比在中部、西部和东北地区务工的农民工高 0.5%、1.1% 和 1.6%。

从收入角度来看,农民工收入高于最低生活保障线,但由于住房、子女教育等成本较高,农民工隐形贫困比例较高。例如,2018 年,在进城农民工中,租房居住的农民工占 61.3%,购房的农民工占 19%,单位或雇主提供住房的占 12.9%。从消费的角度来看,其物质贫困的普遍发生率高达 50% 以上。从多维物质贫困来看,农民工三维物质贫困发生率达到30%以上。

农民工贫困不仅表现在收入角度,还表现在能力和权利层面。从能力角度来看,农民工贫困表现在劳动能力、获取信息和资源的能力、城市适应能力、人际交往能力等方面。农民工从事的劳动大多是简单重复的体力劳动,技能水平难以随着工作经验得到积累。加之工作时间长、强度大、环境差、防护不足等,使农民工健康折旧加速,加剧了能力贫困状况。从权利角度来看,农民工权利贫困表现在政治、经济、社会、文化等方面。例如,就业歧视、劳动保障受到侵害、子女教育与城市户籍人口的差距等。根据调查,流动人口贫困层最大的支出项目是食品消费,其次为房租、固定(水电煤)支出和学杂费,且人际交往费用为零。农民工参与养老保险和医疗保险的状况较差,抵抗风险能力弱,一旦失去收入来源,很容易陷入贫困。

随着2020年消除绝对贫困,我国扶贫将转向相对贫困和多维贫困。英国学者汤森(Townsend)(1971)提出相对贫困理论,假设人民基本生活需求得以满足,但本该拥有的条件和机会低于平均水平,那么他们也处于贫困状态。阿玛蒂亚·森(1976)在《以自由看待发展》中将可行能力视角引入贫困分析中,认为能力缺乏是贫困的根源,而能力包括使人们免于饥饿、营养不良、疾病的能力,接受基本教育、改善住房条件、提高生活水平的能力,还包括社会交往和享受尊重、政治自由等。世界银行(2001)对贫困进行定义时,不仅包括用收入、消费等来测量的物质因素,还包括教育、健康、抵御风险能力、对自身需求的表达力和对社会的影响力等。由此可见,多维贫困将贫困定义为权利或机会的不平等,教育、健康、住房、医疗、就业等基本权利和条件是贫困体系的主要指标。目前,我国在识别贫困中突出了非收入维度的标准,如"两不愁三保障"等。因此,研究相对贫困的衡量标准,探讨多维贫困的体系构架,是新阶段我国践行全面小康、让人民群众共享发展成果的基础性工作,也是城乡统筹扶贫的重要举措。

目前,学者对贫困标准有较多探讨,以收入为单一衡量标准逐渐转向多维标准来衡量贫困。陈宗胜等(2013)认为我国农村贫困线实际可以更高些,并建议采用相对贫困线,将0.4~0.5的均值系数作为界定"相对贫困"的标准,具体方法为依据上一年农村居民的平均收入计算下一年农村"相对贫困线",例如,2010年我国农村居民平均收入水平为5 919元,以0.4均值系数计算得到2011年的贫困标准为2 368元,设立相对贫困线,使贫困线的变动适应经济发展水平的变化。李实和John Knight(2002)根据收入和消费两个维度,将城镇贫困分为3种类型,即持久性贫困(收入贫困+消费贫困)、暂时性贫困(收入贫困+消费非贫困)和选择性贫困(收入非贫困+消费贫困)。汪三贵等(2013)提出以资产和收入两个维度划分的结构性贫困(收入贫困+资产贫困)、偶然性贫困(收入贫困+资产非贫困)、偶然性非贫困(资产贫困+收入非贫困)、结构非贫困(收入非贫困+资产非贫困)。此外,很多学者采用多维贫困进行测度。王小林和Alkire(2009)运用A-F多维贫困测度方法,从住房、饮用水、卫生设施、用电、资产、土地、教育、健康保险8个维度,研究中国城市和农村家庭多维贫困程度,结果表明卫生设施、健康保险和教育对多维贫困指数的贡献大;农村贫困对全国多维贫困指数的贡献高于城市贫困。王春超、叶琴(2014)利用A-F多维贫困测量方法估计中国9省劳动者在收入、健康、教育、医疗保险四个维度的多维贫困,对比分析农民工和城市劳动者多维贫困的状况,发现市场化程度提高有利于减少劳动者的多维贫困,农民工的多维贫困主要受其教育维度的影响。崔治文等(2015)利用A-F多维贫困测度方法,结合2014年甘肃省农村居民家庭微观层面的调研数据,对贫困地区农户多维贫困状况进行研究,发现单维度中,贫困发生率由高到低依次为教育、收入、社会关系、资产、住房和健康。郭熙保、周强(2016)在A-F方法基础上,选取教育、健康、医疗服务、就业、生活质量、收入6个等权重维度,将多维贫困研究扩展到跨期动态分析中,发现人均受教育年限、正规就业、医疗保险、人均收入是长期多维贫困的主要贡献因素。张昭等

(2017)以收入维度为主导,兼顾健康、教育、生活状况、卫生状况、食物支出五个非收入指标,将所有维度赋予同等权重,构建"收入导向型"多维贫困指数,根据维度临界值判断个体在哪些维度上处于贫困状态,并采取动态追踪考察贫困的持续性。

多维贫困视角不仅关注收入层面,而且从可行能力来反映贫困,深入到对贫困更深层次的研究中。因此,我们认为将多维贫困作为新阶段城乡统筹扶贫中对农业转移人口的贫困界定标准是适宜的。

(二)城乡统筹视角下农民工贫困状况

1.农民工贫困的测度

经济学视角认为,贫困是个人或家庭没有足够收入满足其基本需要,因而主张采用收入支持和资产累计政策,提倡"输血"。社会学从社会结构和制度的角度,认为贫困是一种社会排斥现象,贫困是一种不平等,强调采用社会包容政策,提倡改善不公平的制度和环境。发展学视角重视人的可行能力,认为贫困的原因是个体或家庭的基本可行能力不足,而基本可行能力不仅包括促进人类体面地生活的基本需要,甚至包括主观感受,强调促进人的能力提升,提倡"造血"。政治学视角反贫困政策的核心是赋予公民权利。综上可知,贫困的内涵丰富复杂,对其测度也不能局限于某一学科的陈述。

由于农民工处于扶贫的中间地带,因此户籍特征是考虑农民工贫困需要考虑的主要因素。我们将农民工贫困定义为:由于社会制度供给不足和制约、劳动力市场表现不佳、生活观念等原因造成的农民工无法享受到居住所在地居民平均或一定比例的物质、服务和文化生活。由此可见,农民工贫困可分为物质贫困、多维贫困等方面。在消除绝对贫困之后,新阶段我国城乡统筹扶贫的重点在于强化对农民工相对贫困或多维贫困的瞄准和帮扶。具体而言,物质贫困分为绝对贫困和相对贫困两种,新阶段我们主要考虑相对贫困;多维贫困则综合考虑收入、教育、医疗等因素,测算上述因素被剥夺程度,进而对贫困进行多维测度。

对农民工贫困测度经历了从定性描述到定量测度、从单维测度到多维测度的过程。单就收入层面,农民工收入基本高于所在城市的最低生活保障线。根据统计局公布的《2016 年农民工监测调查报告》,2016 年农民工月均收入为3 275元,考虑家庭规模等因素,远高于 2016 年我国城市和农村低保平均标准,以及贫困线标准。

但农民工家庭责任重,城市融入程度低等因素导致个人消费水平较低,且农民工在教育、医疗等方面与城市户籍人口差异较大,若以消费角度或多维贫困指标进行衡量,农民工贫困率则会显著提高。侯为民(2015)以问卷调查形式收集样本进行研究,发现从消费角度考虑,农民工物质贫困发生率高达50%以上,这说明农民工物质生活水平较低,农民工选择节衣缩食的生活方式。进一步地对建筑业农民工多维贫困进行指数分解,发现劳动时间、劳动强度对工人多维贫困的指数达到6%~7%、工人与城市人口交往的贫困贡献率为5.07%,基本医疗和工商保障缺失对多维贫困贡献度达 15%。魏后凯等(2017)通过问卷调查,按照当地居民当年人均消费支出 50%作为贫困标准,发现外来务工人员综合贫困发生率约为 20%。王春超等(2014)采用 2000、2004、2006、2009 年的CHNS 数据,发现农民工的教育贫困发生率始终在 15%左右,以收入、健康、教育、医保为多维贫困指标,发现农民工的多维贫困发生率始终高于城市劳动者,但是随着时间推移,二者之间的差距越来越近,进一步对多维贫困进行分解,发现 2000—2006 年医保维度贫困是多维贫困的重要原因,2009 年该维度份额迅速下降,教育回报率处于下降趋势,不利于减贫事业发展。孙咏梅等(2016)采用 2012 年人均收入水平数据,以家庭人均收入、家庭人均消费、个人生活条件、老家生活条件为维度,首先对物质贫困进行测度,发现个人条件角度测度的贫困发生率高达40%,说明农民工在个人生活中较为艰苦,由于他们不仅要支撑家庭常规开销,还需承担子女教育、赡养老人等责任,他们中相当比例的人选择省吃俭用,个人条件较差;以消费维度测度的相对贫困和绝对贫困比例较高,说明农民工消费水平较低;以收入维度测度农民工贫困状况,发现农民工个人工资水平不低,且大多能够承担家庭开销,但由于供养家庭的压力大等因素,现有工资水平无法使其摆脱贫困状况;以家庭生活维度衡量农民工贫困状况发现他们的家庭条件在农村总体较好。其次,文章对多维贫困进行测度,发现多维贫困相关数据显著高于物质贫困对应数值。朱晓等(2016)通过对农民工在不同贫困线下的贫困发生率及2014年全国农民工监测调查的数据进行推算(表7.5),得出2014年约有97.56万离土又离乡农民工收入低于国际1.25美元/天的贫困标准;收入低于2美元/天的约为131.2万人;低于城市低保线的人口近490万人。

表 7.5　不同维度的离土又离乡贫困人口规模估算

单位:万人

	2010 年	2011 年	2012 年	2013 年	2014 年
绝对贫困(低保线)					
一维剥夺	8	8	8	8	8
二维剥夺	74	76	78	80	81
三维剥夺	367	379	390	397	402
合计	449	463	476	485	491
相对贫困					
一维剥夺	132	137	141	143	145
二维剥夺	826	854	880	895	906
三维剥夺	4 095	4 236	4 362	4 435	4 492
合计	5 053	5 527	5 383	5 473	5 543

资料来源:朱晓,段成荣."生存—发展—风险"视角下离土又离乡农民工贫困状况研究[J].人口研究,2016(3):30-44.

　　2020 年我国全面建成小康社会,全社会的贫困人口都实现脱贫。脱贫的标准是"两不愁三保障",即贫困人口不愁吃、不愁穿,义务教育、基本医疗、住房安全有保障。但是拥有农村户口的城市农民工的生存状况却不容乐观。

图 7.7　城镇居民与城市农民工人均工资比较

数据来源:全国农民工监测调查报告(2013—2019);国家统计局网站。

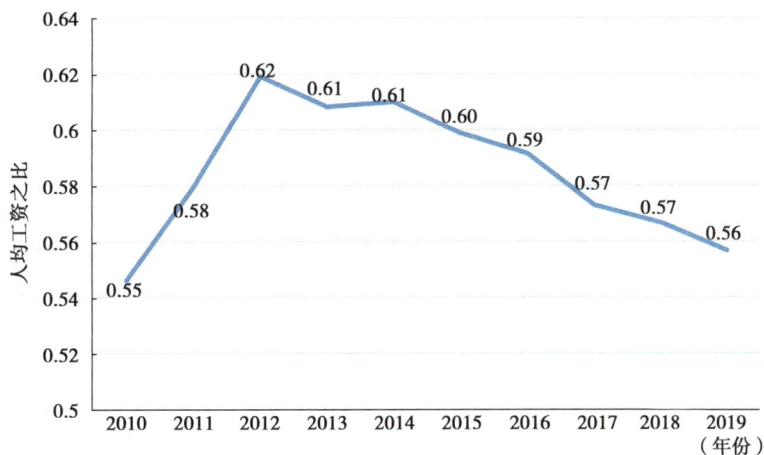

图 7.8　城市农民工与城镇居民人均工资之比

数据来源:全国农民工监测调查报告(2013—2019);国家统计局网站。

图 7.7 显示 2010 年到 2019 年我国城镇居民与城市农民工人均工资比较。首先,从图 7.7 中可以看出,这个时期城镇居民与城市农民工收入均有较大幅度提升,但是两者之间仍有较大的差距,并且城市农民工人均工资的增长速度从 2013 年以来低于城镇居民。其次,从图 7.8 可以看出,城市农民工工资水平只相当于城镇居民平均工资的 56% 左右,在 2017—2019 年还有下降的趋势,代表着城市农民工的生存状况存在恶化的可能性。另外,城市农民工的生存负担并不仅限于维持其自身的生活,在每一个城市农民工背后都几乎有一个家庭的负担,所以他们的工资有很大一部分并不用于自身消费,这又进一步加大了其与城镇居民之间的差距。

在我国现行的政策中,城市居民可以享受政府低保兜底的政策,而没有城市户籍的城镇农民工却无法享受这一政策。因此,农民工中的贫困人口问题应当受到足够多的重视。当前我国的扶贫政策主要集中在农村地区,城市中一些贫困问题缺乏比较妥当的扶贫措施,因此在城乡统筹扶贫工作中对城市农民工贫困人口的扶持应当是工作的重要部分。

2.农民工贫困的特征

农民工贫困的特征主要包括隐蔽性、脆弱性、边缘性和集中性、代际传递性。农民工在消费和多维角度贫困发生率高,造成其贫困的隐蔽性。由于受教育水平和劳动技能水平的限制,农民工在劳动力市场中脆弱性明显,极易发生贫困。由于农民工社会融入度较低、分布集中,农民工贫困呈现出边缘性和集中性的特点。农民工贫困的特征和农民工对下一代的培育特点,使得农民工贫困存在代际传递性。

(1)隐蔽性

根据收入进行测度时,农民工表现出非贫困状态。但考虑到农民工承担个人生活费用以及家庭责任,其可支配收入远低于工资。此外,大多数农民工对城市的融入程度低,社交费用少,且保留农村消费习惯,表现在以消费为尺度进行测量时,农民工贫困发生率显著提升。以教育、医疗、住房等为维度进行农民工贫困多维测量时,其贫困发生率也会显著高于以收入指标的贫困发生率。但由于目前我国贫困测度以收入为主,且以户籍为限定条件,农民工贫困发生率并不高。因此,农民工贫困具有隐蔽性。

（2）脆弱性

由于受教育水平和技能水平的限制,农民工群体在城市劳动力市场中处于劣势,往往只能在非正规部门就业,且工作流动性强,工作稳定性不高,抗风险能力较低,由此表现出升职涨薪等发展能力较低,面对贫困风险时的脆弱性高。王春超等(2014)发现农民工收入贫困率下降明显,但教育贫困率大约为15%,而城市劳动者的教育贫困率显著较低,小于9%,主要原因是农民工教育水平较低,且对自身教育投入动力不足,成为高技术工人的可能性下降,这表明教育对多维贫困的贡献率高,农民工教育水平是影响其贫困状况的关键因素。朱晓等(2016)采用2008年流动人口居民收入调查数据,发现仅收入被剥夺的农民工很少,而二维剥夺的相对贫困人口中有60.38%的人收入少并且劳动时间长,有39.62%的人收入少和社会保险缺乏,有2.39%的绝对贫困人口及高达26.7%的相对贫困人口同时具备收入少、劳动时间长及社会保险缺乏的特征,贫困程度严重。由于政策保障等因素,目前这一状况得到很大程度缓解,但农民工贫困的脆弱性仍较为显著。

（3）边缘性和集中性

现代城市社会中,人们的社会共同感逐渐淡漠,不仅在收入和财富上差距悬殊,而且在居住地点和社会交往上也往往根据种族和贫富的差别明显地隔绝开来,其结果是导致城市贫富极度分化和社会高度分裂。城市贫困人口由于在收入、权利、职业、健康和教育等各个方面处于弱势,各种关系相互依存,形成城市贫困的恶性循环。

农民工的主要居住地为城市,但社交圈小,社会网络主要是老乡和工友,居住范围集中。因此,其与社会的分裂程度较高,处于社会的边缘层面。王春光(2006)认为农民工大多在非正规部门就业,未来发展受限,且被排斥在城市主流生活之外,存在居住边缘化和生活孤岛化现象。这说明农民工身在城市,其生活方式和消费模式偏向农村,反映出城市的社会断裂。农民工在现代城市社会中较低的融入度使得其面临的贫困状况恶化。

(4)代际传递性

农民工贫困存在较为显著代际传递。根据国内外贫困代际传递相关理论,父母收入低、人力资本和社会资本缺失、社会排斥、权利缺失都是贫困代际传递的关键影响因素。此外,父母工作时间长,缺乏对孩子必要的关心等会导致下一代缺乏安全感和其他不良情绪,影响未来发展。对照农民工对下一代的培养,许多农民工工作时间长,对孩子的日常关注较少,甚至存在大量的留守儿童,且农民工社会资本等缺失,导致贫困代际传递的可能性上升。

我国农业劳动生产率低,人均耕地少,从事农业生产的收入低,且由于农业耕种技术断层,未来一段时间新生代农民工数量将更加庞大。但由于新生代农民工的务工收入依然较低,且同样面对农民工目前面临的困境,其生活也将处于相对贫困的状况。

三、城乡统筹扶贫的主要框架

(一)明确扶贫主体

目前,我国扶贫主体主要包括各级党委、政府部门、社会组织、公民个人、市场企业等,多主体协同发力,共同推进脱贫攻坚。在新阶段城乡统筹扶贫中,上述扶贫主体将发挥更大作用,通过各级党委部门、政府主导、部队支持、社会动员体系,共同促进我国减贫事业发展。

1.各级党委部门

各级党委总揽全局、协调各方的核心作用是我国减贫事业的重要特色和根本保证。在扶贫工作中,党建扶贫机制进一步深化和完善,突出党员干部责任:

第一,实施严格责任制,五级书记一起抓。实行中央统筹、省(自治区、直辖市)负总责、市(地)县抓落实的工作机制。扶贫开发任务重的省(自治区、直辖市)党政主要领导要向中央签署脱贫责任书,层层落实责任,省市县乡村五级书记一起抓扶贫。改进县级干部选拔任用机制,统筹省(自治区、直辖市)内优秀干部,选好配强扶贫任务重的县党政主要领导,把扶贫开发工作实绩作为选拔使用干部的重要依据。对落实不力的部门和地区,国务院扶贫开发领导小组要向党中央、国务院报告并提出责任追究建议,对未完成年度减贫任务的省份要对其党政主要领导进行约谈。由此可见,我国通过落实责任制,改进人事制度,强调党政一把手对扶贫工作的责任,来调动各级书记对扶贫工作的主动性和创造性,形成我国减贫事业的坚强保证和特色经验。习近平总书记在 2015 年减贫与发展高层论坛中提出:"我们坚持中国制度的优势,构建省市县乡村五级一起抓扶贫,层层落实责任制的治理格局。"

第二,向贫困村派驻第一书记和驻村工作队。2015 年 5 月,中共中央组织部等部门联合发布《关于做好选派机关优秀干部到村任第一书记工作的通知》,明确指出对建档立卡贫困村全覆盖,重点是大力宣传党的扶贫开发和强农惠农富农政策,深入推动政策落实;带领派驻村开展贫困户识别和建档立卡工作,帮助村"两委"制订和实施脱贫计划;组织落实扶贫项目,参与整合涉农资金,积极引导社会资金,促进贫困村、贫困户脱贫致富;帮助选准发展路子,培育农民合作社,增加村集体收入,增强"造血"功能。由此可见,第一书记是扶贫工作的重要力量,是为贫困村引入人才、资金等生产要素的关键力量。向所有贫困村派第一书记和工作队,帮助贫困村脱贫,有利于创新脱贫攻坚方式,提高发展活力。从 2013 年至 2017 年 8 月,全国共有 19.5 万名第一书记驻村,77.5 万名干部参与贫困村脱贫工作。

2.政府主导

《中共中央 国务院关于打赢脱贫攻坚战的决定》强调,要强化政府责任,引领市场、社会协同发力,构建专项扶贫、行业扶贫、社会扶贫互为补充的大扶贫格局。这说明我国扶贫事业强调多方主体协同发力,也说明政府对扶贫事业的主导不仅体现在其自身责任,还体现在其对其他力量的引导作用上。

具体而言,中共十八大以来,中共中央、国务院出台扶贫文件 5 个,中共中央办公厅、国务院办公厅出台扶贫文件 20 个,启动实施"十三五"脱贫攻坚规划;中央和国家机关各部门出台政策文件或实施方案 227 个,形成政策合力;各地不断完善"1+N"脱贫攻坚系列文件。此外,政府部门在扶贫工作中起主导作用,体现在其对其他扶贫主体的引导作用上。例如,《中共中央 国务院关于打赢脱贫攻坚战的决定》指出:"对于吸纳农村贫困人口就业的企业,按规定享受税收优惠、职业培训补贴等就业支持政策;落实企业和个人公益扶贫捐赠所得税税前扣除政策;工商联系统组织民营企业开展'万企帮万村'精准扶贫行动;通过政府购买服务等方式,鼓励各类社会组织开展到村到户精准扶贫;完善扶贫龙头企业认定制度,增强企业辐射带动贫困户增收的能力;实施扶贫志愿者行动计划和社会工作专业人才服务贫困地区计划;着力打造扶贫公益品牌,全面及时公开扶贫捐赠信息,提高社会扶贫公信力和美誉度;构建社会扶贫信息服务网络,探索发展公益众筹扶贫。"由此可见,政府部门通过税收优惠、购买服务、企业认定等方式,鼓励企业、公民、社会组织等积极参与到脱贫攻坚战之中。

截至 2020 年,我国扶贫的政府主体包括各级扶贫开发领导小组办公室、中央农业工作领导小组办公室、各级民政部门等。其中,国务院扶贫开发领导小组的主要任务是拟定扶贫开发的法律法规、方针政策和规划,审定中央扶贫资金分配计划,组织调查研究和工作考核,协调解决扶贫开发工作中的重要问题,调查、指导全国的扶贫开发工作,做好扶贫开发重大战略政策措施的顶层设计;民政部主要职责包括牵头拟订社会救助规划、政策和标准,健全城乡社会救助体系,负责城乡居民最低生活保障、医疗救助、临时救助、生活无着人员救助工作。由此而见,扶贫办主要针对贫困帮扶,采用产业扶贫、易地搬迁等方式扶助贫困人口脱离贫困状态,而民政部负责兜底工作,对无法依靠产业扶持和就业帮助实现脱贫的贫困人口实行政策性兜底脱贫。

因此,新阶段城乡统筹扶贫应坚持扶贫办负主要责任的原则,将扶贫工作范围扩展至农业转移人口,通过多维贫困等方式确定贫困标准,创新符合新阶段特征的扶贫方式,协调城乡、统筹扶贫。民政部应坚守兜底职能,对无劳动能力等人群进行兜底,保障城乡居民的最低生活水平。政府还应充分发挥职能,积极鼓励、引导其他主体参与到扶贫工作中。

3.全社会动员

2014年,国务院将10月17日确定为“国家扶贫日”,每年组织开展扶贫日系列活动。这说明扶贫是全国、全社会共同关注的话题。我国积极推动社会动员体系,构建社会组织、贫困人口、社会公众、市场企业协同参与的扶贫系统,鼓励支持民营企业、社会组织、公民个人扶贫,助力我国赢得脱贫攻坚战,推动全面小康的实现。

第一,贫困人口。我国扶贫攻坚始终注重扶贫同扶志、扶智相结合,注重增强贫困地区和人口的自我发展能力。在精准扶贫政策下,我国贫困人口逐渐获得发展机会,脱贫能力显著提升。在新阶段城乡统筹扶贫中,贫困人口作为扶助的对象,在扶贫政策的大力支持下,将进一步树立不等不靠、艰苦奋斗的理念,提高自身能力和市场竞争力,做到脱真贫、真脱贫。

第二,社会组织。《中共中央　国务院关于打赢脱贫攻坚战的决定》明确指出:鼓励支持民营企业、社会组织、个人参与扶贫开发,实现社会帮扶资源和精准扶贫有效对接。《关于支持社会工作专业力量参与脱贫攻坚的指导意见》明确了社会工作参与脱贫攻坚的主要内容。中央先后出台《关于进一步加强东西部扶贫协作工作的指导意见》和《关于进一步加强中央单位定点扶贫工作的指导意见》，细化实化帮扶任务和工作要求。社会组织在反贫困、医疗、教育、环保等领域都发挥着重要作用，其动员组织能力强、工作方法灵活，能够最大限度发挥群体的主动性、积极性和创造性，是扶贫的关键力量。

第三，社会公众。广泛动员社会各界参与扶贫开发是全面扶贫、全民扶贫的主要举措。社会公众积极参与到扶贫中的趋势越加明显。例如，浙江省衢州市由政府工作人员、社区居民等建立的"富平模式"，即通过搭建贫困人口和城市居民联系，扶贫重点村优先发展有机农业供给社区，形成社区支持农业扶贫模式，充分体现社会公众对扶贫的关注和支持。再如，电子商务是扶贫的主要方式之一，通过市场将贫困地区产品与消费者联系起来，成交额巨大，是贫困地区人口增加收入、参与市场的重要途径。

第四，市场企业。通过促进贫困人口融入市场，发挥市场的益贫性，是我国扶贫攻坚的重要方式之一。贫困人口及其产品参与市场需要依靠政府和平台的支持和宣传，效果明显。《中国农村扶贫开发纲要（2011—2020年）》指出："大力倡导企业社会责任，鼓励企业采取多种方式，推进集体经济发展和农民增收。"我国通过引导企业参与扶贫的方式，为贫困人口参与劳动力市场、提高劳动技能、发展集体经济提供机会，是帮助贫困人口真正脱贫的关键举措。

第五，地区协调。中共十八大以来，发达地区和中央单位向贫困地区选派干部12.2万人，支持项目资金超过1万亿元；调整完善东西部扶贫协作结对关系，实现对30个民族自治州结对帮扶的全覆盖；明确京津冀协同发展中京津两市与河北省张家口、承德和保定三市的扶贫协作任务；确定东部267个经济较发达县市区，与西部地区434个贫困县开展"携手奔小康"行动，有力地推动贫困地区人才储备和资金支持。由此可见，通过地区协调和对接，有利于推动要素流动,在更深层次和更广层面为贫困人口提供发展机会,提高参与劳动力市场和抗风险能力。

(二)创新扶贫方式

如前所述,随着城镇化的不断推进,农民工群体反而成为城乡统筹扶贫工作的空白。2011 年,中国社会科学院发布《中国城市发展报告》,其中指出我国将有 5 000 万贫困人口出现在城市,其中农民工是其主要组成人群。农民工贫困的出现实质上是我国城乡二元结构未被打破所致,城乡差距较大引发农村居民向城镇进行劳动输出,这虽然提高了农民的收入,但农民在其他方面仍处于弱势地位,即前面提到的多维贫困。与城镇下岗职工和毕业大学生相比,农民工缺乏必要的教育和劳动培训,不享受城市社会保障等公共服务,其生存环境更加恶劣。比如,"井族"、地下室是北京农民工居住环境的真实写照,辍学跟着父母一起在城市打工成为农民工二代的灰色未来,这种种"贫困"背后都拷问着城市的公共服务体系。因此,城市中农民工的扶贫工作应该从统筹城乡公共服务着手,把全面推进我国基本公共服务体系建设,作为统筹城乡扶贫工作的关键举措。

1.推动城乡劳动力市场一体化,保障农民工合法权益

劳动力市场一体化主要是在不同劳动力市场的供求关系下,实现劳动者的跨市场流动,从而达到具有相同技能水平的劳动者具有同样的工资水平。在现实生活中,劳动力市场一体化会面临户籍身份带来的城乡分割和所有制形式带来的行业分割。其中,城乡二元户籍制度将劳动者牢牢锁定在户籍所属的地域范围内,并且城市人口从政府得到了农村人口无法享受的就业保障和各种排他性的城市福利,城乡劳动力的隔离效应开始显现。在改革开放过程中,我国不断解放农村剩余劳动力,城乡二元经济结构开始被打破,但是户籍制度一直是

限制劳动力流动的主要因素。城市为进城务工农民工采用"居住证"制度,相当于是"准城市户籍",但始终不敢完全放开户籍制度。超级大城市为了筛选人才,纷纷提出积分制(打分制)来评价外来劳动力的素质。

然而在调查过程中,普遍发现农民工的工作生活环境恶劣、工资拖欠问题严重、加班时间长、缺乏健康医疗保险。这些都折射出我国城乡户籍制度引发的劳动力分割问题。构建统一的劳动力市场,完善农民工劳动法律法规,有助于保障农民工的切身合法利益。

首先,深化户籍制度改革,逐步开放农民工进城落户限制。取消对农民工落户的限制,降低农民工落户门槛,将其落户标准调至与普通大学毕业生一致甚至更低——凡在城市有合法职业、固定生活来源、固定住所的农民工,均可取得居住地户口,其随同直系亲属享受与城镇居民同等的就业权利。这一政策针对人口基数较大的京沪穗深等几个超级大城市,采取逐步放开或者半放开政策。

其次,深化用工制度改革,促进城乡劳动者同工同酬。地方政府在改革户籍制度的同时,应该更注重农民工就业的法律保护,针对非正式用工、拖欠工资和无偿加班这样的违法行为应该给予严厉的法律制裁。让农村劳动者和城市劳动者、外来务工者和本地职工享有同等的就业权利,彻底废除一切歧视外来务工者的用工制度。企业的用工政策只能以技能作为限制条件,用市场机制配置城乡劳动力资源,用工单位可以自由地通过劳动市场择优录用劳动者,劳动者可以自由地选择用工单位,使人力资源得到合理、高效的配置,以提高我国城乡劳动力资源的配置效率和劳动生产率。

最后,深化社会保障体制改革,保障农民工合法劳动权益。加快建立全社会统一社会保障制度,形成居民基本社会保障资金由国家统一支付,并向居民个人和用人单位征收社会保障税,而不是现在的"三家抬"形式;居民个人主要是根据自身收入水平和条件自愿参加商业补充保险。考虑到当前我国财力问题,可以先把进城农民工的社保纳入进来,应建立包括进城农民在内的社保制度,同时执行与城市市民一样的低保政策。雇用农民工应该依法与其签订用工合同,并为其缴纳"三险一金"。除此以外,还可以把建立进城农民的社保制度与实行土地流转制度结合起来,用进城农民的土地流转所得的资金来建立进城农民的社会保障,即所谓的以农村的"土地"(承包的土地和宅基地)置换城市的"保障"(社会保障基金)。这样既可保障农民工的合法劳动权益,又能减轻城市的财政资金压力,盘活了国有资产。

2.打通城乡医疗卫生体系,解决农民工看病难问题

2015 年 3 月 6 日,国务院印发《关于全国医疗卫生服务体系规划纲要(2015—2020 年)的通知》。《通知》指出,医疗卫生资源总量不足、质量不高、结构与布局不合理、服务体系碎片化、部分公立医院单体规模不合理扩张等问题依然突出。要在满足人民医疗需求、公平合理地布局医疗资源、医疗体制改革、政府宏观调控医疗资源等问题上加大改革力度。2016 年,全国共有 2.8 亿农民工迁入城市,他们及其家属享受到的医疗卫生水平远不如城市居民,城乡医疗体系的统一化将显得十分关键。

当前我国农村地区的医疗卫生服务普遍存在这样的问题:投入严重不足,基础设施落后;机构设施不规范;技术人员缺乏,医疗条件差;医药费用偏高,医疗保障体制还不完善。其原因除了之前的城乡二元体制问题,还可以归纳为:政府转型滞后和经费保障体制的缺失。新农合是 2002 年提出来的,2017 年将新农合人均补助标准提高到了 450 元,其间经历了 5 次调整。新农合以大病统筹为主,小病仍以农民个人医疗账户来支出。但新农合也存在弊端,各地缴费数额、缴费时间、收费人员、报销比例、报销项目、转院制度等都不一致。同时,新农合与城镇居民医疗保险仍存在差距。一方面,农民医疗以新农合为主,城镇居民(除去无业人员、学生和低保、特殊困难人员)则以职工医疗保险为主,城市特殊人群以城镇居民基本医疗保险为主,其中存在金额差距,尤其是前两者;

另一方面,城镇医疗条件优越,疾病治疗及时,医药品的价格市场化,因此城镇居民治疗疾病的成本要低于农村居民。因此打通城乡医疗体系尤为重要。

要打通城乡医疗体系,首先需要配套改革户籍制度,给农民工建立全国通用的医疗保险体系,提高其医疗保险关系的可携带性,为打通城乡医疗体系提供信息通道。其次,实现新农合与城镇居民医疗保险的标准统一,尤其是在药品价格和补贴金额上。这统一的过程应该从市向省、区域乃至全国逐步推广,循序渐进,逐步缩小地区间差距。最后是城乡完全统一化管理,既能实现农村向城市标准看齐,实现药品的市场化和医疗服务的普及,又能保证农民返乡养老享受到的医疗服务不打折扣,实现城市患病能够在农村治愈。打通这些体系最为关键的就是资金的保障和技术人员的培养,构建横跨城乡的医疗服务体系需要大量的资金投入,而缩小城乡医疗水平差别需要较大数量的医疗事业从业人员,政府应该将资金投入到这两个领域上去。

3.构建教育共享机制,优化教育资源的空间布局

改革开放以来,我国的教育改革经历了恢复秩序、变革体制、深化改革、追求质量四个阶段的发展,取得了显著的教育成果。然而我国教育在城乡方面的投入还存在较大差距,教育机会的差异、师资力量的差距以及农民工子女受教育歧视的现象仍然存在。教育投入总量的增加并没有实现我国城乡教育公平,反而一定程度上拉大了城乡教育的差距。2015年,李克强总理在政府工作报告中明确提出,要继续促进教育公平,实现贫困地区农村学生上重点高校人数要再增长10%以上。巨大的城乡教育差距成为农民工精神贫困的一大致因,并且还会导致贫困的代际传递——农民工二代的出现。如何有效地缓解农民工的教育贫困问题,归根结底需要构建教育共享机制,优化教育资源的空间布局。

首先,义务教育是国家法律规定的适龄青少年必须接受的国民教育,这是我国扫除文盲的主要手段。义务教育的改革已经从普及进入提升阶段,针对农民工教育水平普遍不高的情况,应该大力推行高中进入义务教育的范畴,整体

提高国民的教育水平。这也为农民工子弟摆脱贫困，接受高等教育，实现自身价值提供了重要通道。

其次，职业教育是为受教育者培养某种职业技能或获取某种生产活动知识所提供的教育方式。我国初高中毕业生中有一大批进入职业教育学校，但粗放的职业教育发展模式却一直制约其发展。因此，应该加快职业教育的集约式发展，鼓励有意愿和有条件的本科院校转型为应用技术型高等院校，打破高考这座独木桥的约束，给农民工及其子弟提供更多的受教育机会。同时，可以放宽农民工子弟从应用技术型院校向普通高等院校的升学条件，鼓励他们努力拼搏，改变人生。

最后，高等教育是我国教育事业的核心竞争力，也是我国软实力的重要体现。当前，我国高等院校主要分布在特大城市，中小城市缺乏高等教育资源；农村地区高考录取率远远低于城市，城乡教育机会差距较大。因此，需要地方政府给予农村地区以录取优惠，高校在招生时优先考虑农村地区的优秀学生，让更多农民工子弟享受到优质的高等教育资源。此外，以合作办学、开办分校和多元化办学（成人高等教育、高等教育自学考试、电大开放教育、远程网络教育）的方式，在中小城市和中西部地区布局一些高等教育资源，扭转教育资源的不均衡格局。

总之，构建教育共享机制，让更多的农民工及其子弟接受教育，优化教育资源的空间布局，将有助于扶持农民工的精神贫困，推进农民工的市民化。

4.增加养老资金投入，完善多种养老模式

2014年2月24日，中国人力资源社会保障部、财政部以人社部发〔2014〕17号印发《城乡养老保险制度衔接暂行办法》。《办法》主要针对城乡参保人员，实现城镇养老保险与城乡养老保险的双向转换，城乡养老保险成为城镇养老保险的一个初级版本（当职工缴纳养老保险满15年，由城乡转为城镇，否则城镇转城乡）。在转换过程中，之前缴纳的养老保险金将自动转入城镇养老保险体

系，二者实现联通互认。2017年10月18日，习近平同志在十九大报告中指出，加强社会保障体系建设。全面建成覆盖全民、城乡统筹、权责清晰、保障适度、可持续的多层次社会保障体系。全面实施全民参保计划。完善城镇职工基本养老保险和城乡居民基本养老保险制度，尽快实现养老保险全国统筹。完善统一的城乡居民基本医疗保险制度和大病保险制度。完善失业、工伤保险制度。建立全国统一的社会保险公共服务平台。因此，城乡统一的养老保险制度基本已经确定，未来在实施过程中应该增加资金的投入力度，完善多种养老模式。

首先，加大基本养老服务的财政资金投入；调整和优化财政支出结构，做到有保有压、有促有控；充分发挥激励导向和基本保障作用，保证城市基本养老服务的资金投入。同时，加强养老基金的管理和运营。将新农保基金和城居保基金合并为城乡居民养老保险基金，完善城乡居民养老保险基金财务会计制度和各项业务管理规章制度。城乡居民养老保险基金纳入社会保障基金财政专户，实行收支两条线管理，单独记账、独立核算，任何地区、部门、单位和个人均不得挤占挪用、虚报冒领。各地要在整合城乡居民养老保险制度的基础上，逐步推进城乡居民养老保险基金省级管理。

其次，加快城乡养老体系的制度衔接，推进城乡养老系统的信息化建设。在缴费期间户籍迁移、需要跨地区转移城乡居民养老保险关系的，可在迁入地申请转移养老保险关系，一次性转移个人账户全部储存额，并按迁入地规定继续参保缴费，缴费年限累计计算；已经按规定领取城乡居民养老保险待遇的，无论户籍是否迁移，其养老保险关系不转移。此外，各地要在现有新农保和城居保业务管理系统基础上，整合形成省级集中的城乡居民养老保险信息管理系统，纳入"金保工程"建设，并与其他公民信息管理系统实现信息资源共享；要将信息网络向基层延伸，实现省、市、县、乡镇（街道）、社区实时联网，有条件的地区可延伸到行政村；要大力推行全国统一的社会保障卡，方便参保人持卡缴费、领取待遇和查询本人参保信息。

最后,根据农民工的实际情况,推进居家养老、社区养老、机构养老和异地养老等不同的养老形式共同发展。利用市场机制,发展异地养老也是统筹城乡养老服务的有力举措。以异地养老模式为突破点,探索在自然环境较好区域的休闲式养老和距离市场较近、地理条件较好地区的社区养老模式。同时,探索新的私人和公办机构相结合的养老模式,进行养老模式的创新和尝试。

5.创新财政体制机制,实现农民工市民化

2016 年 8 月 5 日,国务院印发《关于实施支持农业转移人口市民化若干财政政策的通知》。《通知》提出,中央和省级财政要通过建立农业转移人口市民化奖励机制,适当分担农业转移人口市民化成本。"中央财政专门设置农业转移人口市民化奖励资金,根据农业转移人口实际进城落户以及地方提供基本公共服务情况分配奖励资金,并适当考虑农业转移人口流动、城市规模等因素,向吸纳跨省(区、市)流动转移人口较多地区和中西部中小城镇倾斜。"

随着我国城镇化进程的快速推进,农民工市民化成为一大趋势,这给农民"流入地"和"流出地"都带来挑战。对于"流入地"而言,短期内接纳大量农民工,实现其人口市民化需要大量财政资金,流入地的财政压力日益增大;对于"流出地"而言,农民的迁移会减少地方经济发展中的劳动力供给,还会影响中央财政转移支付额度。但从长远来看,农民工市民化是必要的,一方面农业转移人口会增加城市的劳动力供给,并对扩大需求、增加基础设施投资、创造税收方面有拉动效应;另一方面我国农民工迁移方向逐步向中西部转移,对于平衡东中西部发展水平、缩小地区发展差距具有十分重要的意义。在农民工市民化过程中,最为关键的就是创新财政体制机制,合理疏解财政压力,循序渐进地推动农民工市民化。

我国财政体制自 1994 年实行分税制改革以来,基本保持着中央与地方共享税收的格局。自 2007 年以来,土地财政引发的政府负债经营使得地方政府

转型成为生产型政府,地方经济可持续发展能力被透支。其中反映出来的财政体制不合理性较为明显:由之前的财权与事权不匹配向财力与事权不匹配转变。财政体制机制的创新应该从财力和事权的匹配着手,打破条块分割,实现城乡劳动力转移的动态平衡。一方面,给予经济发达的特大城市以财政自由,壮大其提供更多公共服务的能力,形成以城带乡的发展模式;另一方面,上级政府应该在财政账户上设置跨区域流动劳动力保障账户,为地方人口流动提供必要的资金支持。

第八章

8

相对贫困的内涵与标准

新中国成立以来,中国贫困主要先后表现为普遍贫困、农村贫困、集中连片区域性贫困、特殊群体性贫困、潜在贫困和反复性贫困6种形态,多维贫困和相对贫困将成为中国新的贫困存在形态。1986—2010年,扶贫政策目标是解决以"吃、穿、住"为特征的基本生存需要,且一直保持"收入贫困"单一标准。2010—2020年,贫困的定义拓展为"不愁吃、不愁穿,义务教育、基本医疗、住房安全有保障",即"两不愁三保障"。这体现了中国对贫困的衡量由收入贫困单一标准向多维贫困标准的转变。

除了贫困衡量标准的多维化,还出现了贫困衡量标准向相对化转变。绝对贫困率下降只是一种贫困缩小的表象,相对贫困却是永恒存在的,并受城乡未一体化、劳动力流动和产业布局不均衡的影响。在城镇化过程中,劳动力流动既是相对贫困的结果,也是其致因。因此,相对贫困是当前贫困现实更为真实的表现形式。

一、我国贫困问题由绝对贫困转向相对贫困

(一)脱贫现状与存在问题

在取得反绝对贫困巨大成绩的同时,相对贫困问题成为反贫的重点和难点。

从居民收入水平看,2013—2018年,全国扶贫重点县农村常住居民人均可支配收入由5 945元上升至9 255元,占全国的比重由63%上升至68.9%,上升近5.9%,平均每年上升1.18%。从平均水平上看,全国扶贫重点县农村常住居民收入已经超过了全国平均水平的中位线,区域农村居民收入的绝对贫困状况不再是扶贫的重点,而这些地区农民收入占全国平均水平的比重变化不大,从而我国区域农村居民收入的相对贫困应进入国家战略的考虑。假设即便扶贫

重点县农村居民收入能够保持这样的相对增速不变,到 2026 年以后,贫困地区农村居民收入才能达到全国平均水平的 80%。而扶贫重点县农村居民收入的提升与国家的扶贫政策密切相关,一旦扶贫政策撤销,这些地区返贫的概率很大。从绝对数值上看,贫困地区农村居民人均可支配收入与全国平均水平的绝对差距由 2013 年的 3 351 元上升至 2018 年的 4 246 元(表 8.1),贫困地区农村居民收入与全国平均水平的绝对差距进一步拉大。2011—2016 年,我国贫困地区居民储蓄存款余额下降,若按照财富拥有量对贫困地区的贫困情况进行测度,贫困程度会更深。

表 8.1　2013—2018 年贫困地区与全国农村居民人均可支配收入对比

	2013 年	2014 年	2015 年	2016 年	2017 年	2018 年
贫困地区/元	6 079	6 852	7 653	8 452	9 377	10 371
全国/元	9 430	10 489	11 422	12 363	13 432	14 617
贫困地区占全国比重	64.5%	65.3%	67.0%	68.4%	69.8%	71.0%
(全国-贫困地区)/元	3 351	3 637	3 769	3 911	4 055	4 246

数据来源:《中国农村贫困监测报告 2019》。

从经济发展看,2013—2016 年,贫困地区生产总值占全国比重几乎不变。以我国的扶贫主战场集中连片贫困地区来看,片区县域人均 GDP 占全国的比重变化较小,2013—2018 年,约 80%(2017 年该比例为 79.68% 外)以上的县域人均 GDP 低于全国平均水平的一半(表 8.2),45% 和 20% 左右的县域人均 GDP 分别低于全国平均水平的 1/3 和 1/4,说明这些年尽管绝对贫困的情况不断改善,相对全国水平,很多贫困县的相对落后状态没有得到改善。部分贫困县的经济增长较缓慢。以集中连片贫困地区为例,2013—2018 年,我国 14 个集中连片贫困地区 57.3% 的片区县人均 GDP 年均增长率不低于全国平均水平(8.17%),但有 37 个(占比 5.37%)片区县人均 GDP 年均增长率小于 1%,还有 156 个片区县(占比 22.6%)人均 GDP 年均增长率小于 6%。

表 8.2　片区县人均 GDP 小于全国平均水平的个数

单位:个(片区县)

	2013 年	2014 年	2015 年	2016 年	2017 年	2018 年
<全国	670	670	671	672	670	670
<全国 1/2	561	556	557	553	549	559
<全国 1/3	341	325	311	298	303	313
<全国 1/4	172	160	142	133	132	152
<全国 1/10	2	1	2	1	3	3

数据来源:根据各区县统计公报、县(市)统计年鉴及政府网站信息整理。

从产业结构看,如表 8.3 所示,2011—2017 年,我国贫困地区第一产业增加值占全国的比重略有上升,第三产业上升幅度较大,但因第二产业基数庞大,在进入全国 GDP 总量比重的计算中,第一、第三产业的增量几乎被完全抵消掉,工业产业的发展是贫困地区的短板。从财政收支情况看,公共财政收入占全国比重略有上升,公共财政支出增幅在 2011—2017 年为 1.6%,超过财政收入的上升幅度,体现了国家对贫困地区的转移支付与援助。值得注意的是,根据《中国农村贫困监测报告 2019》的数据,2011—2017 年贫困地区公共财政收入的增长速度高达 13.8%,比其 GDP 增速高 4.4%,比全国的公共财政收入增速高 4.9%,说明贫困地区经济所承担的税费压力较大。

表 8.3　我国贫困地区经济财政金融部分指标占全国比重(%)

指标	2011 年	2012 年	2013 年	2014 年	2015 年	2016 年	2017 年
地区生产总值	7.5	7.9	8.1	8.2	8.1	8.1	7.8
第一产业增加值	20.1	20.8	20.9	21.4	21.9	22.2	21.7
第二产业增加值	7.1	7.7	8.0	8.1	8.0	8.0	7.6
第三产业增加值	5.4	5.5	5.6	5.8	5.9	6.0	5.9

续表

指标	2011 年	2012 年	2013 年	2014 年	2015 年	2016 年	2017 年
公共财政收入	1.8	2.0	2.3	2.4	2.3	2.4	2.4
公共财政支出	9.5	10.3	10.4	10.7	10.7	10.9	11.1
居民储蓄存款余额	6.8	7.2	7.5	8.0	0.7	0.1	0.1
年末金融机构各项贷款余额	3.1	3.3	3.6	3.7	3.9	4.0	3.9

数据来源:根据《中国农村贫困监测报告 2019》和国家统计局数据整理。

从基础设施和公共服务看,其普及程度和水平都有待提高。如表 8.4 所示,各省所在自然村有卫生站的农户比重、所在自然村上幼儿园和小学便利的农户除个别地区外基本达到 80% 以上,但垃圾集中处理服务还不普及,部分地区所在自然村垃圾能集中处理的农户比重在 70% 以下。全国能便利乘坐公共汽车的农户比重也仅有 71.6%。值得注意的是,西藏地区的宽带接入户、有线电视接入户占比较低,能便利乘坐公共汽车的住户仅有 66.4%。在课题组的实地调研中也发现,贫困地区获得医疗、公共交通等服务并不便利,可达性和速度性差,断头路等情况普遍存在,基础设施和公共服务仅能满足可以对外沟通,达不到助力地区经济发展的条件。

表 8.4　2018 年各省贫困地区农村基础设施和公共服务状况

地区	1.公共汽车	2.宽带	3.垃圾处理	4.卫生站	5.幼儿园	6.小学
合计	71.6	94.4	78.9	93.2	87.1	89.8
河北	87.9	99.4	84.9	98.0	91.5	93.1
山西	91.0	95.9	81.9	96.4	75.6	79.2
内蒙古	76.6	94.3	72.2	97.9	79.5	78.9
吉林	88.5	98.2	69.0	99.0	83.5	90.7
黑龙江	90.9	97.7	35.8	88.4	77.9	81.8

续表

地区	1.公共汽车	2.宽带	3.垃圾处理	4.卫生站	5.幼儿园	6.小学
安徽	72.5	96.0	88.8	86.5	93.5	96.8
江西	63.9	98.0	97.1	91.7	90.3	96.1
河南	80.1	96.4	86.8	95.5	96.5	97.9
湖北	80.6	99.0	87.3	95.3	88.9	89.0
湖南	69.6	94.8	82.5	94.5	85.5	86.1
广西	50.6	93.4	86.4	81.9	83.4	87.4
海南	54.6	80.5	94.8	79.1	79.1	88.9
重庆	62.1	95.6	85.2	98.6	81.3	87.7
四川	61.8	93.3	69.0	93.7	87.5	84.7
贵州	67.7	92.8	71.9	96.3	90.9	92.2
云南	51.6	88.3	65.8	86.3	82.6	90.1
西藏	66.4	67.6	78.3	72.5	91.6	90.4
陕西	73.2	91.8	80.3	97.2	77.8	80.9
甘肃	76.6	94.6	79.0	93.0	86.4	90.1
青海	77.1	83.5	69.9	90.6	81.2	83.6
宁夏	90.0	100.0	78.1	97.4	66.1	94.0
新疆	78.4	98.6	74.7	96.1	97.4	97.2

注(指标全称):指标1,所在自然村能便利乘坐公共汽车的农户比重;指标2,所在自然村通宽带的农户比重;指标3,所在自然村垃圾能集中处理的农户比重;指标4,所在自然村有卫生站的农户比重;指标5,所在自然村上幼儿园便利的农户比重;指标6,所在自然村上小学便利的农户比重。

数据来源:《中国农村贫困监测报告2019》。

以上这些问题说明,在绝对贫困现象得到有效缓解、消除的同时,我国相对贫困问题仍然存在,且成为未来的返贫难点和重点。"十四五"时期,扶持相对贫困落后地区发展成为区域性扶贫的基本任务。

（二）新时代新变化新挑战

1.面临形势

从国际形势看：一是世界经济形势将企稳向好。随着贸易局势逐步缓和，全球主要国家普遍转向宽松货币政策，PMI 企稳在荣枯线上，全球制造业生产和需求均有改善。二是国际贸易环境前景仍不明朗。美国对华不断制造"贸易摩擦""技术战""知识产权战""网络战"，并向金融、服务、投资、税收、能源等各个方面蔓延。尽管双方已签署中美第一阶段经贸协议，中美贸易进入磋商阶段，但仍应认识到中美经贸摩擦具有长期性、复杂性、反复性，是我国经济安全仍需加强重视的外部风险。三是国际产业链和国际贸易格局正面临重大调整。发达国家长期处于全球制造业顶端地位、科技革命前沿，中国等新兴市场国家主要从事加工贸易和中低端制造业。随着发展中国家产业结构的不断调整以及技术进步日益加快，近些年来这一格局正逐步发生变化，对我国的制造业和进出口都将产生重大影响。

从经济形势看：一是国内经济运行总体平稳。我国经济运行环境复杂严峻，经济增速下行压力持续加大，但我国经济增速仍保持平稳增长，2019 年经济增速 6.1%，符合预期增长目标，在世界主要经济体中，仍处于较高增长水平，总体经济规模继续扩大，人均 GDP 突破 1 万美元，充分彰显了我国经济发展的强劲韧性。二是经济结构持续优化，但仍面临调整阵痛。2019 年第二产业占比下降 0.7%，第一产业及第三产业占比分别增加 0.1% 和 0.6%，经济结构持续优化。但仍应注意到，原先追求高速增长的发展模式向高质量发展转型仍需较长的调整过程，不可能一蹴而就，调整期间势必要付出较大的代价。三是消费仍为经济增长主要拉动力，但消费需求呈现疲软态势。2019 年消费对经济增长贡献率为 57.8%，拉动经济增长 3.5%，连续 6 年成为经济增长的主要动力。受居民杠杆率不断攀升、就业不稳定倾向持续存在、借贷消费存在政策限制等影响，居民消费能力不足。2019 年社会消费品零售总额比上年名义增长 8.0%，为 2000 年以来最低水平。

从就业形势看：一是整体就业情况较为稳定。2019 年，全国城镇调查失业率走势平稳，全年保持在 5.0%~5.3%，低于 5.5% 左右的预期目标，其中 25—59 岁主要劳动年龄群体失业率月均在 5.0% 以下。全年城镇新增就业 1 352 万人，比 1 100 万人的预期目标多 252 万人。二是就业结构性矛盾突出。部分地区、部分行业、部分群体的就业压力较大。传统劳动密集型产业逐步向智能制造转型升级，对中低端劳动力需求减少，同时高技术产业快速发展，高端技术人才需求增加，高技能劳动力严重不足，劳动力技能结构有待优化。东部地区用工成本不断增加，逐步将产业转移到海外地区，就业岗位流失严重。中西部及东北部分地区产业结构单一，产能过剩严重，就业需求不足，人口和劳动力加速外流，呈现出老龄化严重、失业率高企、劳动参与率降低的现象。

2.历史机遇

一是党中央、国务院高度重视，为解决相对贫困问题提供了政治保障。中共十八大以来，脱贫攻坚作为全面建成小康社会的底线目标和标志性指标，被纳入"五位一体"总体布局和"四个全面"战略布局。十九届四中全会首次提及"相对贫困"，要求"坚决打赢脱贫攻坚战，建立解决相对贫困的长效机制"。习近平总书记把解决贫困问题摆在治国理政的突出位置，关于扶贫工作的重要论述为新时代打赢脱贫攻坚战提供了行动指南。习近平总书记强调，打好精准脱贫攻坚战是党的十九大提出的三大攻坚战之一，对如期全面建成小康社会、实现第一个百年奋斗目标具有十分重要的意义。李克强总理在政府工作报告中提出，2020 年打赢脱贫攻坚战并不是我国贫困问题的最后终结，此后将进入一个以相对贫困和特殊贫困群体为特点的新阶段。2019 年，中央一号文件把脱贫攻坚放在了全文的第一部分，对脱贫攻坚的重视程度前所未有，文件明确：到 2020 年确保现行标准下农村贫困人口实现脱贫、贫困县全部摘帽、解决区域性整体贫困。汪洋在国务院扶贫开发领导小组全体会议上强调，深化精准扶贫精准脱贫,坚持问题导向,聚焦攻坚重点难点,扎实稳妥推进各项工作,确保如期实现脱贫攻坚目标。胡春华强调,打赢脱贫攻坚战是全面建成小康社会的重中之重和标志性工程,必须确保如期全面完成。党中央、国务院一直高度重视脱贫问题,组建扶贫开发领导小组,针对脱贫问题多次召开专题性会议并进行调研,下发多个政策文件对脱贫工作做出具体指导,为解决 2020 年后的相对贫困问题提供了坚实的政治保障。

二是绝对贫困问题历史性地消除,为解决相对贫困问题打下了坚实基础。2019 年我国脱贫攻坚工作取得关键进展,农村贫困人口继续大幅减少,农村贫困人口共 551 万人,同比减少 1 109 万人,下降 66.8%;贫困发生率显著下降,同比下降 1.1%。脱贫攻坚工作的扎实进展为 2020 年完全消除贫困人口提供了保障,也为相对贫困问题打下了坚实基础。一方面,贫困地区农民收入进入快速增长时期。中共十八大以来,贫困地区农村居民人均可支配收入年均名义增速 12.0%,扣除价格因素年均实际增速 9.7%,高出全国农村平均增速 2.2%。贫困地区已进入快速增长时期,与全国其他农村地区的发展差距将逐渐缩小,相对贫困问题将逐步得到解决。另一方面,贫困地区生产生活条件和公共服务水平明显提升,贫困人群的获得感、安全感和幸福感显著增强。脱贫工作大幅改善了贫困地区的生产生活条件,提高了贫困人口的收入和生活水平,从而提升了贫困人口脱贫的信心与决心,提升了贫困地区及贫困人口的"造血"能力,脱贫对象积极性、主动性的提升有利于进一步解决相对贫困问题,为该问题的解决打下了良好的基础。

三是乡村振兴战略的全面实施,为解决相对贫困问题提供了有利契机。实施乡村振兴战略,是党的十九大做出的重大战略部署。2018 年,中共中央首次以乡村振兴为主题发布了一号文件,并指出摆脱贫困是乡村振兴的前提。精准扶贫战略旨在努力消除绝对贫困,确保贫困人口同全国人民一道进入小康社会;乡村振兴战略则旨在解决城乡发展不均衡不充分的问题,为全体居民创造美好生活。因此,乡村振兴战略和脱贫工作的有机衔接是实现贫困人口稳定脱贫,解决相对贫困问题的必然选择。其中,产业兴旺是推进乡村振兴的重点,而产业扶贫是精准扶贫的有力措施,产业发展成为实现脱贫攻坚和乡村振兴相互衔接的动力来源。目前,一些地方政府在实践中已经探索出一套有效的产业发展模式,能够有效促进产业振兴,以乡村振兴为契机解决贫困问题。这些地区成功经验的推广,将为解决"后扶贫时期"相对贫困问题提供宝贵的经验。此外,乡村振兴战略的体制机制不断完善,五级书记抓乡村振兴体制不断强化,一些省份开始制订并落实相关实施细则,为实施乡村振兴战略提供有力的制度保障。

四是脱贫攻坚政策制度体系及其成功实践,为建立解决相对贫困问题的政策体系提供了参考借鉴。改革开放以来,我国为解决贫困问题进行了有力的探索,经历了四个阶段的发展进程,形成了完备的政策体系。2013年,我国进入精准扶贫阶段,建立了全国性的扶贫信息系统,将所有现行标准下的农村贫困家庭和人口的档案卡统一管理;融合发展生产、易地搬迁、生态补偿、发展教育和社会保障兜底等扶贫措施,建立了体系化、多元化的扶贫战略,真正做到了扶贫对象精准、方式精准、效果精准。为做到扶贫主体精准,建立了纵横一体化的体制机制,纵向上建立了省、市、县、乡、村"五级书记抓扶贫,全党动员促攻坚"的工作机制,横向上建立了政府、市场和社会协同的"大扶贫"格局。改革开放以来,我国扶贫开发成就举世瞩目,成为全球首个提前完成联合国千年发展目标规定的脱贫任务的发展中国家。从1978年到2019年,我国农村贫困人口减少7.6亿人,年均减贫人口规模1 865万人;农村贫困发生率下降96.9%,年均下降2.4%。我国政府在扶贫开发方面多年经验的积累,为2020年后解决相对贫困问题提供了宝贵的借鉴。

五是"十三五"期间我国经济社会发展的巨大成就,为解决相对贫困问题提供了雄厚的物质基础。"十三五"时期是我国全面建成小康社会的关键时期,经济发展全面进入"新常态",各项改革事业进入"攻坚"期,在此背景下,我国经济社会发展仍取得了巨大成就。国民经济保持稳定增长,综合国力显著增强。

2016—2020 年,国内生产总值由 74.06 万亿元增至 101.60 万亿元,不剔除价格因素,年均复合增长率为 8.2%,人均国内生产总值由 5.40 万元增至 7.21 万元,不剔除价格因素,年均复合增长率为 7.49%。国家财政实力明显增强。2016—2019 年,我国公共财政收入由 15.96 万亿元增至 19.04 万亿元,年均增长 1.03 万亿元,2020 年受疫情影响下降 3.9%。随着财政实力的增强,财政对社会经济发展的支持不断加大。2020 年公共财政支出达到 24.56 万亿元,相较 2016 年增加 30.8%。其中,社会保障和就业支出为 3.25 万亿元,相较 2016 年占比提高 51.2%。当然,该增幅因受到疫情影响数值较大,但 2019 年比 2016 年增长 37.0%,亦说明社会保障力度加强。居民收入持续增长,尤其农村居民收入增长较快。2020 年城镇居民和农村居民人均可支配收入分别达到 43 834 元和 17 131 元,相较 2016 年分别增长 30.4% 和 38.6%。经济增长是摆脱贫困的有效途径,"十三五"时期经济社会的良好健康发展,维持了扶贫环境的持续稳定,为扶贫事业提供了坚实的后备保障。

二、相对贫困的内涵与标准

(一)相对贫困的内涵

从绝对贫困转向相对贫困,在理论上是有依据的。随着社会经济的发展,贫困概念的内涵也随之不断丰富,反贫困事业由解决最初绝对贫困视角下的贫困问题,逐渐发展到相对贫困视角下的包含收入贫困、能力贫困和权利贫困等多维贫困问题。

相对贫困的研究源于外国,相对贫困的概念研究是从收入着手,以相对收入为切入点,分析个体之间的收入差距状态。最早明确提出相对贫困概念的学者是来自美国斯坦福大学的法克斯,该学者认为相对贫困是一个人或一个家庭的生活状况低于社会平均生活水平的一定程度时的状态。可见,相对贫困不用绝对生活水平来衡量,而是经由不同个体或家庭之间生活水平的比较而来,只要存在收入差距或消费差距,就存在相对贫困。绝对贫困可以经由经济增长提高低收入群体的收入而消除,相对贫困却不能,它只能通过降低收入不平等来缓解。从定义来讲,绝对贫困存在的情况下,相对贫困也是存在的,但通常,研究者们在消除或基本消除绝对贫困之后再考虑相对贫困。因而,现实中的相对贫困往往是一个国家居民收入较高状态下考虑的问题。国际上,采用相对贫困概念的也往往是欧美等发达国家。

汤森(1971)对贫困进行了新的阐释,开展了相对贫困研究。认为"贫困不仅是基本生活必需品的缺乏,还是个人、家庭、社会组织缺乏获得饮食、住房、娱乐和参与社会活动等资源的能力,不足以达到按照社会习俗或所在社会鼓励提倡的平均生活水平,从而被排斥在正常的生活方式和社会活动之外的一种生存状态。由于穷人缺少这些资源,他们所应该拥有的条件和机会就被相对剥夺了,故而处于贫困状态。"在测量方法上,提出了相对收入标准方法和剥夺标准方法。相对收入标准方法,即用平均收入作为一种测量相对贫困的方法。但汤森指出了这种方法的两个局限性:一是家庭类型不同,收入是不同的。因此,这种方法可以比较同一类型家庭之间的贫困程度,但对于比较不同类型家庭之间的贫困程度则无能为力。二是社会环境不同,收入也是不同的。因为不同的社会环境所具有的物质基础不同,那么家庭的平均收入也会有很大的差异,所以用这种方法也很难去比较处在不同社会环境中的家庭之间的贫困程度。为了更好地测量,汤森提出了剥夺标准,即根据对资源不同程度的剥夺水平,提供一个对贫困的客观评估方法。汤森的相对理论是一个主观标准,强调的是社会成员之间生活水平的比较,这一理论丰富了贫困的内涵,并拓宽了西方学者的研究视野。

阿马蒂亚·森(1981)使用权利方法对饥饿和贫困问题进行研究,提出了关于贫困的权利理论,指出贫困并不仅指收入不足,还是权利的失败所导致的,权利体制的不合理就会导致贫困和饥荒。该方法强调不同阶层的人对粮食的支配和控制能力,这种能力表现为社会权利关系。阿马蒂亚·森(1999)提出了"可行能力贫困"的概念。他认为收入低下是生活贫困的重要原因,贫困的本质是人基本能力的缺失和被剥夺,贫困不仅指收入的低下,还指人的能力的贫困,该理论重视绝对贫困的存在,同时也适用于相对贫困的研究。

按照这个思路,贫困有两种分类方式:绝对贫困与相对贫困、单一贫困与多维贫困。绝对贫困是对应"绝对剥夺"的概念,其测度标准采用对食物消费的货币化。相对贫困对应"相对剥夺"并表现为收入分配不均。从识别对象来看(表8.5),绝对贫困仅考虑现有农村贫困者,其标准是居民可支配收入,绝对贫困标准下的收入贫困主体基本受到扶持,我国 2010 年贫困标准下的贫困人口和贫困率分别收敛于 3 000 万人和 5%。但是,进一步考察能力贫困发现,由于农民有控制消费、增加储蓄和抵御风险的偏好,贫困农民的消费水平普遍偏低。加之,农村地区公共服务水平不高,"因病、因灾、因残、因学"等致贫问题日益突出。2000—2009 年返贫率较高,保持在 10%~20%,加上贫困的代际传递性,这使得转移支付的扶贫长效性在减弱。2015 年,国家发展和改革委员会推出"五个一批"的扶贫政策"组合拳"——发展生产脱贫一批、易地扶贫搬迁脱贫一批、生态补偿脱贫一批、发展教育脱贫一批和社会保障兜底一批,将开发式扶贫的内涵延伸到区域开发、生产能力开发、就业能力开发和人力资本开发等多个维度。

在帮助潜在贫困者具备生产生活能力和基本消除多重致贫因素叠加情况之后,以收入的相对差距为主要指标的相对贫困才能反映贫困真实情况——处于深度贫困的"尾部"人口数量减少。多维贫困补充了绝对贫困的能力度量缺失部分,相对贫困瞄准的对象是城乡统筹后,收入处在贫困线附近的潜在贫困者,他们是在深度贫困基本消除之后,中国扶贫实践的主要对象。汪三贵、曾小溪(2018)提出,可以使用"低收入""欠发达"等特征性词汇来描述 2020 年后的扶贫对象。欧盟的少数国家和美国、澳大利亚等国都已经在实施相对贫困的对象识别和政策援助。不同国家地区或机构对贫困的定义和治理方案如表 8.5 所示。

表 8.5　贫困概念梳理与治理方案对比

特征	绝对贫困	相对贫困	多维贫困
识别对象	现有农村贫困者	潜在收入贫困者	能力贫困者
衡量标准	可支配收入	收入的相对差距	以消费、健康、教育为主的福利水平
治理手段	地方经济开发与转移支付	人力资本培育	开发式扶贫
实践案例	中国的三阶段贫困线: (1)1978 年的 100 元/(人·年) (2)2000 年的 865 元/(人·年) (3)2011 年的 2 300 元/(人·年)	中非以全体居民收入五等分后收入最低的 20% 为相对贫困人口; 美国用依托基本生活费用指数计算的月收入标准作为贫困线,常年有 10%~15% 的人口生活在此线以下	联合国开发计划署实施的全球多维贫困指数 MPI,包括经济收入、健康、教育和工作质量等

资料来源:作者根据相关资料整理。

注:年人均纯收入 2 300 元是按 2010 年物价水平计算的贫困标准,实际是 2011 年 11 月 29 日宣布的。

(二)相对贫困的测度

相对贫困的测量无论是从理论还是实践都是备受关注的重要问题,是各国贫困研究关注的焦点。测量方法随着对贫困概念认识的深化不断变化。国外学者通过建立测量指标和测量指数来对贫困进行研究。研究早期,学者多以单一指标(如收入等)来测量贫困程度,随着研究的深入,更多学者从收入、能力、权利和社会参与等多种维度建立相关测量指标。

在测量方法上,阿马蒂亚·森提出了贫困指数的测量方法。为了弥补度量中缺少的收入分配问题,阿马蒂亚·森引入了基尼系数 G,G 度量的正是收入分配的公平程度。从而得出了一个更精确的衡量贫困的指数 P,$P = H\{I+(1-I)G\}$,其中 H 表示贫困人口的百分比,I 是贫困人口收入差距的总和。P 随着 G 的增大而增大,当收入分配绝对平均时,G 为 0,此时 $P=HI$。该指数将贫困人口的数量、收入及收入分布结合在一起,全面反映一国的贫困程度。至此,阿马蒂亚·森提出一个较全面的贫困定义,即贫困的"识别(identification)"和"加总(aggregation)"。罗伯特·坎勃(1995)认为贫困不仅是收入和支出水平低下,而且包括脆弱性、无话语权等,并将脆弱性定义,为暴露于冲击、压力和风险中的外在方面和孤立无援的内在方面,两个方面都意味着缺少减少破坏性损失的手段。Strobel(1996)从社会排斥理论研究了贫困问题,指出导致贫困的原因是多样的,既有与收入有关的经济因素,同时还涉及与经济有关的政治和文化等多个方面。迪帕·纳拉扬(2001)等人基于贫困人口的视角定义贫困,认为贫困不仅是物质的缺乏,缺乏权力和发言权才是导致贫困的核心因素,并采用"参与式贫困评价法(PPA)"来开展贫困问题研究。该方法充分赋予贫困群体"主体性",将贫困群体直接纳入研究群体,反复进行参与式的访谈与被访谈、表述与被表述研究,试图通过贫困人口自己的声音来直接反映其贫困的生活现实,让贫困人口自己看待和评价身处的贫困问题,并表述自己对贫困的认识。世界银行(2001)将贫困定义为:贫困不仅指物质的匮乏(以适当的收入和消费概念来测算),还包括低水平的教育和健康,包括风险和面临风险时的脆弱性,以及不能表达自身的需求和影响力。

联合国开发计划署(1997)从寿命、读写能力和生活水平三个维度构造出人类贫困指数,并应用于一些国家。但人类贫困指数在三个指标如何加总上存在争议,还有随意选择权重等缺陷。Chakravarty(1998,2003)和 Tsui(2002)在构建基于公理方法①的多维度贫困测算方面做了一些尝试,如 Ch-M 和 F-M 多维度贫困指数。Deutsch 和 Silber(2005)用 Ch-M 和 F-M 多维度贫困指数测算了以色列 1995 年的多维度贫困。Chakravarty、Deutsch 和 Silber(2005)同样用公理的方法,将 Watts 单维度贫困指数扩展为 Watts 多维度贫困指数,并用世界各国的截面数据测算了 1993 年和 2002 年世界多维度贫困。

国内学者对贫困的测量和研究,也都考虑到了教育、住房、医疗、社会参与等多方面,同时随着研究的深入发展,也关注到个体和家庭的脆弱性以及贫困的长期性、动态性等问题。在研究方法和测量方法上,国内学者在相对贫困理论的基础上,由收入、教育、心理等单一指标的测量研究,逐步发展到以收入、健康和教育为基本体系的多维指标,从多视角分析我国相对贫困的动态性变化。李小云(2005)对涉及个体或家庭心理感官方面的福利指标进行研究,提出了参与式贫困指数。刘修岩(2007)运用两阶段 Probit 模型分析了农户教育对消除农村贫困的影响,发现提高农户受教育程度能显著降低农村陷入贫困状态的概率。李永友和沈坤荣(2007)提出,相对贫困较难通过市场机制解决,政府有责任在财富的二次分配中调整社会财富的分布状况,以改变初次分配形成的不利格局。王星颖(2013)通过构建 Logistic 模型分析贵州农村的贫困问题,并为建

---

① 基本公理包括:(1)相关性公理:贫困指数应与非贫困人口的数量有关,而同非贫困人口的收入分布无关。(2)弱单调性公理:其余情况不变,任意一个穷人的收入减少都应使贫困指数提高。(3)强单调性公理:其余情况不变,任意一个穷人的收入增加,并可能越过贫困线,都应使贫困指数降低。强单调性公理意味着弱单调性公理,反之则不成立。(4)弱转移性公理:收入由一个较穷的穷人向另一较富的穷人转移,转移之后,后者仍未脱贫,则贫困指数应提高。(5)强转移性公理:收入由一个较穷的穷人向另一较富的穷人转移,转移之后,后者可能越过贫困线,则贫困指数应提高。同样,强转移性公理隐含着弱转移性公理,其区别在于前者允许贫困人群发生变化。(6)弱转移敏感性公理:贫困指数对更低收入水平的贫困人口之间的收入转移更敏感。(7)连续性公理:贫困指数应是收入的连续函数。(8)对称性公理:收入分布的排列次序变化不影响贫困指数的值。(9)可分解性公理:总人口中不同类别人群的贫困度量加权和,恰好等于全部人口的贫困程度。(10)贫困线上升性公理:其余情况不变,贫困线上升会提高贫困指数。(11)复制不变性公理:如果计算贫困指数所基于的收入分布是最初收入分布的 k 次复制,则贫困指数应保持不变。

立可持续反贫困机制提供数据支撑。段美枝(2014)提出,目前我国相对贫困问题突出,主要是收入分配不平等所造成的,可以洛仑兹曲线为基本模型进行分析。

借鉴国际经验并结合中国国情,这里提出以下两种相对贫困线的拟订思路。

第一种,根据收入分布情况将绝对贫困线折合成相对贫困线,并划定上下浮动区间。这种方法的优势在于,简单易行便于操作,政策实施难度偏小,与之前的绝对贫困线能够衔接上,识别对象和扶持政策前后能保持口径对应。但是,这种方法假定家庭内每个人的收入福利水平均等,缺乏对异质性的考虑。比如,城镇化背景下的人口流动造成的异地抚养、异地养老问题就很难统计。因此,这一方法比较适合发展中国家在"绝对贫困"向"相对贫困"转型过程中实施。① 而且,这种划分方案有助于中国相对贫困治理体系的逐步建立,但这一过程对中国财政能力、产业竞争力和城镇化质量三方面综合水平要求较高。

第二种,对全体居民家庭收入进行排序,取收入中位数或众数的固定比值。在此基础上再考虑全民收入分布特征和家庭结构,划定不同类型家庭的收入阈值,采取一家一线的方案。其优势在于,充分考虑了贫困的特性——家庭内部传递性和不同规模家庭的差异性,但是,这种方法需要收集全民的收入数据和家庭信息,政策实施难度大。因此,这种方法在具备完善的社保、住房、就业等公共服务体系的发达国家易于实施,而中国要在实现城乡一体化之后,才具备全面实施的可能性。这一方法适合在地方财力充裕的沿海省份先实施。具体做法是,先在城乡分别划定收入相对贫困线,再进行收敛性调整。就家庭收入而言,《中国家庭财富调查报告(2018)》显示,2017 年中国家庭净财富构成中,房产净值的比重最高(66.35%),其中城乡家庭的房产净值占家庭净财富的比

---

① 2018 年全国扶贫支出达 4 770 亿元 增长 46.6%[EB/OL].中国经济网,2019-01-28.

重分别为 69.7% 和 51.34%。这充分说明,财产净值在收入分配中的重要作用。除房产比重过高之外,动产的城乡差异较大、金融资产结构单一、预防性储蓄需求强等也是中国家庭财富结构的主要特征(表 8.6)。通过对财富分配差距的分解可以发现,房产净值对财富不平等的贡献最大,达到 70.4%;净财富差距的城乡分解表明,城乡净财富差距的贡献达到 82.4%,其中城镇内部为 44.6%,农村内部为 37.8%;净财富差距的地区分解结果表明,中国的财富差距主要来自地区内部(贡献率为 87.9%),其中,东中西部地区的贡献率分别为 39.9%、29.4% 和 18.6%。因此,中国居民财产收入呈现区域和城乡差距,相对贫困的动态监测极有可能瞄准同一批人。

表 8.6　2017 年中国居民人均财富情况

单位:元,%

	个人总财富		房产净值			金融资产			动产及其他		
	人均	增速	人均	增速	比重	人均	增速	比重	人均	增速	比重
城镇	274 724	14.46	191 483	16.2	69.7	41 428	—	15.08	41 813	—	15.22
农村	84 099	9.56	43 176	2.1	51.34	18 106	—	21.53	22 817	—	27.13

资料来源:《中国家庭财富报告(2018)》发布[EB/OL].中华人民共和国中央人民政府网,2018-12-28.

　　当然,也有人对基于中位数收入和平均收入的固定比例来划定相对贫困线提出异议(例如李永、沈坤荣,2007),认为这种划分必须满足居民收入连续且均匀分布的假设,容易忽略贫困深度,从而不能体现相对贫困的内涵。因此,他们参考阿马蒂亚·森的三大公理化准则,构建了包含相对贫困发生率和相对贫困深度的相对贫困指数。

三、相对贫困区域的测量与识别

（一）相对贫困类型区划定的依据

对相对贫困区域的认定、识别和瞄准，应当建立在对全国全部区域的整体划分基础上。经过精准扶贫，贫困人口摆脱绝对贫困，从贫困发生率来看，集中连片的区域已经开始呈现分散化趋势，因此按照类型来划分相对贫困区域，是我国扶贫重点由解决绝对贫困向解决相对贫困转变的相应区域瞄准的基本思路。

表 8.7 欧盟评价标准

空间发展评价标准	定义	评价指标
地理位置	某区域在某一大陆、跨国范围或地区上的相对区位	①地理参考指标：地理纬度、海拔、海岸线长度、年日照时间、主要语言；②专业化（通达性）指标：人口重心距离、人口公路通达性、人口铁公路通达性、GDP、航空通达性、从鹿特丹开始的货车运行时间通达性、城市间最小旅行时间通达性
空间融合	指地区间交流合作的机会和水平，以及合作的意愿	①"流"和"壁垒"：货物贸易流；②空间同质性和不连续性：相邻区域财富差距（人均 GNP）；③空间合作：欧盟联动基金支持城市数与 NUTS2 地区市政府数之比
经济实力	某一城市、镇区或区域在空间范围内（国际、国内、地区）的相对经济状况，维持和改善自身地位的能力，以及辐射带动作用的强度	①典型指标：人均 GNP、失业率、就业结构；②全球化和区域化指标：进出口总额、外商直接投资、公司总部、信息技术指标、非 IT 产业的持久度、单位投资中的外国直接投资额等；③现代化和多样化指标：就业、部门结构、可达性、创新能力（研发投入）、生活标准；④竞争力：劳动力成本、经济增长、经济结构、研发人员、失业趋势、区位、交通可达性等

续表

空间发展评价标准	定义	评价指标
自然资源	生态系统及其他自然领域的重要性、敏感度、规模或稀有性	环境压力、污染气体排放、水质量、海岸价值、生态系统多样性、生物多样性、自然灾害、潜在生产力、自然资源威胁、保护区划分
文化资源	自然景观特征及古今文化建筑的重要性、敏感度、规模或稀有性	①文化景观指标:重要性程度指数(农用地面积小于 20 公顷的农庄比例、农业产量、年旅游人数),威胁程度指数(人口变化、交通网络的长度、农用地边际效益)、多样性指数;②文化遗产指标:单位 NUTS 文化遗产的绝对数、游客容量、年度游客占当地居民的比例
土地利用压力	不同类型土地利用或不同土地使用者之间产生利益冲突的概率	土地价格、土地废弃指标、基于城市化和经济增长的土地利用压力、地下水污染
社会融合	地区内及地区间不同社会群体之间相互影响的水平	经济参与度(15—65 岁从事经济活动人口比例)、女性经济参与度、失业率

资料来源:作者根据相关资料整理。

关于区域认定、识别的指标可以参考欧洲空间发展愿景(ESPD)和欧洲空间规划研究计划(SPESP)(表 8.7),前者确定了空间发展的评价标准,后者确定了具体区域的评价体系。在此基础上,欧盟对于相对贫困的认定、识别和瞄准也应该从更加全面的维度展开。

目标标准的确定:

目标 1:推动不发达地区经济社会发展和结构调整。标准为:连续 3 年人均 GDP 低于欧盟平均值的 75%,同时视具体情况,该目标也可包括平均值在 75% 左右的地区。目前这一目标包括希腊、葡萄牙和爱尔兰的全部,西班牙的一半以及英国、法国、比利时、荷兰、意大利等国的部分欠发达地区。

目标 2:改变由于产业退化而受影响的地区状况。包括三项具体的标准:失业率高于欧盟的平均值、工业就业人口高于欧盟平均值和高比例就业部门处于衰退状态。该目标特别关注严重的失业状况,特别是都市地区的失业状况以及老工业区的改造问题。

目标3:解决长期失业,特别为青年人和不能进入劳动力市场的失业者提供就业帮助,为男女平等就业创造条件。

目标4:帮助就业者适应产业调整及生产体制的变化。

目标5a:在改革欧盟共同农业政策的框架内加速调整农业结构,推动农业现代化。该目标同时也包括调整渔业部门的结构。

目标5b:推动农业地区发展。在这方面,除了GDP作为经济社会发展水平的一般测度标准外,受援助地区还必须满足三项条件中的2项:高农业就业人口、低农业收入和低人口密度或人口有大幅度下降趋势的地区。此目标区域包括边远地区,对农业、渔业结构调整敏感地区及乡村山区等。

目标6:资助人口稀少地区的结构调整与发展。该目标是随着欧盟扩大为15国而新增的目标地区,主要为芬兰和瑞典而设。其资助对象包括人口密度为每平方千米8人或更低。目前包括了芬兰16.6%和瑞典5%的人口。

基于我国的国情,根据实际情况的不同,宏观上我国可以划分为两类区域:发达区域和相对贫困区域。发达区域是指东部沿海地区、中部和东北的已经脱贫并且农村人均收入较高的地区;相对贫困区域是指贫困程度较深、社会综合发展能力较弱的地区。这样的划分对于认识国家未来的扶贫趋势比较有意义。

宏观类型的分区是扶贫与社会经济状况分析以及区域政策制定的基础,是新时代扶贫发展规划的基本地域单元。

宏观类型划分的依据主要包括以下方面:一是行政单元为基础,可以采用不同标准划分区域,包括省域、市域和县域。二是区域的功能单元,包括矿业区域、铁路交通区域、农业区域等。三是以人口的收入为主导划分单元。

第一,发达区域的等级划分,共分为3类。通常一类区域是我国原有的东部各省区,江苏、浙江、福建、广东等地,也包括京津沪直辖市的郊区,称为狭义的"发达区域"。二类区域指中部地区湖南、湖北、江西、安徽、河南等省的平原地区和已经脱贫的山区，是我国承接产业转移的主要地区，也是农业发展的重点区域。经过 5 年的精准扶贫，绝大多数贫困人口已经脱贫，但仍有部分低收入的人口和低收入的县份。这类地区可以称为"次发达区域"。三类区域主要是指东北、陕西、山西、四川、重庆等。这类区域已经基本摆脱绝对贫困，但低收入的人口仍有很多。由于我国的区域政策越来越关注较小的山地区域、贫瘠的农业区域、资源匮乏的城市地区等，对于这类区域需要确定较小的地方管理单元。

第二，贫困地区的等级划分，主要分为两类。一是原深度贫困区域，基本上延续深度贫困的"三区三州"的范围，设立动态考核的机制，以五年为期，考察深度贫困范围的变化。二是相对贫困区域，这类区域的认定、识别和瞄准是在这一区域划分体系上，针对个人和区域两个层面建立起来的。针对个人层面，依据人均收入和相对贫困发生率的指标来确定，解决相对贫困的政策实施最基层区域仍然确定为县域，需要考察县域经济的发展情况、经济差距的缩小情况。

2020 年后重新识别我国的贫困地区，涉及方方面面的利益与关系，需要统筹考虑各类问题，真正达到彻底解决区域相对贫困问题的目标。当前我国贫困识别的单元，主要是贫困县和贫困村，以及集中连片的深度贫困地区。连片特困区域作为全面攻坚扶贫工作的重要组成部分和扶贫战略推进的重点阵地，对我国减贫、脱贫目标的实现，贫困现状的改善起到积极作用。但从我们的测算结果来看，我国的贫困已经从集中连片逐步走向零散化。2020 年后，全面建成小康社会，我国绝对贫困人口全部脱贫，集中连片贫困区域零散化，从更细微的区域单元分析相对贫困更具有针对性。2020 年后从区域发展的现实情况和我国行政管理的区域稳定性出发，建议区域识别仍然以县级行政区为基本单元，村级单位为主要工作微观主体。

（二）县域相对贫困区域识别

1.方案一

借鉴瑞士洛桑国际管理学院的国际竞争力指数评价方法,根据对相对贫困的经验研究,考虑数据可得性,确定县域综合发展实力指标体系,如表8.8所示。

表8.8　县域综合发展实力指标及权重

一级指标及权重（B）	二级指标	权重（A）	单位
经济规模（30%）	人均地区生产总值	0.50	元/人
	人均公共财政收入	0.50	元/人
居民收入（30%）	农村居民人均可支配收入	1.00	元/人
社会保障水平（40%）	每千人医疗卫生机构床位数	0.65	床/千人
	每千人各种社会福利收养性单位床位数	0.35	床/千人

利用stata软件拟合出每个指标的概率分布函数,按照式8.1求出函数值

$$Z_i = F(X \leq X_i) \qquad (8.1)$$

之后采用加权法求得各县市综合发展实力得分,并换算成百分制。

$$Y_i = 100A_iB_iZ_i \qquad (8.2)$$

按照各县的得分(设为 t)来划分县域类型。当 $0 \leq t \leq 20$ 时,划分为最低发展水平县;当 $20 < t \leq 40$ 时,划分为中低发展水平县;当 $40 < t \leq 60$ 时,划分为中等发展水平县;当 $60 < t \leq 100$ 时,划分为较高发展水平县。具体情况如表8.9所示。

表 8.9 2020 年县域类型划分

类型	县数/个	2020 年城乡总人口/亿人
最低发展水平县	141	0.588 9
中低发展水平县	569	2.878 0
小计	710	3.466 9
中等发展水平县	710	3.513 4
较高发展水平县	1 604	7.608 6

注:按照 2016 年 680 个片区县占全国贫困人口数量 50.4%的概率计算,710 个发展薄弱县贫困人口共计 3 300 多万人。

数据来源:根据各省份统计年鉴、统计公报、政府工作报告数据整理;2020 年的数据为研究时的预测值。

这四类县的分布情况和特点如下:

第一类:较高发展水平县。$60 < t \leqslant 100$,该类型涉及城乡总人口约 7.61 亿人。这一类型又可按 $60 < t \leqslant 80$ 和 $80 < t \leqslant 100$ 来分。

当 $80 < t \leqslant 100$,该类型的县广泛分布在东南部江苏、浙江及山东省,因内蒙古地区公共设施较好,内蒙古也有较多县域进入这一类型。从县域发展来看,该类地区经济发展综合实力较强,生态环境适宜,交通区位条件优势明显,城乡差距较小,全域内贫困人口基本消除。未来发展应着重提升经济发展质量,进一步提升全要素生产率在经济增长中的比重,推进县域经济向城市经济和城市群经济转型。一是进一步提升中心城区的辐射带动能力,优化中心城市发展环境,尤其强调县城在金融、教育和科技方面的服务能力,提升县域对高端要素和高端产业的集聚能力,进一步提升区域中心城市产业层级;二是加快交通网络建设,加快中心城市与周边地区快速交通通道和中心城市综合交通体系建设,提升中心城市的交通枢纽地位,扩大交通网络覆盖面;三是合理配置公共服务资源,强化中心城市优质公共服务资源的配置,打造宜居环境,使之成为吸引高端人才的高地,也要注重周边中心镇的公共服务建设,提升综合承载力;四是强

化产业分工,形成研发、孵化在中心城市,转化、制造在周边的分工格局,使中心城市逐渐形成以服务经济为主的产业结构,周边中心镇错位发展,形成一批工业强县、工业强镇空间格局。

当 $60 < t \leqslant 80$,该类型的县主要分布在河北、黑龙江、吉林、江苏、福建、湖北、浙江等地,还有一部分主要分布在内蒙古、新疆和甘肃等地。该类型县域应结合自身发展的阶段和自身的资源禀赋条件,进一步推进县域经济发展转型。一是拓展县域经济发展新空间,进一步破解县域合作的藩篱,积极合理吸引外来资金、技术人才和管理人才,树立"人才不为我所有,但为我所用"的人才观念;推进县域经济产业深度融合发展,进一步完善农业产业链,提高农产业附加值。发现和培育农业新型业态,深度挖掘乡村旅游、休闲农业和文化教育产业;培育和引进大型市场主体,支持县域龙头企业发展,培育中小企业,支持行业龙头企业对县域内发展较弱企业兼并或重组。二是提升县域经济发展质量,深入推进工业化和网络化与传统产业融合,完善传统产业价值链和产业链,形成新的竞争优势;注重集群式发展,建立高标准、高起点的工业园区和开发区,完善园区基础设施和公共服务体系,形成特色鲜明、集中度高、关联性强的产业集群。三是优化生态环境,推进绿色发展。树立"绿水青山就是金山银山"的发展理念,加快转变发展方式,推进企业间、行业间和产业间的循环产业发展模式,构建横向联系、纵向闭合的产业发展体系;坚持经济效益、生态效益和社会效益并重,在发展中加强县域生态环境保护和修复。

第二类:中等发展水平县。$40 < t \leqslant 60$,该类型的县为中等收入地区,包括710 个县,涉及城乡总人口约 3.51 亿人,除浙江、江苏、宁夏、甘肃、青海、海南、重庆外,其余省市均有大量县域属于此区间。这类县以农业发展为主,未来发展方向是增强自身经济实力。首先,发展壮大县域龙头企业,建立企业与农户长期稳定的关系,实现农民收入的持续增加;完善农村基础设施,加强软硬件环境建设,变农村土地为土地资本,推广职业教育使农村劳动力变为人力资本。其次,发挥比较优势,建设特色县域经济,此类县域比较优势不一定是完全依赖

自身要素禀赋形成的优势,应该学会借助外力,发挥县域在土地、劳动力价格等方面的优势,引进与本地资源相结合的大企业,加强与周边县域的合作,开放市场,联合几个县形成共同的特色产业,形成完整的产业链条,提升县域的经济实力。最后,发挥县域工业的力量,使工业成为县域经济发展的支撑力量,发展农产品加工业和农产品运输业,提升产品的附加值;优化生态环境,注重内涵式发展。建立健全县域生产性和生活性服务体系,完善教育体系、培训体系和政策扶持体系,鼓励外来技术、人才与当地比较优势结合,提升县域综合实力。

第三类:中低发展水平县。$20<t\leqslant40$,该类型包括 569 个县,涉及城乡总人口约 2.88 亿人。主要分布在广西、贵州、云南等地。另外,河北、河南、湖南、广东、山西、安徽、黑龙江、海南等地也有大量县域得分落入该区间。东部地区县域得分落入该区间主要是人均公共服务水平和地区发展不平衡导致的。

第四类:最低发展水平县。$0\leqslant t\leqslant20$,该类型包括 141 个县,涉及人口约 5 889 万人。这类县区主要分布在甘肃、新疆、贵州、云南、西藏地区、青海、宁夏、广西和山西省。

当 $0\leqslant t\leqslant40$ 时,即第三类和第四类县,可统称为经济社会发展薄弱县,涉及总人口约 3.47 亿人,涉及农村低收入人群约 3 300 万人。这类地区一般生态环境脆弱或交通闭塞,基础设施严重落后,尤其需要使用保障性扶贫与开发式扶贫相结合的方式进行扶贫。

2.方案二

作为 2020 年县域扶贫分类标准,按照农村居民收入情况进行筛选。

本部分 2 435 个县(市)的农村常住居民人均可支配收入数据来自各省统计年鉴及部分县(市)政府统计公报,国家农村居民人均可支配收入数据来自国家统计局。由于县(市)农村居民人均可支配收入仅有 2014—2016 年的数据,考虑数据的一致性,国家数据使用相同的年份,2014 年和 2016 年全国农村居民人均可支配收入分别为 10 489 元、12 363 元,年均增长率为 8.57%。按照此增长率计算,2020 年我国农村居民人均可支配收入为 17 175 元。

按照 2020 年农村居民人均可支配收入的 0.5、0.8 比例计算出相应的人均可支配收入线,分别为 8 588 元、13 740 元。

根据 2020 年县域农村居民人均收入,2020 年三类县域的划分标准为:

①高收入县:农村常住居民人均可支配收入 ≥13 740 元,共 1 684 个县。

②中等收入县:8 588 元 ≤农村常住居民人均可支配收入 <13 740 元,共计 661 个县,涉及人口约 2.5 亿人。

③低收入县:即相对贫困县。农村常住居民人均可支配收入 <8 588 元,共计 90 个县,涉及人口约 2 386 万人。

各省份处于上述不同收入区间的县域分布如表 8.10 所示。山东、福建、浙江、江苏和海南五省的各县域农村居民人均可支配收入均位于高收入或者中等收入水平区间。

低收入县主要分布在甘肃和山西,另外青海、西藏、黑龙江、云南、四川、河北、广西也有部分低收入县。中等收入县主要分布在云南、陕西、贵州、西藏等地。

按照 2 435 个县来测算,2016—2020 年,各地区农村居民收入绝对数值明显增大。常住居民人均可支配收入低于 8 588 的县(市)数量由 481 个降低到 94 个,高于 8 588 元的县(市)数量由 1 954 个增加到 2 345 个,其中,农村居民人均可支配收入大于 13 740 的县域 2016 年仅有 785 个,但到 2020 年达到 1 684 个(表 8.11)。

表 8.10　各省份不同收入等级的县域分布情况

单位:个(县)

省份	0 ≤收入 <8 588 元	8 588 元 ≤收入 <13 740 元	收入 ≥13 740 元	小计
四川	3	22	141	166
山东	0	0	130	130
河北	2	42	122	166
广东	0	2	102	104
安徽	0	15	86	101

续表

省份	0≤收入<8 588 元	8 588 元≤收入<13 740 元	收入≥13 740 元	小计
湖南	0	41	80	121
新疆	0	24	80	104
河南	0	35	79	114
福建	0	0	77	77
江西	0	22	74	96
广西	1	38	71	110
浙江	0	0	63	63
湖北	0	21	59	80
内蒙古	0	34	58	92
黑龙江	4	15	49	68
辽宁	0	2	49	51
云南	4	81	43	128
山西	33	37	43	113
江苏	0	0	43	43
陕西	0	62	41	103
重庆	0	4	33	37
吉林	0	8	30	38
贵州	0	61	27	88
甘肃	35	28	23	86
西藏	5	53	16	74
海南	0	0	16	16
青海	7	22	15	44
宁夏	0	11	11	22
合计	94	680	1 661	2 435

数据来源:根据各省份统计年鉴、统计公报、政府工作报告数据整理;2020 年的数据为研究时的预测值。

表 8.11　2016—2020 年 2 435 个县（市）收入分级变化

单位:个（县（市）、区）

收入分级	2016 年标准/元	2016 年	2020 年预测标准/元	2016 年	2020 年
高收入县	收入≥8 391	2 008	收入≥13 740	785	1 661
中等收入县	5 245≤收入<8 391	403	8 588≤收入<13 740	1 169	680
低收入县	0≤收入<5 245	24	0≤收入<8 588	481	90
合计	—	2 435	—	2 435	2 435

数据来源:根据各省份统计年鉴、统计公报、政府工作报告数据整理;2020 年的数据为研究时的预测值。

以同一标准线衡量,2020 年以后县域收入的差距拉大(表 8.12)。如果按照相当于全国农村居民人均可支配收入 0.5、0.8 的标准,2016 年的低、中收入标准线分别为 5 245 元和 8 391 元。假使与 2020 年预测标准进行比较,统计中的 2 435 个县(市)、区中,进入低收入区的县域将由 24 个增加到 90 个,中等收入县将由 403 个增加到 661 个。这主要是这些县域的可支配收入增长乏力导致。这 90 个县在 2014—2016 年的农村居民人均可支配收入年均增长率基本处于 5%~8%,低于全国平均水平。农村居民可支配收入较高的地区增长情况比较好。2014—2016 年,所统计的地区中,收入最高的湖南省开福区农村居民人均可支配收入年均增长率为 8.57%。按此增长率,到 2020 年,其农村居民人均可支配收入达到 46 402 元,是 2016 年的 1.37 倍。而农村居民人均可支配收入最低的山西省吕梁山区石楼县在 2014—2016 年的年均增长率仅有 6.92%,到 2020 年,收入的绝对数值仅为 2016 年的 1.24 倍。2016 年,收入最高县与收入最低县的收入比值为 11.75,到 2020 年增大到 13.03。因此,对中等偏下及低收入水平地区的经济发展的重视仍然需要加强。

表 8.12　2016—2020 年县（市）收入最大最小值变化情况

	2016 年	2020 年	2020/2016（倍）
最大值/元	33 809	46 402	1.37
最小值/元	2 877	3 561	1.24
最大/最小（倍）	11.75	13.03	

数据来源:根据各省份统计年鉴、统计公报、政府工作报告数据整理;2020 年的数据为研究时的预测值。

3.方案三

2020年后从区域发展的现实情况和我国行政管理的区域稳定性出发,建议区域识别仍然以县级行政区为基本单元。

根据李实教授的研究报告,农村居民人均可支配收入以7%的增速计算,2020年农村居民人均可支配收入中位数为13 382元。按该值的0.5、0.8比例计算出相应的人均可支配收入线,分别为6 691元、10 706元。

根据2020年县域农村居民人均收入,将2020年县域划分为四类(表8.13):

①最低收入县:县人均收入<6 691元,18个,涉及城乡总人口496万人;

②中低收入县:6 691元≤县人均收入<10 706元,238个,涉及城乡总人口6 396万人;

③中等收入县:10 706元≤县人均收入<13 382元,447个,涉及城乡总人口1.76亿人;

④高收入县:县人均收入≥13 382元;1 732个,涉及城乡总人口约8.7亿人。

其中,前两类县涉及农村相对低收入人群有2 000万人①以上,可以统称为相对贫困县、低收入县或经济社会发展薄弱县。

---

① 计算方法:

第一步,按照680个片区县占全国贫困人口52%的比例计算得到"最低+中低+中等"三类县农村低收入人口共计约5 720万人。

第二步,根据:"最低+中低"人口/"中等"人口=28/72,计算得"最低+中低"农村低收入人口为1 607万人。这两类县的实际贫困率应该大于中等收入县,另外,实际有数据的是2 435个县,没有数据的有些是城镇化率非常高的区级地区,也有少量是贫穷地区。这里将"最低+中低"县的农村低收入人群估约2 000万以上。

此外,城乡总人口数据来自国家统计局统计数据。

表 8.13　2020 年县域类型划分

类型	县数/个	2020 年城乡总人口/亿人	2020 年县农村居民人均可支配收入/元
最低收入县	18	0.049 6	小于 6 691
中低收入县	238	0.639 6	大于等于 6 691,小于 10 706
小计	256	0.689 2	
中等收入县	447	1.764 3	大于等于 10 706,小于 13 382
高收入县	1 732	8.7	大于等于 13 382

数据来源:根据各省份统计年鉴、统计公报、政府工作报告数据整理;2020 年的数据为研究时的预测值。

相对贫困县的区域分布如表 8.14 所示。在相对贫困标准下,西部地区还是容易成为贫困人口聚集地,老年人和文化程度低的人更容易成为贫困人口。由表 8.14 可知,大部分低收入县分布在山西、甘肃,四川、河北、广西、黑龙江、云南、西藏和青海也有零星分布,中低收入县主要分布在河北、新疆、广西、云南、甘肃和西藏。扶贫政策应该有倾向性地向上述地区和人群倾斜。

表 8.14　按县域农村居民人均可支配收入的分布情况

单位:个(县、区)

省份	收入<6 691 元	6 691 元≤收入<10 706 元	10 706 元≤收入<13 382 元	收入≥13 382 元	合计
四川	2	5	16	143	166
山东	0	0	0	130	130
河北	0	16	23	127	166
广东	0	0	1	103	104
安徽	0	0	6	95	101
河南	0	3	26	85	114
湖南	0	6	27	88	121

续表

省份	收入<6 691元	6 691元≤收入<10 706元	10 706元≤收入<13 382元	收入≥13 382元	合计
新疆	0	11	12	81	104
江西	0	2	16	78	96
福建	0	0	0	77	77
广西	0	12	21	77	110
湖北	0	0	19	61	80
内蒙古	0	4	28	60	92
黑龙江	3	10	8	50	68
辽宁	0	1	1	49	51
山西	14	33	19	47	113
陕西	0	3	53	47	103
云南	4	29	53	46	128
浙江	0	0	0	63	63
江苏	0	0	0	43	43
重庆	0	1	3	33	37
贵州	0	6	50	32	88
吉林	0	0	8	30	38
甘肃	2	52	9	23	86
西藏	5	29	26	19	74
海南	0	0	0	16	16
青海	0	12	16	16	44
宁夏	0	3	6	13	22
合计	18	238	447	1 732	2 435

低收入县扶贫的考评办法如下。

以五年为期,考核每一个县的人均收入上升情况和贫困发生率下降情况,不再进行针对贫困户的个体考评。

①根据五年周期的经济发展,按照前述标准的划分办法,调整分类指标;把调整后的指标作为衡量标准,重新划分每一个类型区的县域名单。对低收入县的考评在宏观层面上进行,采用县域农民人均收入和相对贫困发生率两个指标。

②激励机制。凡上升层次的县域,给予 5 年的奖励。每年的奖励额度,应当高于对相对贫困县的补贴额度。

③贫困发生率指标的考核,是从解决发展不平衡的要求出发的。不同类型区的贫困发生率根据起始年的测算数据指标进行考察;五年后贫困发生率的指标随相应标准的调整而调整。

9

新时代扶贫开发的战略转型与政策建议

一、新时代扶贫开发的思路

（一）指导思想

以习近平新时代中国特色社会主义思想为指导，全面贯彻党的十九大和十九届二中、三中、四中、五中全会精神，统筹推进"五位一体"总体布局，协调推进"四个全面"战略布局，坚持以人民为中心的发展思想，深入落实习近平总书记关于扶贫工作的重要论述，牢固树立和贯彻落实新发展理念，坚持政府引导、社会参与、市场运作、创新机制，加快培育相对贫困落后地区发展新动能，拓展发展新空间，以创新和改革为发展动力，形成解决相对贫困落后地区发展的基础体制机制，构建相对贫困落后地区加快发展的多路径体系，打通相对贫困落后地区发展的痛点、难点和堵点，架构相对贫困地区与新时代发展的桥梁，完善相对贫困落后地区发展与现代经济的融合道路，提升相对贫困地区发展能力，推动"十四五"时期相对贫困落后地区的加快发展，实现巩固拓展脱贫攻坚成果同乡村振兴有效衔接。

（二）指导原则

统筹规划，协调发展。加强中央对加快促进相对贫困落后地区发展的顶层设计，明确地方政府的主体责任，破解相对贫困落后地区发展过程中存在的突出问题，加强区域协作，促进相对贫困落后地区与其他地区的协调发展。

扶志为本，提升能力。开展扶志教育，加强技能培训，强化典型示范，发挥群众主体作用，提高相对贫困落后地区民风文明水平，加强相对贫困落后地区民居环境整治和公共服务水平，加强公共文化和现代经济文化供给，传承艰苦奋斗、勤俭节约、勤劳致富、自尊自强、孝亲敬老、遵纪守法等优良传统，强化产业和就业扶贫,增强相对贫困落后地区发展的信心与能力。

创新驱动,扩大开放。坚持从实际出发,根据新时代国内、国际和地区经济发展的阶段、特点及新变化,调整扶助战略和政策,建立更加科学、更加有效的赋权与干预措施,保障扶助成效。创新组织、管理、人才和资源的组合比例及制度安排,创新扶助方式方法。进一步扩大贫困地区与外界的交流范围,增加交流合作途径,增强相对贫困落后地区与其他地区发展的协同性、联动性。

绿色发展,保护生态。遵循绿色发展理念,适应绿色发展的要求,践行"两山"理论,注重转变相对贫困落后地区生产方式,维护其生态环境质量,发挥绿色发展对协调发展的牵引辐射作用,以绿色发展为指向与要求,以绿色为底色,提升其绿色发展的"成色",使发展与绿色相互贯通、相互促进。在生产生活过程中负责任地选择低资源消耗量、少废弃物排放量的产业。进一步探索发展生态补偿机制,实现环境保护与经济、社会协调发展。

政府践行,多方参与。始终坚持党的领导,在不同领域和不同发展阶段,实施政府主导与引导相结合,完善扶持相对贫困落后地区发展的基础设施、公共服务,健全组织动员机制,搭建社会参与平台,完善政策支撑体系,营造良好社会氛围,引导发挥各类企事业单位、市场主体、社会组织和个人等的作用,多种形式推进,充分调动社会各方面力量参与扶贫的积极性。

巩固成果,乡村振兴。将针对绝对贫困的脱贫攻坚措施调整为针对相对贫困的常规性帮扶措施,将扶贫战略纳入乡村振兴战略框架下统筹安排。进一步巩固脱贫攻坚成果,加快致富进程,推动乡村全面振兴,逐步向现代化、共同富裕的目标迈进。

(三)总体思路

面向新时代,把握新趋势,紧抓发展关键期,以建设包容性社会为基本理念,以高质量发展为引领,以促进国土安全、区域协调发展、巩固脱贫和提高相对贫困落后地区发展为目标,秉承改革、创新、协调、绿色、开放、共享、合作的发展理念,加强顶层设计,采取重点突破、协调并举的支持政策,建立解决相对贫困落后地区发展的基础问题和"十四五"特定时期问题的组织架构、资金运行、保障机制、政策体系和帮扶途径,巩固脱贫成果,构建面向未来的基本扶助框架,提高相对贫困落后地区自我发展能力,形成相对贫困落后地区的可持续发展路径和缩小与发达地区经济差距的路径方法,加快相对贫困落后地区的追赶超越发展,巩固拓展扶贫成果,并与乡村振兴进行衔接。

(四)重大任务

1.巩固原国家扶贫重点县的区域脱贫成果

聚焦 832 个原国家扶贫县,围绕解决多维贫困、切断贫困代际传递、助力文化脱贫、改善贫困心理、提升相对贫困人口内生动力等关键挑战和核心问题,突出问题导向,优化政策供给,加强区域援助与社会帮扶,提高原贫困县"造血"能力,提升原扶贫重点县的生产、务工、服务和经商能力。保持驻村第一书记、驻村工作队等政策不变,加强原扶贫重点县地区巩固脱贫和乡村振兴发展的衔接,探索农村新社会保障措施体系,加强农村最低生活保障制度对巩固脱贫效果的保障,探索巩固脱贫的新路径新举措,实现原扶贫重点县稳固脱贫,切实提高贫困人口的获得感。

2.建立扶持落后地区经济社会发展的长效机制

加强顶层设计,及时建立扶持相对贫困落后地区发展的组织保障体系,根据现实要求,改造扶贫工作行政系统设置,应对新时代相对贫困现实基础上的城乡协调、农村振兴与区域相对扶贫开发,在国家政策的支持下,提高各级社会治理能力,提高中央资金统筹力度,优化财政支出结构,打造促进相对贫困落后地区发展的组织架构扶持,构建促进相对贫困落后地区发展需要的政府行政体系、财政保障、教育保障、医疗保障、生态管理、金融支持、产业发展、社会援助、区域援助等的长效体制机制,逐步统筹城乡社会保障,加快相对贫困落后地区追赶能力建设、主体管理与帮扶机制。

3.提升相对贫困落后地区的发展基础与能力

持续推进基础设施和公共服务的均等化,加大对相对贫困落后地区的交通、能源、水利、通信、物流、教育、医疗、社会保障等基础设施和公共服务方面投入力度,推进相对贫困落后地区基础设施建设与基本公共服务,提高相对贫困落后地区基础设施和公共服务数量与质量。关注新技术、新产业、新发展要求下网络、平台、体系等新型基础设施建设,提高新技术对促进相对贫困落后地区发展的作用。构建面向相对贫困落后地区的基础教育、公共文化、技能培训等知识信息系统,尤其注意加大贫困地区的教育和职业技术培训,防止人口能力贫困造成相对贫困地区被排斥在经济发展进程之外。提高相对贫困落后地区的发展能力,筑牢相对贫困落后地区的发展基础。创新宣传方式方法,激发相对贫困落后地区发展的信心与竞争意识,提高相对贫困落后地区人口追求经济发展和幸福生活的内生动力。推出面向相对贫困落后地区发展的干部选拔任用办法,有效激励相对贫困落后地区的干部积极作为。有效利用压力、激励和奖励等多种措施,促进相对贫困落后地区构建服务型政府,改善社会治理能力,改善营商环境。引导社会力量和区域援助在促进相对贫困落后地区发展能力方面发挥积极作用。

4.推进相对贫困落后地区的开发开放

构建、完善和提升相对贫困落后地区与外界的道路、通信、信息等交流沟通体系,增强相对贫困落后地区各类人群与外界的交流沟通,进一步推进相对贫困落后地区与发达地区的区域交流合作,推动增加沿边地区与国外地区的贸易往来,实现相对贫困落后地区更广泛地切入信息流、人流、资金流和技术流,增强相对贫困地区人口的学习能力。

位于沿边地区的诸多相对贫困落后地区,以及甘肃、山西等内陆交通不便的地区,往往是交通、信息的支流末端,难以吸引丰富的信息流、人流和资金流,需要采用新技术、新政策推进这些地区的开发开放。一方面让这些地区融入新时代发展的洪流,另一方面,改善这些地区居民的思想、技术、经济发展能力和当地的营商环境、政府服务。

5.探索新时代扶助相对贫困落后地区发展的新方式、新手段

有效利用新时代新思想新技术,加强相对贫困落后地区社会治理和经济发展,利用新技术、新产业有效促进落后地区发展,因地制宜设立新的开放、开发和交流合作政策,促进相对贫困落户地区发展。充分发挥科学技术在发展生产力方面的作用,梳理整理相对贫困落后地区发展面临的难题,有效调动企事业单位科研工作者和技术人员的积极性,支持开展面向相对贫困落后地区的科学研究。

6.实现巩固拓展脱贫攻坚成果同乡村振兴有效衔接

伴随乡村振兴战略的启动与实施,巩固拓展脱贫攻坚成果同乡村振兴有效衔接被提上了日程。为此,要积极完善财政扶贫开发政策,继续在相对贫困落后地区实施乡村振兴战略,加大对相对贫困落后地区基础设施、公共服务、生态建设等的财政投入。促进农村一二三产业融合发展,为乡村产业发展提供新途径、新业态,乡村振兴战略与乡村集体经济发展相结合,推动乡村集体经济可持续运营。在生态文明和乡村振兴战略框架下,明确相对贫困落后地区绿色发展的总基调,不断探索生态建设和保护的利贫模式。培育在相对贫困落后地区开展乡村振兴和扶贫开发的社会企业和公益组织,以弥补相对贫困落后地区在这些公共服务方面的人力资源不足。

二、新时代扶贫开发的政策建议

在多维贫困视角下,区域扶贫是未来我国进入相对贫困阶段重要的战略之一。未来,区域扶贫将是区域发展政策的重要组成部分,在解决区域绝对贫困的基础上,还应注重促进区域整体发展,特别是相对贫困地区发展。因此,区域相对贫困应依区域的后发优势和特点,因地制宜,提升帮扶效率。

（一）构建相对扶贫开发的组织架构

坚持实行中央统筹、省（自治区、直辖市）负总责、市（地）县抓落实的工作机制。

第一，各级党委负总责。扶贫开发任务重的省（自治区、直辖市）党政主要领导要向中央签署脱贫责任书，层层落实责任，省市县乡村五级书记一起抓扶贫。改进县级干部选拔任用机制，统筹省（自治区、直辖市）内优秀干部，选好配强扶贫任务重的县党政主要领导，把扶贫开发工作实绩作为选拔使用干部的重要依据。从机关优秀年轻干部、后备干部，事业单位的优秀人员和以往因年龄原因从领导岗位上退下来、尚未退休的干部中选派，有农村工作经验或涉农方面专业技术特长的人员组成工作组，明确驻村工作组实行帮扶任务与责任。

第二，各级政府部门主导。政府部门在扶贫工作中起主导作用，其体现在对其他扶贫主体的引导作用上。政府主体包括各级乡村振兴部门机构、中央农业工作领导小组办公室、各级民政部门等。其中，国家乡村振兴局的主要任务是拟定扶贫开发的行政法规、方针政策和规划，审定中央扶贫资金分配计划，组织调查研究和工作考核，协调解决扶贫开发工作中的重要问题，调查、指导全国的扶贫开发工作，做好扶贫开发重大战略政策措施的顶层设计；民政部主要职责包括牵头拟定社会救助规划、政策和标准，健全城乡社会救助体系，负责城乡居民最低生活保障、医疗救助、临时救助以及生活无着人员救助工作。

第三，乡村振兴局负主要责任。将扶贫工作范围扩展至农业转移人口，通过多维贫困等方式确定贫困标准，创新符合新阶段特征的扶贫方式，协调城乡、统筹扶贫。民政部应坚守兜底职能，对无劳动能力的人群等进行兜底，保障城乡居民的最低生活水平。政府还应充分发挥职能，积极鼓励、引导其他主体参与到扶贫工作中。

（二）建立相对扶贫的长效机制

新时期,在解决了绝对贫困问题后,在多维贫困视角下,部分区域仍存在较高程度的相对贫困。因此应建立稳定的产业帮扶、易地搬迁、社保兜底等政策的长效机制,确保稳定脱贫,防止脱贫后的返贫,提高原深度贫困地区脱贫质量。

首先,推进基础设施建设,筑牢原深度贫困地区的脱贫基础。加强对原深度贫困地区交通、能源、水利、通信和物流等基础设施的建设。重视通过农村公路的建设来改善相对贫困地区的生产与生活条件,保障相对贫困地区与外界的经济社会联系能够畅通无阻;开通乡镇和农村客运线,有效保证农民在城乡之间顺畅流动。要加强水资源的地区调配和节水设施的建设,规划和建设全局性的跨流域调水工程,从根本上解决这些地区的用水问题。依托当地的优势资源,推动清洁能源开发建设。加大力度实现城乡宽带全域覆盖,完善农村快递揽收配送网点建设,加强相对贫困地区物流的硬件和软件的投入力度,实现"工业品下乡"和"农产品进城"的双向流通。

其次,创新产业扶贫模式。对于原深度贫困地区而言,要充分利用当地的特有资源、充分发挥当地的比较优势,制定符合当地实际情况的产业发展蓝图。充分利用当地要素资源禀赋优势,拓展延长相关产业链,实施原深度贫困村的"一村一品""一乡一品"和"一县一品"工程,产业发展当中,原深度贫困地区应当更多采取互助合作的产业组织模式,村民在资金、生产管理、经营销售等方面的互助,使之成为发展特色产业的重要组织平台,发展特色加工业、电子商务、民俗旅游等产业。例如,藏区有相当一部分贫困人口依靠冬虫夏草、红景天等特色产品生存,应确保这些产品的价格稳定和销售渠道畅通。

最后,建立易地搬迁的稳定生产与生活的机制。原深度贫困地区易地搬迁的人口较多,如何让搬迁的人口在新的地域能够驻下,融入当地社会,参与当地的生产活动,从而获得稳定的收入,是要解决的主要问题之一。稳住搬迁人口的措施：首先是创造融合的社会环境，形成迁入人口的社会和文化认同；其次是提供较好的就业机会，就业是稳住的最好的保障；再次是提供良好的教育、医疗等公共服务，加大生产和生活补贴和扶持力度，让新的生活环境大大优于原来的生活环境，让他们安心地在这些地方生活下去。

（三）提升少数民族地区经济内生发展动力

少数民族地区区域性相对贫困，在区域经济发展、社会保障等方面受制约的现象比较普遍。少数民族地区脱贫瓶颈是区域性经济发展能力欠缺，贫困人口增收能力有限。整体上应着重提高区域性经济发展水平，提高经济发展的益贫性，特别是要提高农民人均纯收入和城镇化率，提高公共服务中的社会保障水平，着重提高基础设施，使扶贫资源着重向这些领域倾斜。

第一，开发"亲民族"的扶贫项目。开发符合少数民族自身生计特征扶贫项目，合理利用少数民族的文化资源。在未来的扶贫工作中，要充分考虑到少数民族自身的文化制度安排。以其为载体，设计适合的扶贫政策和项目，如开展民俗旅游项目和推广少数民族特色产品。少数民族的饮食、服饰、歌舞文艺、医药都具有其特色，民俗旅游有利于增加收入。在不具备开展民族旅游的条件下，应该积极地将少数民族的特色资源打入市场，通过市场交换增加少数民族贫困农户的收入，缓解收入贫困。

第二，以"互联网+"推动新技术与新理念的普及，提高少数民族贫困地区特色产业的自我造血能力。大力推动少数民族地区产业电商化，推动产业链做深做强，实现产业经济增长发展。通过"互联网+"打造特色产业研发、供销、包装设计到物流服务的全产业链一体化发展，形成全国性垂直平台，推动产业要素与资源线上线下聚集对接，推动民族特色产业协同发展。以"互联网+"对接全国知名互联网平台，提升产业及农产品深加工品质、品牌知名度和市场占有率，使全产业链实现增收的效果。

第三，优化民族教育供给结构，提高教育质量。严重的教育贫困是少数民族地区致贫重要原因之一,进一步加大对少数民族地区教育的扶持,改善办学条件,开展有条件现金转移项目,对参加九年或十二年义务教育的农民家庭提供一定数量的现金补贴。加强少数民族双语师资的培养,鼓励优秀大学生到少数族地区从事教育事业。提高民族地区教育对口支援效率,优化综合性高校、师范类、职业教育等相关院校教师对贫困少数民族地区的教育支援结构,避免由教育资源错配造成的效率低下问题。

(四)跨省市政府合作解决行政边界地区的相对贫困

由于自然地理、生态环境、历史进程、民族文化、经济区位等原因,集中连片的贫困地区与生态脆弱区、限制或禁止开发区、少数民族聚居区、省市边境地区呈现空间上的高度叠合。对于成片状和带状分布,具有相似性和相连性的相对贫困集中区,在贫困治理上,有必要进行跨省市的政府间协作,共同解决所面临的贫困问题,通过资源整合、产业合作、综合协调,稳步推进相对贫困区的扶贫工作。

首先,促进相对贫困区产业协同发展,提升扶贫项目的内生动力。在跨省市区域合作的基础上,立足当地实际,依托当地优势资源、特色农业、农产品品牌,重点规划行业的产业发展,积极培育片区内产业环境和主导产业,大力发展与扶贫关联度高、扶贫对象能够广泛参与的特色农业、农产品加工业、旅游业、劳动密集型产业,着力培育增收项目;通过宣传、教育、引导和发展产业,鼓励贫困居民创新创业,带动当地贫困人口就业,培育和提升相对贫困区人口素质。

其次,构建跨行政区相对贫困地区国家政策性银行及金融机构合作机制,建立精准扶贫专项基金制度。利用协同治理合作的金融平台,加大对相对贫困地区扶贫企业、农户的金融扶持力度,破解扶贫企业资金短缺和农户贷款难问题,在授信机制方面适当放宽限制。

最后,加快推进集中连片相对贫困区土地补偿制度、金融制度和社会保障等相关制度的衔接,充分发挥制度对扶贫开发的促进作用。在推进相对贫困地区农村土地管理制度改革的同时,结合跨行政区低收入人口、相对贫困区土地利用特点及问题,努力盘活农村低效闲置土地,建立跨行政区的耕地占补平衡制度,增加农民资产性收入。对区域合作扶贫过程中涉及易地搬迁、扶贫产业项目、危旧房改造等需要占用土地的建设项目,应当在用地指标供给、规划调整、行政审批等方面予以特殊倾斜,确保区域合作扶贫建设项目如期保质完成。

(五)加强发达地区城乡统筹发展,缩小发展差距

一个国家或地区工业化、城市化水平越高,经济就越发达,人均收入水平就越高,由此带来的区域之间、城乡之间的收入差距也可能越大,收入不平等程度和相对贫困问题可能会越突出。新阶段,东部发达省份应确立"扶贫为了缩小收入差距、防止两极分化"的新理念,实行整个省域的统筹城乡扶贫,扶贫工作转入到"区域扶贫"与"人群扶贫"并举的新阶段,从农村区域拓展到城市区域。

首先,以创新培训就业为主导。成立或培育省内农民大学、市农民学院和县农民学校,针对低收入区域和人群,通过构建培育体系、科学精准建库、创新帮带模式、完善激励机制等措施,在扶贫重点村或县选拔培育农村实用人才,带动其他低收入农户的产业发展;积极发展普惠金融,充分发挥扶贫小额信贷在解决低收入农户生产经营融资难、促进稳定增收方面的作用,组建扶贫资金互助组织,集中解决低收入农户集中的村;积极推进财政资金折股量化扶贫试点,在不改变帮扶资金用途的前提下,以帮扶资金投入项目所形成的股权量化给低收入农户,赋予低收入农户更多的财产性收益。

其次,进入新时期,我国发达省份的贫困主攻方向应该集中在经济相对薄弱地区的薄弱村庄,通过外部支持和内生发展,因地制宜,繁荣发展乡村经济,推进全民创业就业,加强造血功能,带动脱贫致富。省内对口帮扶是外部支持的主要力量,在省市级层面成立帮扶工作队,依托经济薄弱区比较优势,延伸特色产业生产链,增加集体收入。对于交通闭塞、生态环境恶劣的村庄实施整村搬迁,置换出的农村宅基地或土地,村集体进行土地流转,依托土地资源吸引扶

贫项目落地,增加当地的就业。

最后,激发相对贫困人群致富内生动力。从相对贫困人口实际出发,通过就地就近转移就业脱贫模式,增强相对贫困人群内生发展动力,增加相对贫困人口的收入。充分利用乡镇、村集体的老厂房、学校旧址、闲置的农家庭院、民居民宅等闲置土地发展养老产业、旅游产业和党政教育事业。利用新闻发布会、政策宣讲会、产业扶贫推介会等形式,大力宣传就业扶贫优惠政策,引导和扶持当地经济效益好、示范性强的龙头企业,在镇村布局设点,引导周边低收入人口从事农产品初级加工、来料加工等工作,增加就业。

三、新时代扶贫开发的重点举措

(一)加强国土空间规划和区域增长极的建设

加强区域发展的不平衡方面的研究,构建全国范围内新的经济发展骨架。研究构建相对贫困落后地区省内、地级市内及县市区内的三级增长极体系。在甘肃、青海、云南、贵州、广西、宁夏、西藏、黑龙江、新疆以及四川等相对贫困落后地区较多的省份,每个省份重点打造 2 个省区经济中心城市,至少形成两个经济增长极,带动周边区域的发展。

充分发挥地级市的行政级别优势,有效利用内部产业与技术资源,扩大对接外部资源,承接产业转移,在增长极地区重点打造区域性产业集聚中心、创新中心、高等教育培训中心。加强国家级实验室、国家级技术中心、高校科研单位重点实验室等在这些地区的布局。加强增长极与周边地区的基础设施联通网络建设,增强增长极对周边的带动能力。带动部分产业转移到县市区,形成县市区内的经济增长极。增长极发展过程中,用工需求优先考虑相对贫困落后地区。

（二）建立扶助相对贫困落后地区发展的体制机制

围绕巩固脱贫成果和促进区域经济发展两个目标,设立中央级的区域发展委员会,坚持实行中央统筹、省(自治区、直辖市)负总责、市(地)县抓落实的工作机制,相对贫困落后地区根据县域贫困程度仍然划分并确定相对贫困落后县和村,作为产业发展项目、基础设施保障和公共服务倾斜重点,保障相对贫困落后地区的相对低收入群体在产业发展过程中享有优先就业权。

构建中央统筹、省市区积极共建的区域生态补偿机制。设立中央生态补偿工作小组,建立省、地区分支机构,中央统筹协调省际生态补偿,建立相关工作方案,通过财政转移支付的形式划拨生态补偿资金。省级生态补偿小组负责建立省内地级单位、区县之间的生态补偿方案,通过省级财政的调配,形成省内市、县的生态补偿机制。

完善创新区域援助机制,形成区域之间常态化的教育培训援助、医疗服务援助、特殊困难技术知识援助和干部培训交流等援助机制。建立发达地区对相对贫困地区的产业发展援助机制,构建跨行政区的相对贫困地区的金融机构合作机制。完善人口流动的统计登记记录,建立劳动力人口流入地向流出地进行税收转移、社保基金转移等机制,完善劳动力流动状态下社保随人口迁移的政策。整理发布发达地区经济社会治理经验案例,形成发达地区治理和发展经验的显性化传递机制。完善发达地区对相对贫困落后地区的教育培训机制,构建面向发达地区劳务输出的协议培训、"干中学"培训、职业学校培训等职业教育培训援助机制。吸引社会力量参与,构建对相对贫困落后地区产品注册、管理、宣传和推广等援助机制。

完善提高相对贫困落后地区居民生活保障机制。面向相对贫困人口的个人扶助方面,乡村振兴部门牵头制订保障目标标准,教育、民政、人力资源和社会保障等部门具体执行,形成保障性扶贫的长效机制。除国家财政、各贫困发展相关部门、国有政策性银行和商业银行的资金支持外,加大社会帮扶的参与力度,动员社会各界主动参与促进相对贫困落后地区的发展。在贫困扶助方面,建立保障性和开发性并存的机制。将相对贫困标准与最低生活保障标准合二为一,提高农村低保标准,建立住房、饮水、取暖、水利、收入等基本标准,保障居民基本生活。从功能上划分,最低生活保障对失能和特困低收入家庭提供现金救助,使其消费水平达到相对贫困线。扶贫开发对有劳动力的低收入家庭提供产业、就业、教育、健康等多维度能力开发,增加他们的发展能力。实际操作中,根据群体特征,对不同的贫困人群,如孤、寡、残、独居老人等,以及不同的家庭结构,如单亲困难家庭等,进行相应的参数调整。科学整合县乡管理机构及人力资源,合理安排工作人员和工作经费,切实加强工作力量,提供必要的工作条件,逐步实现低保信息化管理,努力提高管理和服务质量,确保农村最低生活保障制度顺利实施和不断完善。

强化创新监督检查管理机制。构建长期、中期和短期发展目标相适应的不同类别的评价体系和框架,针对特定地区因地制宜对不同评价体系采取不同权重,对于短期评价重点集中于人均 GDP、居民收入上,中期集中于生活设施建设和公共服务及营商环境的改善方面,对于长期评价,重在对居民多维发展能力的评价上。考核标准随着相对贫困落后地区的发展和扶助目标的调整而调整。根据不同地区发展情况,针对各省发展较快的地区制定不同的政策、项目、资金支持方案,形成促进相对贫困落后地区区域经济社会加速发展的有效激励。

（三）完善加快相对贫困落后地区发展的财税金融政策

设立专门针对相对贫困落后地区发展的专项财政拨款和基金政策。主要目标为加强促进相对贫困落后地区发展的科学研究、实验、技术开发和创新;加强基础设施和公共服务建设;加强相对贫困落后地区企业孵化能力建设;奖励相对贫困落后地区营商环境和社会治理能力建设;支持环境治理和生态保护项目;投资于相对贫困落后地区人口的教育、培训和终身学习;促进可持续和高质量的就业,支持劳动力流动;促进社会文明和治安管理。

增加资金来源渠道。通过各大政策性银行为相对贫困落后地区提供资金支持;选择适应新时代的资金具体投放方式,适当采取灵活便利的小额信贷等新金融工具。适当鼓励地区成立金融互助组织,提高群众互助脱贫能力。设立农村产业发展投资基金,增强农村优质项目的支持力度。对落户到相对贫困地级单位地区,吸纳相对贫困落后地区人员就业的企业实行税收减免等优惠政策。发动社会力量,鼓励吸纳社会各界组织机构和个人对相对贫困落后地区的资金支持。

加强资金监督监察,强化各类扶贫资金管理,防止贪腐,规范资金使用。监督检查过程注重检查核心指标或环节,防范因评估繁琐带来的工作效率损失。按照资金使用目的,改革资金使用办法,用好"保"+"奖"两种办法,形成有效激励。适合用于奖励的财政资金,减少审批程序,重点监管奖励条件的审核条件,有效利用奖励手段。

(四)提升相对贫困落后地区的基础设施与公共服务

强化区域交通骨干通道和交通枢纽建设。增强行政区划之间的通畅性,推进相邻省、市、县、乡之间交通运输通道的便利性。强化部分相对贫困落后地区支线机场建设,提高多样化、个性化运输需求能力。加强直通旅游航线、公路旅游环线和铁路旅游专线的建设,推进"交通+旅游"扶贫。国家公路网、中长期铁路网、中长期民用机场布局规划中的重大项目的规划设计和建设充分考虑促进相对贫困落后地区发展的需求。地理条件复杂的地区,探索建立复合多向、灵活机动的保障性运输通道。推进沿边铁路、公路和机场建设。建设广覆盖、深通达、提品质、促发展的交通运输网络,在"进得来、出得去、行得通、走得畅"的基础上,进一步提高通达便利程度,创新相对贫困落后地区的运营方式,吸纳多种投入来源,增强服务的便利性、公共运输的通勤班次等,丰富公共交通运输种类,促进多种交通运输方式的无缝对接,消除贫困地区发展的交通瓶颈。

加强基层医疗卫生服务体系建设,支持相对贫困落后地区基层医疗卫生机构标准化建设和设备提档升级,增加相对贫困落后地区乡镇卫生院、卫生室和全科医生的配备,在无法建设卫生院的条件下,支持建设救急服务工作站,缩短相对贫困地区可获得紧急救助的时间。加强乡村医生队伍建设,实行差别化的医保支付和价格政策,建立完善慢性病家庭医生签约服务,着力提升乡村医生对脑血管病、冠心病、慢阻肺、类风湿关节炎、骨关节炎、重型老年慢性支气管炎、高血压、糖尿病等主要慢性病的健康管理能力。建立居民远程医疗服务平台和相对落后地区人口健康档案,动态监测居民健康,探索慢性病远程诊疗。加强对地方病的研究和监测,提高慢性病、地方病综合防控水平,大力推进农村地区精神卫生、职业病和重大传染病防治。强化"互联网+"签约服务,提供健康咨询、健康管理、医疗基本知识普及、慢病随访等服务。支持有关地方病研究治理的科学研究。加强互联网等新兴技术在区域医疗援助中的作用,提升相对贫困落后地区的医疗服务技术水平。优化农村生育政策与管理服务,增强妇幼健康服务能力。扩大基本医疗保险的覆盖面,增强医疗保障能力。

强化相对落后地区基础教育,做好各阶段教育的衔接工作。加强学前教育、基础教育、职业教育的硬件设施建设和教学管理人员培训,提高相对贫困落后地区基础教育人才水平。研究制定面向相对贫困落后地区的高水平教育培训网络课程,面向相对贫困落后地区学生制定认识世界和提高技能的音体美、高新技术、世界地理政治社会文化经济、安全、卫生、人际沟通等方面的课程,提升学生与现代社会的融合,提高其自我期望值,增强其内生学习成长动力。支持在相对贫困落后地区设立技校、培训机构、实训实习基地等。鼓励支持相对贫困落后地区的开办短期、专业人才缺乏的技术培训专业。做好各个阶段教育的衔接工作。关注非适龄人员的教育问题,设立适龄人员的教育课程,探索非适龄人员的文化与技能教育方式。

因地制宜,推进相对贫困落后地区水库、饮水工程、水利枢纽、特色蓄水节水工程、水渠、输水管道等大中小型水利基础设施建设,研究设立面向未来人口衰减情况下的水利设施,增强区域防洪抗旱减灾能力。巩固提升农村饮水安全设施,保证群众饮水安全。加强标准农田建设,提高相对贫困落后地区农村农业生产能力,提升规模种养殖和机械化作业基础条件。

强化对相对贫困落后地区的治安保障。加大对相对贫困落后地区的治安管理投入力度,加强联防联治、网格化管理等基础性工作,打击贩毒卖毒、盗窃、诈骗等犯罪行为,确保人口流失地区人民生产生活和财产安全,严防因毒、盗、骗致贫返贫。

增加新基础设施的应用。利用新技术新手段新方法,搭建新平台,创造新资源。强化通信网络设施的建设,增强通信网络在相对贫困落后地区群众生产生活中的作用。推进数字图书馆的建设和数字信息资源的应用。促进科研仪器设备与实验共享,支持公共技术中心建设,提高相对贫困落后地区的技术创新和研发能力。促进部分相对贫困落后地区运用5G、云计算、大数据、物联网、产业互联网、人工智能等技术的相关基础设施建设,提高物流仓储、产品检测、设备维护、验货验厂、供应链管理、数据存储与分析能力。推动共享制造平台和体系建设。建立健全数据信息保护制度与技术体系,打击网络犯罪,维护相对贫困落后地区居民、企业财产与信息安全。推进新能源基础设施建设,探索农村草木资源的节能、环保使用方法。完善相对贫困地区物流配送体系,推动服务网点延伸到村,提升物流服务功能。

(五)增强相对贫困落后地区发展的内生动力

支持对丘陵、高山、深谷、荒坡、荒漠、荒滩、盐碱地和低积温、高海拔等地区生态和资源利用的研究,支持对沙漠、戈壁、石漠化、山洪地质灾害、水土流失等地区的生态改善和减灾研究,支持相对贫困落后地区特色动植物的研究,支持对特定气候的技术研究,探索相对贫困落后地区特色农业规模化生产和产业运营的条件。加强对复杂地形下小型农业机械、小型运输机械等机械化操作的技术研究,提高相对贫困落后地区农村人均产出量,降低人口流失带来的农业效益损失,增加相对贫困落后地区的发展途径。支持研发和建立相对贫困落后地区农产品保鲜和运输设施体系。支持推进面向干旱、沙漠化地区、高寒地区、喀斯特地貌等各种复杂地理条件下的实验室建设。支持企事业单位通过书籍、讲座、数字化资源、音视频等方式推进相关知识的显性化,瞄准特定区域普及相关知识技术。

优化相对贫困落后地区营商环境,增强产业链和产业集群招商能力,加强企业孵化平台建设,针对创业活动出台更具针对性的政策,加大创业补贴力度,完善创业项目的定期考核机制,推进相对贫困落后地区内增长极的建设,带动区域内更加贫困地区的发展。支持相对贫困落后地区合适的特色旅游项目的发展。引导鼓励相对贫困落后地区工业发展,选择合适的扶贫项目,通过"互联网+"打造特色产业研发、供销、包装设计到物流服务的全产业链一体化发展。引导和扶持当地经济效益好、示范性强的龙头企业,在条件允许的情况下,增加在农村的设点,引导周边贫困人口从事农产品初级加工、来料加工等工作,增加就业。建立更多的贫困人口就业通道,开发相对贫困落后地区群众的致富内生动力。

充分利用相对贫困落后地区的特有资源,发挥比较优势,发展符合当地实际情况的产业。推进农业种养殖的产业化,提高农民科技素质。研究新兴产业在相对贫困落后地区发展的可行性,探索跨越式发展或弯道超车的途径。

(六)促进相对贫困落后地区经济社会生态协调发展

编制相对贫困落后地区的资源环境承载力空间规划,合理确定土地发展限度。注重生态环境治理体系和治理能力的提升,促进生态环境质量的改善。鼓励地理位置临近的禁止开发地区和限制开发区与非受限地区开展"飞地经济"合作,一方面有利于拓宽受限地区发展机会和土地资源,另一方面培养非受限地区干部发展经济的能力,带动受限地区的发展活力。

践行"两山"理论,统筹协调发展与绿色生态关系,着力强化绿色生态产业,走绿色发展道路。完善自然资源管理制度,促进"多规融合",统筹山水林田湖草河漠等的治理,注重整体保护、系统修复和综合治理。引进人才技术,提高相对贫困落后地区生态保护和治理能力。加大对相对贫困落后地区生态环境污染防治工程、项目和研究的支持力度,提升相对贫困落后地区污染防治能力,有效防止相对贫困落后地区"先污染后治理"的发展模式。加大对相对贫困落后地区建设循环经济和环保类产业园区的扶持力度,通过专家设计、平台实验、产业集群等发展方式鼓励支持相对贫困落后地区探索治理小微中型企业污染模式。支持研发农村居民节能环保低成本的能源获取技术,在提高能源利用环保性、安全性的同时,降低农村居民生活成本。

总之,在相对贫困视角下,扶贫是一个永恒的主题。新时代扶贫开发的战略转型要坚定不移贯彻创新、协调、绿色、开放、共享的新发展理念,以满足人民美好生活需要为目标。结合乡村振兴战略,因地制宜,切实提高农民收入水平,加快美丽乡村建设,实现全体人民共同富裕。

后 记

中共十八大之后，习近平总书记提出了"精准扶贫"战略，到 2020 年底中国的反贫困行动取得了巨大的成就。我和我指导的博士生们组成的研究团队，十分荣幸地参与到这场伟大的行动中来，承担了国家发改委地区振兴司的两个扶贫开发的研究课题，并多次参与国务院扶贫办和专家咨询委员会组织的调研活动。本书是在这些课题报告和调研报告的基础上，由孙久文、闫昊生、张静编著而成。中国人民大学区域与城市经济专业的各位博士，李恒森、夏添、卢怡贤、苏玺鉴、易淑昶、张翱、张倩、宋准、蒋治、李承璋、张泽邦、高宇杰、张皓等参加了这些课题的研究工作和调研报告的撰写工作。本书初稿完成后，蒋治和李承璋对本书的数据进行了修订，最后由闫昊生、张静汇总整理并形成最后的书稿。在此，对各位参加本书工作的同学们表示衷心的感谢。

特别感谢国家发改委地区振兴司孙广宣副司长和徐欣处长对课题研究的悉心指导，感谢"改革开放新实践丛书"王佳宁董事长的信任与关注，把本书纳入丛书中；更要感谢重庆大学出版社马宁副总编的辛勤工作，使本书能够顺利出版。

由于本书涉及的学科范围和工作领域十分广泛，所用资料纷繁复杂，我们在写作过程中借鉴了大量专家学者的学术研究成果、政府研究报告和相关文件，对于这些我们在书稿中列出了页下注，在书末列出了参考文献。对于个别由于作者的疏忽而未加注释的，在此表示诚挚的歉意。

本书献给在伟大的反贫困行动中做出不可磨灭贡献的同仁们！

国务院扶贫开发领导小组专家咨询委员会委员
中国人民大学应用经济学院教授、博士生导师
孙久文
2021 年 1 月 28 日星期四

参考文献

[1] KRAAY A. When is growth pro-poor? Evidence from a panel of countries [J]. Journal of Development Economics, 2006, 80 (1): 198-227.

[2] BIBI S. When is economic growth pro-poor? Evidence from Tunisia[EB/OL]. 2005-07-01.

[3] BESLEY T, BURGESS R. Having global poverty[J]. Journal of Economic Perspectives, 2003, 17(3): 3-22.

[4] CONTRERAS D. Economic growth and poverty reduction by region: Chile 1990-1996[J]. Development Policy Review, 2001, 19(3): 291-302.

[5] CHRISTIANSEN L, DEMERY L. Down to earth: Agricultural and poverty reduction in Africa[R]. The World Bank, Washington D. C., 2007.

[6] DOLLAR D, KRAAY A. Growth is good for the poor [J]. Journal of Economic Growth, 2002, 7(3): 195-225.

[7] DOLLAR D, KLEINEBERG T, KRAAY A. Growth still is good for the poor [J]. European Economic Review, 2016(81): 68-85.

[8] FIELDS G S. Distribution and development [M]. MIT Press, Cambridge City, 2002.

[9] FERREIRA F H G, LEITE P G, RAVALLION M. Poverty reduction without economic growth? Explaining Brazil's poverty dynamics, 1985-2004[J]. Journal of Development Economics, 2010(93): 20-36.

[10] SON H H. A note on pro-poor growth[J]. Economics Letters, 2004, 82 (3): 307-314.

[11] JUMA C. Lessons Africans must learn from Chinese expansion [N]. Business Daily, 2007-07-13(10).

[12] KHAN H A. Sectoral growth and poverty alleviation: a multiplier decomposition technique applied to South Africa [J]. World Development, 1999, 27 (3): 521-530.

[13] KLEIBERGEN F R. Testing subsets of structural parameters in the IV regression model [J]. Review of Economics and Statistics, 2004 (86): 418-423.

[14] KAKWANI N, KHANDKER H H. Pro-poor growth: concepts and measurement with country case studies [J]. International Poverty Centre Working Paper 1. United Nations Development Program, 2003,42(4): 417-444.

[15] KAKWANI N, PERNIA E M. What is pro-poor growth [J]. Asian Development Review, 2000, 18(1): 1-22.

[16] KUIJS L, WANG T. China's pattern of growth: moving to sustainability and reducing inequality [J]. China and the World Economy, 2006(14): 1-14.

[17] LOPEZ J H. Pro-growth, pro-poor: is there a tradeoff [R]. Policy Research Working Paper, The World Bank, 2004: 3378.

[18] LUCAS S, TIMMER P. Connecting the poor to economics growth: eight key questions [R]. Center for Global Development, 2005.

[19] MENEZES-FILHO N, Vasconcellos L. Has economic growth been pro-poor in Brazil? Why [R]. Operationalizing Pro-Poor Growth Work Program co-funded by AFD, BMZ, DFID and The World Bank, 2004.

[20] RAVALLION M, CHEN S H. China's (uneven) progress against poverty [J]. Journal of Development Economics, 2007, 82 (1): 1-42.

[21] LOAYZA N V, RADDATZ C. The composition of growth matters for poverty alleviation[J]. Journal of Development Economics, 2010(93): 137-151.

[22] RAVALLION M, DATT G. Why has economic growth been more pro-poor in some states of India than others? [J]. Journal of Development Economics, 2002, 68(2): 381-400.

[23] CHEN S H. The developing world is poorer than we thought, but no less successful in the fight against poverty[J]. Quarterly Journal of Economics, 2008, 125(4): 1577-1625.

[24] SURYAHADI A, SURYADARMA D, SUMARTO S. The effects of locationand sectoral components of economic growth on poverty: Evidence from Indonesia[J]. Journal of Development Economics, 2009, 89 (1): 109-117.

[25] SEVEN U, COSKUN Y. Does financial development reduce income inequality and poverty? Evidence from emerging countries[J]. Emerging Markets Review, 2016, 26(3): 34-63.

[26] WORLD BANK. The World Bank goals: End extreme poverty and promote shared prosperity[R/OL]. 2013-04-01.

[27] WORLD BANK. World Development Report: Attacking poverty[R]. New York: Oxford University, 2000.

[28] OPPENHEIM C. Poverty: the facts[M]. London: Child Poverty Action Group, 1993.

[29] 陈立中. 收入增长和分配对我国农村减贫的影响——方法、特征与证据[J]. 经济学(季刊), 2009, 8(2): 711-725.

[30] 陈昌兵. 各地区居民收入基尼系数计算及其非参数计量模型分析[J]. 数量经济技术经济研究, 2007(1): 133-142.

[31] 郭熙保，罗知. 贸易自由化、经济增长与减轻贫困——基于中国省际数据的经验研究[J]. 管理世界，2008(2)：15-24.

[32] 罗楚亮. 经济增长、收入差距与农村贫困[J]. 经济研究，2012(2)：15-27.

[33] 李小云，于乐荣，齐顾波. 2000—2008年中国经济增长对贫困减少的作用：一个全国和分区域的实证分析[J]. 中国农村经济，2010(4)：4-11.

[34] 胡鞍钢，胡琳琳，常志霄. 中国经济增长与减少贫困(1978—2004)[J]. 清华大学学报(哲学社会科学版)，2006，21(5)：105-115.

[35] 林伯强. 中国经济增长、贫困减少与政策选择[J]. 经济研究，2003(12)：15-25.

[36] 胡兵，赖景生，胡宝娣. 经济增长、收入分配与贫困缓解[J]. 数量经济技术经济研究，2007(5)：33-42.

[37] 田卫民. 省域居民收入基尼系数测算及其变动趋势分析[J]. 经济科学，2012(2)：48-59.

[38] 隋文娟，刘筱，廖悲雨，等. 贫困视角下的中国区域经济增长规律及其管治[J]. 地理研究，2010，29(2)：373-381.

[39] 林毅夫. 贫困、增长与平等：中国的经验与挑战[J]. 中国国情国力，2004(8)：4-5.

[40] 杜凤莲，孙婧芳. 经济增长、收入分配与减贫效应——基于1991—2004年面板数据的分析[J]. 经济科学，2009(3)：15-26.

[41] 徐佳君. 世界银行援助与中国减贫制度的变迁[J]. 经济社会体制比较，2016(1)：184-192.

[42] 伍艳. 中国农村金融发展的减贫效应研究——基于全国和分区域的分析[J]. 西南民族大学学报，2012(7)：109-113.

[43] 尹恒,龚六堂,邹恒甫. 收入分配不平等与经济增长:回到库兹涅茨假说[J]. 经济研究,2005(4):17-22.

[44] 王小鲁,樊纲. 中国收入差距的走势和影响因素分析[J]. 经济研究,2005(10):24-36.

[45] 王雪妮,孙才志. 1996—2008 年中国县级市减贫效应分解与空间差异分析[J]. 经济地理,2011,31(6):888-894.

[46] 杨俊,王燕,张宗益. 中国金融发展与贫困减少的经验分析[J]. 世界经济,2008(8):62-76.

[47] 周华. 益贫式增长的定义、度量与策略研究——文献回顾[J]. 管理世界,2008(4):160-166.

[48] 张萃. 中国经济增长与贫困减少——基于产业构成视角的分析[J]. 数量经济技术经济研究,2011(5):51-63.

[49] 阿比吉特·班纳吉,埃斯特·迪弗洛. 贫穷的本质:如何摆脱贫穷陷阱[M]. 景芳,译. 北京:中信出版社,2013.

[50] 劳埃德·雷诺兹. 微观经济学——分析和政策[M]. 北京:商务印书馆,1982.

[51] 阿马蒂亚·森. 贫困与饥荒[M]. 北京:商务印书馆,2001.

[52] 讷克斯. 不发达国家的资本形成问题[M]. 谨斋,译. 北京:商务印书馆,1966.

[53] 马克思. 资本论(第一卷)[M]. 北京:人民出版社,2004.

[54] 冈纳·缪尔达尔. 亚洲的戏剧——南亚国家贫困问题研究[M]. 北京:首都经济贸易大学出版社,2001.

[55] 伊曼纽尔. 不平等交换[M]. 北京:中国对外经济贸易出版社,1988.

[56] 萨米尔·阿明. 不平等的发展——论外国资本主义的社会形态[M]. 北京:商务印书馆,1990.

［57］冈纳·缪尔达尔. 世界贫困的挑战——世界反贫困大纲［M］. 北京：北京经济学院出版社，1999.

［58］蔡荣鑫. 国外贫困理论发展述评［J］. 经济学家，2000（2）：85-90.

［59］西奥多·舒尔茨. 人力资本投资——教育和研究的作用［M］. 蒋斌，张蘅，译. 北京：商务印书馆，1990.

［60］黄承伟. 中国反贫困：理论，方法，战略［M］. 北京：中国财政经济出版社，2002.

［61］康晓光. 中国贫困与反贫困理论［M］. 南宁：广西人民出版社，1995.

［62］徐辉. 制度创新：中国反贫困成功的关键［J］. 东南亚纵横，2002（6）：56-58.

［63］张志豪. 因地制宜　开拓创新——江西移民扶贫模式的特点［J］. 老区建设，2004（7）：7-8.

［64］孙兆霞. 以党建促扶贫：一项政治社会学视角的中国减贫经验研究［J］. 中国农业大学学报（社会科学版），2017（5）：24-32.

［65］扶贫办. 省市县乡村五级书记一起抓扶贫工作［EB/OL］. 人民网，2015-12-15.

［66］习近平主席在 2015 减贫与发展高层论坛上的主旨演讲（全文）［EB/OL］. 新华网，2015-10-16.

［67］奔小康，一个都不能少（砥砺奋进的 5 年）［N］. 人民日报（海外版），2017-08-19（1）.

［68］中共国务院扶贫办党组. 脱贫攻坚砥砺奋进的五年［EB/OL］. 人民网，2017-10-17.

［69］尹海洁，黄文岩. 城市流动人口的生存状况及贫困特征［J］. 哈尔滨工业大学学报（社会科学版），2010（1）：51-64.

［70］梁汉媚，方创琳. 中国城市贫困人口动态变化与空间分异特征探讨

[J]. 经济地理, 2011(10): 1610-1616.

[71] 关信平. 我国低保标准的意义及当前低保标准存在的问题分析[J]. 江苏社会科学, 2016(3): 64-71.

[72] 侯雪静, 胡璐. 这四年, 精准扶贫实现历史跨越[EB/OL]. 新华社, 2017-11-6.

[73] 陈烨烽, 王艳慧, 赵文吉, 等. 中国贫困村致贫因素分析及贫困类型划分[J]. 地理学报, 2017, 72(10): 1827-1844.

[74] 侯为民. 城镇化进程中农民工的多维贫困问题分析[J]. 河北经贸大学学报, 2015(3): 99-105.

[75] 孙咏梅, 傅成昱. 中国农民工多维物质贫困测度及精准扶贫策略研究[J]. 学习与探索, 2016(7): 138-143.

[76] 杨帆, 庄天慧. 我国农民工贫困问题研究综述[J]. 西南民族大学学报(人文社会科学版), 2017(11): 109-115.

[77] 陈宗胜, 沈扬扬, 周云波. 中国农村贫困状况的绝对与相对变动——兼论相对贫困线的设定[J]. 管理世界(月刊), 2013(1): 67-77.

[78] 李实, John Knight. 中国城市中的三种贫困类型[J]. 经济研究, 2002(10): 47-48, 95.

[79] 汪三贵, 殷浩栋. 资产与长期贫困——基于面板数据的 2SLS 估计[J]. 贵州社会科学, 2013(9): 50-58.

[80] 王小林, Alkire. 中国多维贫困测量: 估计和政策含义[J]. 中国农村经济, 2009(12): 4-10, 23.

[81] 王春超, 叶琴. 中国农民工多维贫困的演进——基于收入与教育维度的考察[J]. 经济研究, 2014(12): 159-174.

[82] 崔治文, 徐芳, 李昊源. 农户多维贫困及致贫机理研究——以甘肃省

840 份农户为例[J]. 中国农业资源与区划, 2015, 36(3): 91-97.

[83] 郭熙保, 周强. 长期多维贫困、不平等与致贫因素[J]. 经济研究, 2016 (6): 143-156.

[84] 张昭, 杨澄宇, 袁强. "收入导向型"多维贫困的识别与流动性研究——基于 CFPS 调查数据农村子样本的考察[J]. 经济理论与经济管理, 2017(2): 98-112.

[85] 朱晓, 段成荣. "生存—发展—风险"视角下离土又离乡农民工贫困状况研究[J]. 人口研究, 2016(3): 30-44.

[86] 杨帆, 庄天慧. 我国农民工贫困问题研究综述[J]. 西南民族大学学报(人文社会科学版), 2017(11): 109-115.

[87] 农民工城市贫困项目课题组. 农民工生活状况、工资水平及公共服务: 对北京、广州、南京、兰州的调查[J]. 改革, 2008(7): 84-98.

[88] 魏后凯, 苏红键. 城市外来务工人员贫困状况及治理策略[J]. 中国国情国力, 2017(6): 35-37.

[89] 王春超, 叶琴. 中国农民工多维贫困的演进——基于收入与教育维度的考察[J]. 经济研究, 2014(12): 159-174.

[90] 王竹林, 吕默. 农民工贫困的特征·成因及破解对策[J]. 安徽农业科学, 2011, 39(8): 4938-4940,4944.

[91] 孟翔飞, 高婷婷. 影响农民工贫困代际传递的理论研究和政策选择[J]. 理论界, 2017(7): 64-72.

[92] 姚迈新. 中国城市扶贫: 经济分析与发展路向[J]. 广东行政学院学报, 2017(5): 57-62.

[93] 李姗姗, 孙久文. 中国城市贫困空间分异与反贫困政策体系研究[J]. 现代经济探讨, 2015(1): 78-82.

［94］袁媛, 古叶恒, 陈志灏. 中国城市贫困的空间差异特征［J］. 地理科学进展, 2016, 35(2)：195-203.

［95］梁汉媚, 方创琳. 中国城市贫困的基本特点与脱贫模式探讨［J］. 人文地理, 2011(6)：61-66.

［96］王志章, 何静. 英美两国城市化进程中的扶贫开发模式研究与借鉴［J］. 中国名城, 2015(4)：4-15.

［97］刘玉亭, 何深, 静顾朝, 等. 国外城市贫困问题研究［J］. 现代城市研究, 2003(1)：78-86.

［98］张新红. 英巴两国城市贫困治理实践及其对我国的启示［J］. 经贸实践, 2017(4)：49-50.

［99］袁立超, 王三秀. 美国贫困救助精细化关系的检视与镜鉴［J］. 理论探索, 2016(6)：64-69.

［100］师嘉林. 当代美国拉美裔移民贫困问题探析［J］. 重庆工商大学学报(社会科学版), 2015(3)：72-84.

［101］张磊. 中国扶贫开发政策演变(1949—2005)［M］. 北京：中国财政经济出版社, 2007.

［102］刘娟. 中国农村扶贫开发的沿革、经验与趋向［J］. 理论学刊, 2009(8)：55-58.

［103］王朝明. 中国农村 30 年开发式扶贫：政策实践与理论反思［J］. 贵州财经学院学报, 2008(6)：78-84.

［104］叶普万. 中国扶贫战略的偏差与修正［J］. 兰州大学学报(社会科学版), 2004(5)：85-89.

［105］都阳, 蔡昉. 中国农村贫困性质的变化与扶贫战略调整［J］. 中国农村观察, 2005(5)：1-22.

［106］匡远配. 中国扶贫政策和机制的创新研究综述［J］. 农业经济问题，
　　　2005（8）：24-28.

［107］陈凡. 中国反贫困战略的矛盾分析与重新构建［J］. 中国农村经济，
　　　1998（9）：11-21.

［108］安树伟. 中国农村贫困问题研究——症结与出路［M］. 北京：中国环
　　　境科学出版社，1999.

［109］王春华，王日旭. 农村扶贫资金目标瞄准存在问题与建议［J］. 农村经
　　　济，2006（3）：60-62.

［110］王介勇，陈玉福，严茂超. 我国精准扶贫政策及其创新路径研究［J］.
　　　中国社会科学院院刊，2016，31（3）：289-295.